"十四五"职业教育国家规划教材

新编秘书实务
（第五版）

主 编 葛红岩
副主编 赵雪莲

中国教育出版传媒集团
高等教育出版社·北京

内容提要

本教材为"十四五"职业教育国家规划教材。本教材内容包括秘书实务概述、秘书的接待工作、秘书的日常事务工作、沟通与协调工作、会议组织与服务、商务活动、文书处理与档案管理、参谋与信息调研工作共八章。各章由学习提示、引导案例、正文讲解、案例分析、实践训练等部分构成,注重创新,强调实用,紧扣时代脉搏,语言简明通俗。在内容设计上尽可能做到互动性和人性化,知识讲授与技能训练强调要点化、步骤化、图表化,间以精彩的案例分析。教材内容和栏目设计突出"练中学""学中练""学做一体"的教学理念。

本教材为新形态一体化教材,核心知识点和技能点配有二维码链接的视频资源,方便教与学。

本教材可作为高等职业院校、职业本科院校和应用型本科院校文秘专业主干课程教材,也可作为社会从业人员的业务参考书。

教师如需获取本书授课用PPT、习题答案等配套资源,请登录"高等教育出版社产品信息检索系统"(http://xuanshu.hep.com.cn)免费下载。

图书在版编目(CIP)数据

新编秘书实务 / 葛红岩主编. --5版. --北京:高等教育出版社,2024.1

ISBN 978-7-04-061397-1

Ⅰ.①新… Ⅱ.①葛… Ⅲ.①秘书学-高等职业教育-教材 Ⅳ.①C931.46

中国国家版本馆CIP数据核字(2023)第217466号

Xinbian Mishu Shiwu

策划编辑	张 卫	责任编辑	张 卫	封面设计	赵 阳	版式设计	杜微言
责任绘图	李沛蓉	责任校对	陈 杨	责任印制	张益豪		

出版发行	高等教育出版社	网　　址	http://www.hep.edu.cn
社　　址	北京市西城区德外大街4号		http://www.hep.com.cn
邮政编码	100120	网上订购	http://www.hepmall.com.cn
印　　刷	河北鹏盛贤印刷有限公司		http://www.hepmall.com
开　　本	787mm×1092mm 1/16		http://www.hepmall.cn
印　　张	17.75	版　　次	2007年7月第1版
字　　数	420千字		2024年1月第5版
购书热线	010-58581118	印　　次	2024年8月第2次印刷
咨询电话	400-810-0598	定　　价	48.00元

本书如有缺页、倒页、脱页等质量问题,请到所购图书销售部门联系调换
版权所有　侵权必究
物　料　号　61397-00

第五版前言

在秘书职业专业化、现代化发展和职业教育高质量发展的大背景下,编者在保留《新编秘书实务》第四版精华的基础上,对全书内容进行了修订。

一、贯彻立德树人,落实课程思政

本教材全面贯彻党的二十大精神,充分体现党的二十大提出的"推进文化自信自强,铸就社会主义文化新辉煌""育人的根本在于立德"等要求。修订时,充分挖掘教材中蕴含的思政元素,融入中华优秀传统文化,培养学生健康的人格,增强学生的民族自豪感和自信心,落实立德树人的根本任务。例如,在办公环境管理部分,融入中华优秀传统文化元素,凸显中华民族风格,增强学生的自豪感、荣誉感;在会议组织与服务部分,融入遵纪守法、节约办会的理念,使学生树立遵纪守法、勤俭节约的意识。同时,更新并增加体现秘书职业道德、职业素养的案例,增加体现国家和民族基本价值观、体现中华民族伟大复兴和创新成果等典型案例。

二、以高素质技能型秘书培养为核心,更新部分知识与案例

本次修订遵循高等职业教育国家教学标准和人才培养目标,对接职业标准和岗位(群)能力要求,紧扣岗位工作实际和岗位人才需求变化,突出实践导向,更新了相关知识和案例等。各章的知识点与案例均相应做了一些调整。修订比较大的部分如下。

1. 对第七章"文书处理与档案管理"的内容进行了修订

一方面,根据文书处理与档案管理的相关法规调整了相应的内容;另一方面,从条理性与逻辑关系上对内容做了系统性梳理。根据《党政机关公文处理工作条例》的有关规定,对第一节内容做了相应的修订;第二节"文件归档"修订为"归档文件的准备";对照《归档文件整理规则》与《文书档案案卷格式》文件,第三节"文件的整理与编目"修订为"文件的整理与归档",并对内容做了相应调整。

2. 深化产教融合特色,增加企业真实案例

一方面,可以更好地诠释现有知识点;另一方面,也期望能激发学生更多地关注社会,学以致用。本次修订融入了上海君富投资有限公司、交通银行上海分行等企业的真实案例,对提升学生的秘书职业技能和职业素养具有重要意义。

三、以新形态一体化教材建设为基础,丰富与完善课程配套资源

本教材每章配套建设有微课、视频或实训录像,这些视频以二维码的形式融入教材,学生可以通过手机终端实现课上和课下一体化学习,以提升学习质量和学习效果,促进个性化学习的实现。教师也可以利用信息化教学手段,采用案例教学、翻转课堂等手段创新教学模式,实现"线上线下"混合教学,使教材"动起来",增强了教学互动,能够更好地提升教学效果。

本次修订,遵循高职学生的认知特点,适应"三教"改革的需要,进一步丰富了教材配套资

源建设，在教材原有的配套资源的基础上，增加了教学大纲、习题库、案例分析、参考答案等教学资源，以便更有效地支持教师的教学工作，达到更好的教学效果。

本教材文字内容由上海立信会计金融学院葛红岩老师修订，部分企业案例由上海君富投资有限公司王进先生和交通银行上海分行董悦女士等企业人士提供，视频由台州科技职业学院赵雪莲老师和长沙民政职业技术学院卢如华老师提供。感谢兄弟院校师生和秘书工作者对本教材一直以来的支持与提供的反馈意见。感谢武汉开放大学邹莉老师对本教材第七章提出的宝贵意见。感谢高等教育出版社陈瑛、张卫两位编辑一直以来对教材出版的辛苦付出。

由于编者的水平和精力有限，本次修订后的教材难免会有一些疏漏或不足，敬请广大读者一如既往地给我们提出宝贵意见。本教材主编葛红岩的联系邮箱为 1664155580@qq.com。

编者

2024 年 1 月

第一版前言

秘书实务是秘书专业的主干课程,对提高秘书专业学生或秘书从业人员的职业技能有着重要的意义。本教材分别从秘书实务概述、接待工作、沟通与协调、会务组织与服务、商务活动与商务旅行、办公室日常事务、文书处理与档案管理、参谋与调研八个部分,介绍了秘书在实务工作中应掌握的基本知识与技能。本教材是一本融理论、技能、案例、实训于一体的新型秘书实务教材。

在本教材的编写过程中,我们特别突出了以下几个特点。

第一,遵循适用、够用、管用、好用的原则。

范立荣会长在中国高等教育学会秘书专业委员会2004年年会上所做的学术报告中提出,教材的编写应适用、够用、管用和好用。秘书专业所涉及的工作十分庞杂,所需要的各方面知识众多,受学时的限制肯定不能一一详细讲授。因此,在编写本教材的过程中,我们根据高职高专培养应用型人才的目标,注意突出适用、够用、管用、好用的特点。在编写时使用了大量新颖典型、针对性强的案例,将理论知识深入浅出地进行阐释,注重案例分析和实践操作,以适应高职高专教育的特点,满足社会的要求。

第二,内容新颖充实。

在内容方面,注意吸收相关学科的新成果,突出新颖性。结合实践需要,我们共安排了八章的相关内容。每章通过归纳各章教学目标、小结和知识脉络图,让学生能够在最短的时间内了解该章内容所涉及的知识范畴;通过案例研究、实验实训的强化,及时检验对相关内容掌握的程度,提高学生的职业技能,这些都是作为学校教育所必不可少的环节。

第三,体例活泼实用。

本教材各章均由学习目标、引入案例、正文、本章小结、案例分析、实践训练六部分构成。在正文中我们穿插了一些新颖实用的"小资料""小提醒""小技巧"等部分,以突出要点,增强了知识的趣味性与实用性。

第四,轻松愉快的学习体验。

本教材是一本注重创新、强调实用、独具特色、紧扣时代脉搏的秘书教材。作者力求使用简明通俗的语言,在内容设计上尽可能做到互动化、人性化。传授知识与技能强调要点化、步骤化、图表化,间以精彩的案例分析。本书设计的案例与实践训练,既丰富了教师的课堂教学,突出了全新的"练中学"与"学中练"的教学理念,也让学生感到学习不再是被动的劳役,而成为主动参与、乐在其中的享受,符合高职高专学生的实际情况和教学规律。

全书编者均为在高职高专教育一线从事秘书实务教学或曾在企业担任多年秘书工作的中青年教师,有较强的理论功底和娴熟的实务能力。本书共八章,第一章、第八章由上海大学陈

第一版前言

晓岚编写；第二章由上海电机学院尤冬克编写；第三章、第六章由安徽商贸职业技术学院钱立静编写；第四章由上海金融学院葛红岩编写；第五章、第七章由上海工商外国语职业学院李兰英编写。

为编好这本教材，我们的编写人员深入企业调研，付出了辛勤的劳动。在编写过程中，长城科技、光大证券等公司的秘书朋友给我们提供了许多宝贵的案例与建议，我们表示衷心的感谢。同时，我们也感谢上海高校秘书专业指导委员会郭建庆主任的指教，以及其他一些专家和同事们的鼎力相助，使本书得以面世。在编写过程中我们集采众家之说，参考颇多，在此深表谢意。参考资料的来源及作者姓名，大多已有注明；有些资料是参考互联网站上发布或转发的信息，其中有些已经无法查明出处，在此我们向原作者所付出的辛勤劳动表示衷心感谢。

我们衷心希望本教材能够得到广大读者的认同，能为读者们的学习、工作提供应有的帮助。但是，由于我们水平有限、时间仓促，书中难免存在疏漏与不妥之处，敬请读者批评指正，以便在教材修订时再行完善。

编者
2007 年 2 月

目 录

第一章　秘书实务概述 ·· 1
　　学习提示 ·· 1
　　引导案例 ·· 2
　　第一节　秘书实务的内容 ··· 3
　　第二节　秘书实务工作的性质与特点 ·· 6
　　第三节　秘书应该具备的能力及职业道德 ·· 10
　　第四节　秘书工作的方法 ··· 14
　　本章小结 ·· 17
　　案例分析 ·· 18
　　实践训练 ·· 21
　　课后练习 ·· 22

第二章　秘书的接待工作 ·· 23
　　学习提示 ·· 23
　　引导案例 ·· 24
　　第一节　商务接待礼仪 ·· 24
　　第二节　接待的准备工作 ··· 31
　　第三节　日常接待工作的基本程序 ··· 34
　　第四节　重要客人与来访团体的接待 ·· 39
　　本章小结 ·· 49
　　案例分析 ·· 49
　　实践训练 ·· 51
　　课后练习 ·· 52

第三章　秘书的日常事务工作 ·· 53
　　学习提示 ·· 53
　　引导案例 ·· 54
　　第一节　办公环境的管理 ··· 54
　　第二节　安排领导日程 ·· 65

目录

  第三节 接打电话与处理邮件 ………………………………………………… 71
  第四节 印信与保密工作 …………………………………………………… 80
  本章小结 ………………………………………………………………………… 86
  案例分析 ………………………………………………………………………… 87
  实践训练 ………………………………………………………………………… 88
  课后练习 ………………………………………………………………………… 89

第四章 沟通与协调工作 ……………………………………………………… 90
  学习提示 ………………………………………………………………………… 90
  引导案例 ………………………………………………………………………… 91
  第一节 沟通概述 …………………………………………………………… 91
  第二节 协调工作概述 ……………………………………………………… 98
  第三节 协调的步骤、方法与技巧 ………………………………………… 104
  本章小结 ………………………………………………………………………… 111
  案例分析 ………………………………………………………………………… 111
  实践训练 ………………………………………………………………………… 112
  课后练习 ………………………………………………………………………… 114

第五章 会议组织与服务 ……………………………………………………… 115
  学习提示 ………………………………………………………………………… 115
  引导案例 ………………………………………………………………………… 116
  第一节 会议概述 …………………………………………………………… 116
  第二节 会议筹备阶段的工作 ……………………………………………… 122
  第三节 会议进行阶段的工作 ……………………………………………… 152
  第四节 会议结束阶段的工作 ……………………………………………… 166
  本章小结 ………………………………………………………………………… 170
  案例分析 ………………………………………………………………………… 170
  实践训练 ………………………………………………………………………… 173
  课后练习 ………………………………………………………………………… 174

第六章 商务活动 ………………………………………………………………… 175
  学习提示 ………………………………………………………………………… 175
  引导案例 ………………………………………………………………………… 176
  第一节 会见与会谈活动 …………………………………………………… 176
  第二节 开放参观与签约仪式 ……………………………………………… 181
  第三节 庆典活动与剪彩仪式 ……………………………………………… 186
  第四节 新闻发布会 ………………………………………………………… 192

第五节　宴请活动 …………………………………………………… 196
　　第六节　商务旅行 …………………………………………………… 201
　　本章小结 ……………………………………………………………… 205
　　案例分析 ……………………………………………………………… 206
　　实践训练 ……………………………………………………………… 207
　　课后练习 ……………………………………………………………… 207

第七章　文书处理与档案管理 …………………………………………… 208
　　学习提示 ……………………………………………………………… 208
　　引导案例 ……………………………………………………………… 209
　　第一节　文书处理 …………………………………………………… 209
　　第二节　归档文件的准备 …………………………………………… 218
　　第三节　文件的整理与归档 ………………………………………… 225
　　第四节　档案管理 …………………………………………………… 233
　　第五节　电子档案管理 ……………………………………………… 238
　　本章小结 ……………………………………………………………… 243
　　案例分析 ……………………………………………………………… 244
　　实践训练 ……………………………………………………………… 244
　　课后练习 ……………………………………………………………… 246

第八章　参谋与信息调研工作 …………………………………………… 247
　　学习提示 ……………………………………………………………… 247
　　引导案例 ……………………………………………………………… 248
　　第一节　秘书的参谋工作 …………………………………………… 248
　　第二节　信息工作 …………………………………………………… 254
　　第三节　调研工作 …………………………………………………… 257
　　本章小结 ……………………………………………………………… 265
　　案例分析 ……………………………………………………………… 265
　　实践训练 ……………………………………………………………… 266
　　课后练习 ……………………………………………………………… 267

参考文献 ……………………………………………………………………… 268

二维码链接的资源目录

资源名称	页码
第一章素养目标解读	1
时间管理的意义	16
时间管理的方法	16
第二章素养目标解读	23
乘车座次	30
敬茶	35
秘书挡驾	37
第三章素养目标解读	53
办公空间的整体布局	55
印章的概述与使用	81
介绍信的概述与使用	83
第四章素养目标解读	90
沟通的方法与技巧	96
领会领导意图	96
倾听的重要性	96
倾听的方法与技巧	96
沟通工作	111
第五章素养目标解读	115
会议座次	147
会议报到与引导	155
第六章素养目标解读	175
签约仪式	184
新闻发布会的筹备工作	193
新闻发布会会后工作	195
餐桌座次	199
第七章素养目标解读	208
第八章素养目标解读	247
秘书职业生涯规划案例	248

第一章 秘书实务概述

学习提示

（一）学习目标

1. 知识目标
   - 了解秘书实务的内容
   - 了解秘书实务工作的性质与特点

2. 能力目标
   - 熟悉秘书应该具备的能力及职业道德要求
   - 掌握秘书实务工作的规律与方法

3. 素养目标
   - 树立远大的职业理想
   - 爱岗敬业，忠于职守
   - 遵纪守法，廉洁奉公
   - 任劳任怨，乐于奉献

第一章素养目标解读

（二）学习重点
- 秘书实务的主要内容
- 秘书实务工作的规律与方法

（三）学习难点
- 秘书实务工作的规律与方法

引导案例

新任总经理秘书孙婷的忐忑

总经理秘书孙婷生长于美丽的海滨城市大连,今年6月,她顺利地从北京外国语大学英语专业毕业,拿到了硕士研究生学位。7月,她应聘到上海宏达股份有限公司(简称"宏达公司")担任总经理秘书。能够应聘成为总经理秘书,开始自己梦寐以求的白领职业生涯,孙婷兴奋不已。

上班第一天,孙婷早早起床,穿上新购买的职业套装,兴高采烈地踏出了家门。坐在去单位的公交车上,透过玻璃窗,看着马路边夹着公文包匆匆而过的上班族,"总经理秘书应该做哪些工作呢?我能够胜任吗?"她开始忐忑起来。

办公室主任唐仁杰对孙婷表示欢迎,并告诉她今明两天总经理出差,她的首要任务是熟悉公司的情况,有什么不清楚的,可以随时打电话给他的秘书或他都可以。唐主任说完,交给孙婷一叠公司资料。孙婷向唐主任表示了感谢,然后就迫不及待地阅读了起来。

宏达公司成立于1985年,是设立在北京的宏达集团公司在上海的分公司。宏达公司以用户需求为中心的创新体系驱动其持续健康发展,从一家资不抵债、濒临倒闭的小厂发展成为中国知名的家用电器制造商之一。公司注册资本3亿元,拥有10 000多名员工,旗下有冰箱、空调、洗衣机、电视机、热水器等家电产品。

公司设总经理一名,由王志强担任,副总经理三名,由李志新、张国瑞、赵大奎担任,其中,李志新副总经理负责生产部、品质部与研发部,张国瑞副总经理负责后勤部、采购部、市场部,赵大奎副总经理负责人事部、财会部、办公室。总经理、副总经理、各部门经理的名字及对应的秘书见图1-1。

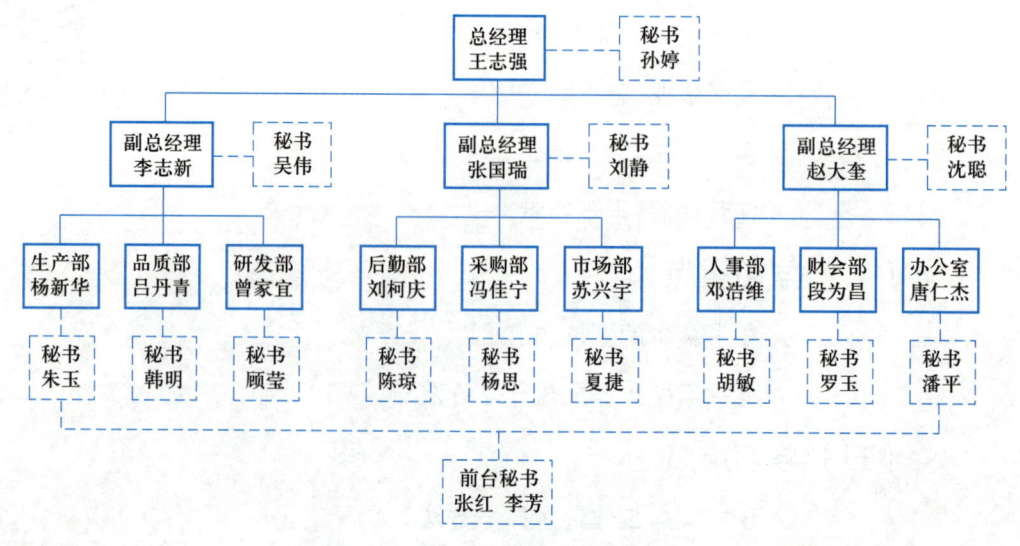

图1-1 宏达公司领导与秘书结构图

公司各部门的工作职责如下。

（1）生产部。根据公司的要求,合理组织人员及物料的调度安排,按时完成公司下达的各项生产任务。

（2）品质部。负责产品生产所需物料的进料检验、过程检验、成品检验及出货检验。

（3）研发部。是公司的核心部门,肩负着研制、开发新产品,完善产品功能的任务。

（4）后勤部。主要负责员工的伙食、宿舍、卫生、安全、车辆调度与管理等工作。

（5）采购部。主要负责生产用原辅材料、外购件的采购及交货期的控制;负责办公用品和生产、测试设备及配件的采购等。

（6）市场部。主要工作是市场调研及市场信息分析,编制营销策略,组织开展市场销售活动,建立公司特有的企业文化,传播公司和产品的品牌。

（7）人事部。主要负责公司人力资源工作的规划、招聘、培训、薪酬、绩效评价等工作。

（8）财会部。即财务会计部的简称,主要职责是做好记账、算账、报账,管理好各类账册、凭据,编制财务报表,以及进行财务状况分析等工作。

（9）办公室。主要职责包括日常收发类、会务材料类、工作信息类、管理保障类等工作。日常主要工作有收发各类信件、杂志和报纸、各种文件,受理各种电话和传真;拟写各种文件和文字材料,组织各种会务和活动;管理公司印章、档案资料;外来人员的接待工作等。

看完部门职责,孙婷又拿来公司内部的通讯录及主要客户联系方式。看来,需要学习的东西可真不少啊!

问题:根据你的了解,总经理秘书的职责有哪些?

第一节　秘书实务的内容

随着经济全球化和市场竞争形势的日益加剧,社会组织对秘书提出了更高的要求。与此同时,信息技术、互联网和办公自动化等现代办公技术也正在改变现代秘书的工作方式和内容。

一、秘书实务的含义

一般而言,秘书是领导者、主事者身边的综合辅助工作人员和公务服务人员。他们以辅助决策、综合协调、沟通信息以及办文、办会、办事等为主要职能,是领导者、主事者的参谋和助手。

在公司中,谈到秘书工作,不能不提的一个职位就是文员。文员是公司的基层职员,一般从事文件处理工作,主要负责会议、文书、印信、档案、接待、宣传、文件及报纸的收发等工作。

综合秘书与文员的工作内容,可以发现有许多相似之处。因此,现代意义上的秘书,谈的大都是"大秘书"的概念。秘书既涵盖了传统意义上的协助领导工作的人员,也涵盖了为公司或部门服务的文员。它从形式上可以表现为前台、打字员、秘书、内勤人员、文员、助理等岗位。

从不同的角度来看,秘书实务有着不同的含义。

1. 从秘书学科体系的角度来看

秘书实务是秘书学科的一个分支，它是研究秘书工作和秘书业务活动及其规律的应用学科。

2. 从秘书工作职能的角度来看

秘书实务是指秘书工作者通过具体工作，直接作用于实际事务的过程，即秘书具体办理事务的职能。

无论从哪种角度来看，秘书工作都普遍存在于党政机关、企事业单位、群众团体等各类组织的辅助性管理工作中。这种辅助性管理工作有大量的具体业务活动，涉及内容十分广泛、繁杂，领导的管理活动涉及什么地方，秘书的辅助管理或服务工作就要做到什么地方。

综上，秘书实务的研究对象应该是秘书辅助管理中所涉及的具体业务的工作程序、方法和技能。从秘书工作的实践出发，分析其主要特点，揭示其一般规律和特殊规律，为培养学生掌握秘书业务知识和提高实际操作能力提供理论指导，具有重要的意义。

二、秘书实务的主要内容

当今社会的多样化和复杂性，促使秘书的角色职能由传统型向智能型转变、单一型向综合型转变。无论是政府机关的行政秘书，还是现代企业的公司秘书或各种社会组织团体的秘书，均要求秘书既能撰文办文，又能沟通协调；既会管理，又懂专业；既能处理日常信息，又能处理公关事务；既可以为领导办理各种具体事务，又能为领导出谋划策；既是领导的工作助手，又是领导的生活助理，全方位地为领导工作服务。因此，秘书实务的主要内容如下。

1. 秘书接待工作

接待工作是秘书的一项非常重要的工作，是一项全面体现秘书素质修养的工作，也是体现单位形象的一个窗口。根据不同的划分依据，接待工作可以分为内部人员接待与外部人员接待、个体接待与团体接待、预约人员接待与未预约人员接待等。

2. 秘书日常事务工作

秘书的工作性质决定了秘书是"杂家"与"管家"，在处理各项外部事务的同时，还需要处理很多的日常事务，包括办公室事务管理、安排领导工作日程、接打电话与处理邮件等工作。

3. 秘书沟通与协调工作

秘书工作的辅助性决定了秘书必须具备良好的沟通与协调能力，否则根本无法完成最基本的秘书工作。沟通协调包括内外沟通协调、上下沟通协调等。

4. 秘书会议组织与服务工作

办理会议是秘书必备的重要技能之一，主要包括会议前的筹备、会议中的服务和会议结束阶段的会务工作等。

5. 秘书协助安排商务活动工作

秘书在工作岗位上，经常需要组织各种各样的商务活动，如开放参观活动、宴请活动、签字仪式和典礼活动等。所以秘书应该熟悉这些商务活动的流程，并能够做相应的准备工作。

6. 秘书文书处理与档案管理工作

文书是单位行使职权进行管理、联系、洽谈工作的重要工具。秘书经常性的工作之一就是收文的处理和发文的撰写。迅速、及时、准确、安全、高效地处理和撰写文书是对秘书工作的基本要求之一。已经处理完毕的文书，经过立卷定期移交档案室，以备日后查找利用。

7. 秘书参谋与信息调研工作

参谋工作是秘书的重要职能之一，秘书要不断地提高自己的能力，熟练运用参谋的方法与技巧，把握参谋的时机，做好参谋工作。与此同时，秘书必须善于广泛地从多方面收集信息，并对信息及时进行整理、筛选、加工、利用和储存，以便为领导的决策提供科学的依据。

8. 秘书公文写作工作

公文写作主要包括公文文书、事务文书与商务文书的写作。写作技能是秘书实际业务能力的重要体现。由于这部分内容繁多，所以一般的学校都将写作课程作为一门专业课单独讲授。为了避免重复，本书没有阐述这部分内容。

秘书实务的内容结构如图 1-2 所示。

图 1-2　秘书实务的内容结构

微型案例

某企业总经理秘书岗位工作的内容

（1）督促检查各部门对上级的指示、总经理办公室的决议及总经理决定的执行情况。

（2）定期组织、收集、分析、综合公司有关生产行政等方面的情况，主动做好典型经验的调查总结，及时向总经理汇报、请示并定期向上级进行书面汇报。

（3）负责组织总经理主持的工作会议，安排做好会务工作。负责起草总经理授意的综合性工作计划总结和工作报告。

（4）组织起草总经理办公室文件(负责审核各职能部门以总经理办公室名义起草的文件)，做好公司文件的编号、打印、发放以及行政文件的立卷归档保管工作。

（5）组织做好总经理办公室印鉴、介绍信的使用及保管工作，函电收发和报刊收订分发工作并及时编写公司大事记。

（6）协调安排设计多部门主管参加各种会议。做好来客接待工作和话务工作。

（7）按照总经理的要求，及时编制办公室的工作目标，并组织检查、诊断、落实。负责完成总经理临时交办的各项事务。

（8）负责公司办公用房的分配调整及办公用品、用具的标准的制定，并对办公用品、用具以及对各部门文明办公进行检查、督促。

总之，秘书工作首先是管理性的工作，包括信息处理、督察、办公室管理、撰写公文等。其次是事务性的工作，包括处理信件、接听电话、档案管理、操作现代化办公设备、收发公文、回复电子邮件、整理报纸杂志、操作传真、接待访客、安排上司约会、参加会议并记录等。最后是沟通公关性工作，包括客户服务、媒体应对、公关策划、主持公司庆典、应酬、外勤及其他主管临时交办的事项。

第二节　秘书实务工作的性质与特点

要做好秘书实务工作，首先必须认识这项工作的性质，即工作本质属性是什么，以及围绕这个本质属性开展工作的特点。只有这样，秘书在具体的工作中才能遵循和把握好这些特点，更好地完成秘书工作。

一、秘书实务工作的性质

虽然秘书工作呈现出纷繁复杂的特征，但就其本质而言，主要有辅助性、服从性与服务性的性质。

1. 辅助性

秘书工作在社会工作中处于辅助性地位。这一性质决定了秘书实务工作最本质的属性是辅助性。这是因为：第一，秘书工作是从属于领导或部门的工作，秘书工作主要是围绕着领导与部门工作而展开的，服务于领导与部门工作；第二，秘书只是辅助领导工作，秘书没有决策权，只是为领导的决策提供文件资料、情报以及建议或意见，为领导的组织和管理起到承上启下、内外协调和平衡的作用。因此，秘书在本质上是领导的工作助手，既不能缺位无所作为，也不能越权胡作非为。

2. 服从性

秘书工作要求秘书人员坚决服从领导的指挥，按领导的意图办事。虽然秘书与领导在法律上是平等的，在人格上是独立的，在利益和目标上是一致的，但由于工作分工的不同，领导与秘书在组织上是一种上下级的关系。因此，秘书要充分认识自己的职业角色，围绕领导的意图和要求调节自己的行为，严格按照领导意图办事，而不能随意改变、任意超越。

3. 服务性

秘书工作的辅助性，决定了秘书工作的服务性。因此，为领导与部门服务是秘书工作的出发点与落脚点，是秘书实务的首要任务。领导机关和领导者是组织的核心，领导机关与领导者的管理和服务对象涵盖整个组织，所以秘书实务在为领导机关和领导者提供服务的同时，还应当为整个组织提供服务。秘书实务的服务性要求秘书人员树立强烈的服务意识，化被动为主动，积极、创造性地做好各项工作。

二、秘书实务工作的特点

关于秘书实务工作的特点，秘书学界的专家们做了许多有益的探索，概括起来，可以归纳为以下四点:综合性与专业性相统一,被动性与主动性相统一,机要性与群众性相统一,常规性与突击性相统一。

(一) 综合性与专业性相统一

1. 秘书实务工作具有突出的综合性

(1) 秘书实务工作涉及的范围和内容十分广泛。从秘书实务工作内容上看,秘书不仅要起草文件、搜集信息、进行调研、处理事务,还要办理接待事务、会务安排及其他的领导交办的事务。

(2) 领导工作的全局性决定了秘书实务工作具有高度的综合性。因为任何一级领导都处于不同层次的管理系统的位置上,都必须总揽全局,预测发展,统筹规划,综合协调,各级秘书部门和秘书人员作为领导的参谋和助手,必须具有全局观念,立足领导工作全局,站在领导者的角度观察、分析和处理问题,提出参谋建议,做到不在其位,当谋其政。必须具有较宽的知识面,成为本机关、本系统的"通才"和"杂家",以适应领导者驾驭全局的需要。同时必须具有较强的综合概括能力和综合协调能力,才能做好秘书实务工作。

2. 秘书实务工作有很强的专业性

当今社会,现代管理的科学化对秘书实务工作的专业化要求越来越高,秘书必须具有较高的政策水平、文学水平和理论水平,有较强的参谋能力、调研能力、信息处理能力和办文办事能力,熟悉文书、档案、保密、信访、会务、通信、礼仪等方面的知识。秘书工作作为一种特殊的社会职业,不是什么人都能胜任的,必须通过正规的专业培训和学习。

秘书工作的专业性,还体现在不同行业的秘书必须熟悉所在行业的专门知识。例如,党委秘书要熟悉党务工作知识,行政秘书必须熟悉行政管理知识,企业秘书必须熟悉企业管理和市场经济知识等。秘书对行业知识越精通,工作起来越得心应手,否则"隔行如隔山",就无法做好综合工作,更难发挥参谋的作用。

综上所述,要做好秘书工作,必须把握好综合性与专业性的辩证关系。秘书人员的专业知识越丰富,越全面,总揽全局的综合能力也就越强;秘书人员的综合能力越强,对全局了解越透彻,就越有利于其对专业知识的掌握,二者相互结合,相互促进。这一特征要求秘书人员一定要处理好"博与专"的关系,既要有较为广博的知识面,力求成为"专业通才",又要精通秘书业务,力求成为"秘书专家"。只有这样,才能适应秘书工作的需要。

(二) 被动性与主动性相统一

由于秘书实务工作具有辅助性的特征,因此,实务工作不可避免地带有被动性。毛泽东同志曾多次对他的秘书说:"在工作上我是主动的,你们是被动的。"

"辅助"是相对于"主导"而言的,它是指在主导的领导、指挥、控制之下,从旁帮助主导完成共同的目标。处于主导地位的是领导,秘书处于辅助地位。秘书要发挥好助手、参谋、协调、补充等作用。再有才的秘书,也不能脱离了领导的指挥和控制,自作主张地替领导做决定,这是秘书的大忌。

众所周知,《三国演义》中的杨修是个极有才华之人,但他锋芒毕露的个性招致了曹操的不满。他常常不分场合、不分对象地炫耀自己的才华,无论是"门活""阔"之解、"一合酥"之意,还是"鸡肋"之说,都充分地表现了他过人的才智。但他的这些表现既招致了曹操的忌恨,同时也有越位之嫌。杨修常常这样不明就里,让曹操心生厌恶。

因此,在秘书工作中,要时刻认清自己的位置,要懂得区分场合、对象来处理问题,要习惯于身居幕后为领导服务,不抢风头。只有这样,才能更好地融入秘书的角色,做好秘书工作。

秘书工作的被动性主要表现在:首先,作为领导的参谋和助手,秘书部门和秘书人员必须按照领导的意图办事,不能自行其是。尽管秘书可以向领导提出不同意见和参谋建议,但在行动上必须坚决服从领导,奉命行事,不得我行我素。其次,秘书部门是各级机关的枢纽和门户,随机性的工作较多,事先难以预料。虽然秘书部门也有自己的计划和安排,但往往变动性大,随机性强,临时应付多,从这个意义上说也是被动的。

随着现代社会科学技术的突飞猛进,知识经济的迅速突起,领导的决策往往由原来的经验决策转变为科学化决策,这是社会发展的必然趋势。秘书工作者,作为辅助领导决策的一支特殊力量,在实务工作中,必须捕捉最重要的信息和掌握最新的知识来协助领导的工作。尽管秘书人员在工作中要受到领导意图的制约,但他们仍然有发挥主观能动性的广阔天地。例如,秘书人员要善于领会领导的意图,紧紧围绕中心工作,寻找主动出击的方向;要有超前意识,增强工作的预见性和计划性;要勤动脑,多思考,积极主动地向领导提出工作建议;秘书人员要在纷繁的信息中筛选出重要信息,提供给领导,使之成为领导决策的重要依据;秘书要及时收集、分析、反馈信息,帮助领导纠正工作偏差。所以,在新形势下,秘书人员不要被"秘书工作被动论"这种传统观念束缚,要树立秘书工作积极、主动的观念,做好本职工作。

秘书在工作中,要处理好被动性和主动性的关系。正确的做法是:秘书人员在实务工作中既要不折不扣地贯彻领导意图,执行领导指示,又要充分发挥主观能动性,创造性地贯彻领导意图。力求从被动中争取主动,不断开创秘书工作的新局面。

(三) 机要性与群众性相统一

秘书实务工作是机要性很强的一项工作,汉语"秘书"一词,就包含"秘密"的意思。英语中的"secretary"(秘书)一词中的词干"secret"也为"秘密"之意。这种相似性,恰恰反映出秘书实务工作的机要性。秘书部门是各级领导中枢的综合办事机关,在领导身边工作,必然要接触到各种机密。特别是党政机关秘书,掌握的重要情况多,机要性更强。因此,秘书在任用前要进行政治审查,在任用后要进行保密教育。在当前激烈的市场竞争情况下,各企业尚未公开的营销计划、技术资料、客户名单等都属于商业秘密,秘书都负有保密的责任,否则将给单位带来不可弥补的损失。

但是,秘书部门又是各级领导汇集信息的中心,是联系各方面的桥梁和纽带,其工作特点又具有广泛的群众性。许多文件的拟制,许多决策的实施,都涉及群众的切身利益,所以必须广泛听取群众意见,倾听群众的呼声,才能纠正可能出现的偏差,防止矛盾的激化。同样,企业秘书在与投资者、客户、消费者打交道时,也要广泛了解、听取他们的意见和建议,为领导决策提供依据。

秘书实务工作的机要性与群众性是对立统一的辩证关系,如果秘书在实务工作中,只看到机要性,而忽视群众性,把自己完全封闭起来,就会割断领导与群众的联系,脱离群众,造成信息不灵,情况不明,滋生官僚主义。反之,如果秘书在实务工作中只看到群众性,而忽视机要性,就会在公务接待、来访接待时丧失警惕性,泄露机密,给工作造成被动或给单位带来损失。因此,秘书在实务工作中必须妥善处理好机要性与群众性的关系。既要坚持密切联系群众,又要时刻注意保守机密。当保守机密与联系群众发生冲突时,应该把保密放在首位。

微型案例

家中办公惹大祸

2018年10月,某省保密行政管理部门网络监控平台发出阵阵报警声,技术人员发现有涉密计算机违规外联,立即切断该计算机的网络连接,展开排查工作。在有关部门的协助下,经缜密排查,该计算机的使用者被锁定为某市政府办公室秘书一科科长廉某。省保密行政部门即刻派出检查组赴市政府办公室了解情况,廉某意识到问题的严重性,非常配合检查,不但写明情况,还主动交出他在家办公的涉密电脑。经检查组核查,发现廉某电脑上存储着各类办公文稿数千份,经鉴定,有机密级文件1份,秘密级文件3份。廉某的电脑上怎么会存储这么多的文件资料呢?经了解,廉某不仅是秘书科的一把手,更是单位有名的"一支笔",市政府许多重要文稿都出自他笔下。廉某白天在单位忙于处理行政事务,经常把单位配置的涉密笔记本电脑带回家,挑灯熬夜撰写文稿,日积月累,电脑里存储的稿件越来越多。10月15日晚,廉某为方便查阅资料,多次试图将涉密笔记本连接到互联网,被监测平台发现及时切断,才阻止了泄密事件的发生。这件事引起市政府办公室高度重视,给予廉某行政警告处分,对分管工作的副秘书长进行诫勉谈话,同时,要求在市政府办开展保密自查自评,全面查找保密管理的漏洞和隐患,及时堵塞漏洞,防患于未然。

点评:从这起泄密隐患案件中不难发现,机关单位秘书工作包罗万象,由于特殊的身份、地位和工作条件,能够接触到大量的国家秘密,单位内部保密管理规章制度一旦松懈,个人保密意识不强,必将隐患重重。

(四)常规性与突击性相统一

秘书实务工作既有例行的常规性工作,又有临时的突击性工作,这就形成了秘书工作常规性与突击性的特点。秘书实务工作的常规性主要表现在经常出现的办文、办会、办事等工作上,还包括如年初的计划、年终的总结、例会、领导的工作安排等,这些工作都是事先能预见、有计划的。秘书部门内部的分工要明确,秘书只要各司其职,按章办事,就能保证秘书工作的正常运转。秘书做好常规性的工作,有利于提高领导的整体工作效能。

但是,秘书工作中经常会遇到一些突发事件,而且要求秘书必须刻不容缓地解决。例如,临时受命调查某一事件,为临时决定召开的会议准备资料,向突然到来的上级视察人员提供相关的资料,等等。所有这些工作,秘书必须按照领导的要求突击完成,不得延误。这时候就要求秘书人员胆识兼备,善于应变,既要迅速敏捷,又要沉着冷静。完成突击性任务,还要求秘书人员要有过硬的素质、吃苦的精神和快速解决问题的能力。总之,做好突击性的工作是对秘书人员素质与能力的全面检验。

在秘书实务工作中,秘书既要完成好经常性工作,又要能够应付突如其来的复杂情况,这是很不容易的。但实际上两者是有内在联系的。如果秘书人员对各项常规工作的处理富有经验,对各类问题的背景材料了如指掌,熟悉各种沟通办事渠道,一旦遇到突发事件,就能从容应对。与此同时,突击性工作能够有效锻炼和提高秘书人员的工作能力,从而有助于秘书做好日常性的工作。这就是秘书工作中常规性和突击性的统一关系。

第三节　秘书应该具备的能力及职业道德

现代社会发展对秘书职业提出了更高的要求，因此，秘书人员必须具备良好的知识与能力，严格遵守秘书的职业道德规范，才能满足秘书岗位的需要。

一、秘书应该具备的能力

秘书工作的特点，要求秘书人员除了具有较宽的知识面和较深厚的专业知识与行业知识以外，还需要有较强的语言及文字的组织与表达能力、沟通能力、业务协调能力、独立处理办公室日常事务能力、会议的组织与服务能力等。此外，还应该具有一定的分析与处理基本业务的能力，运用英语进行听、说、读、写的能力。概括起来，秘书的能力特点主要体现在智力、思维能力和组织能力三个方面。

（一）智力方面

1. 敏锐的观察能力

秘书工作的特点要求秘书比一般人更要具有敏锐的观察能力，以便在工作中迅速抓住事情的关键症结，对症下药，有效地完成秘书工作。

2. 良好的表达能力

秘书是领导的"笔杆子"，要替领导起草各种文件，因此要具有良好的文字表达能力。同时，秘书又要做好上传下达、沟通协调工作，这就要求秘书要有很好的口头表达能力，不要成为"茶壶煮饺子"的人，有一肚子好东西却倒不出来。

3. 出众的记忆能力

记忆能力可以分为形象记忆、逻辑记忆、情感记忆和运动记忆四种。良好的记忆能力有助于提高秘书工作的效率与质量。

4. 自如的社交能力

与一般人相比，秘书的社交能力更为重要，因为秘书接触的人多，能否搞好社交活动，关系到秘书工作的成败。秘书应当充分利用自己与领导接近的关系，广泛地与社会各界接触，以开辟信息来源，搞活各方关系，从而取得良好的工作成效。

5. 良好的沟通能力

沟通能力就是秘书能够从不同的人那里了解他们的想法，从中获取有价值的信息，并且能够将自己的想法、观点有效地传达给别人。秘书在工作中要起到上传下达、左右疏通的作用。上传下达也有艺术性，就是调换角度的艺术。在上传的时候，要站在下级角度，把下情毫不含糊地说得明明白白。在下达的时候，要站在上级角度，把上情认真仔细地讲得清清楚楚。

> **微型案例**
>
> **内外沟通能力均需提高的市场部秘书**
>
> 夏捷是宏达公司市场部经理秘书。一天,夏捷到苏经理的办公室说:"苏经理,客户打电话催促发货呢!"
>
> "噢?合同规定的交货期到了吗?"
>
> "还没有呢!"
>
> 苏经理皱了皱眉头:"那你应该告诉他,我们会按合同交货的。"
>
> 可是过了一会儿,夏捷又怯怯地敲开苏经理的门:"对不起,苏经理!我还得再打扰一下,打印机坏了。"
>
> 苏经理火冒三丈:"什么!打印机坏了应该找哪个部门修理你不知道吗?你来告诉我,难道是想让我帮你修打印机?"

(二)思维能力方面

1. 深刻的思考能力

思考是指进行比较深刻、周到的思维活动。秘书工作往往要为领导决策当参谋,因此对秘书的思考能力也有很高的要求。秘书的思维活动应当具有广阔性、深刻性、独立性、灵活性、逻辑性与敏捷性的特点。

2. 全局的综合能力

所谓全局的综合能力就是要求秘书胸有全局,宏观把握。秘书能把具体事物的各个方面联系起来,形成整体的看法,再从中找出工作的重点。从实践来看,秘书对于工作中的各种情况、各种特征、各个部分都要进行整体的综合考察。如果只是做出孤立的、片面的决策,秘书工作就注定会失败。

秘书工作说到底还是一项管理系统工作。领导工作强调整体运行的效益与效率。作为领导活动的组成部分,秘书工作要适应领导这一基本要求,及时、灵敏地对领导的要求做出准确反应,迅捷而卓有成效地做好各项辅助工作。

全局的综合能力,要求秘书了解领导的工作重点,这样才能帮助领导处理一些非重点的事情。从而保证领导有时间来思考一些全局性、长远性的问题。

3. 快速的分析能力

分析就是将事物的整体分解成为各个组成部分,或者把整体的个别特征、个别方面区分开来的过程。秘书有了分析能力才能深入实际,把了解到的情况进行研究,以便确立决策的方向,达到事半功倍的效果。这是做好秘书工作的重要前提。

4. 灵活的应变能力

秘书应当具有灵活巧妙的应变能力。这主要表现在审时应变,遇到突发情况不惊慌失措、无所适从,而是沉着冷静,随机应变。这正所谓"智者善谋,不如当时"。体现秘书应变能力的途径之一就是处理突发事件。

（三）组织能力方面

1. 游刃有余的协调能力

秘书工作会和很多人、很多部门打交道，这就要求秘书有很好的协调能力，能够很好地掌握同事、领导以及各部门的思想脉络，处理好各种矛盾，调动一切积极因素，形成和谐的局面。协调能力对秘书而言，重要性日益提升。有调查统计显示，大型企业的协调型秘书缺乏，中小型企业对秘书写作能力的要求逐年下降，而对协调能力的要求却越来越高。就秘书的级别来说，越是层次高的秘书，对协调能力的要求就越高。

2. 点面兼顾的计划能力

计划能力是指为了组织的目标，在周密调查研究的基础上，制订实施规划（纲领）和方案的本领。这是秘书工作的基本要求。秘书就是要对领导负责，协助领导为单位或者企业制订年度工作计划、目标、月工作安排，撰写工作总结等。

企业秘书要正确处理时间、速度与质量的关系，在工作中努力追求"高效率、高标准、高质量"。要"只争朝夕"，抓住空隙，雷厉风行。同时，要加强工作中的计划性和条理性，学会"弹钢琴"，以保证工作运转效率。

3. 运筹帷幄的调度能力

调度能力就是指能够运用手中有限的推动力、引导力，运用手中的资源来完成领导交办的各项工作。秘书的调度作用如同足球场上中场队员的调度那样重要。

4. 高效可靠的管理能力

与秘书的计划能力相配套的就是秘书的管理能力。秘书应当有驾驭、组织、协调、执行和控制管理全过程的能力。

根据职责的要求，秘书人员经常要按照领导的意图组织各类活动，如果缺乏一些专业的、科学的组织管理能力，就无法把工作做好。对此，秘书一方面要通晓办事的渠道，提高办事的效能，平时多思考，处处留意他人和自己的上级是如何处理问题的，不断增加自己的阅历和经验；另一方面要用系统的观点，统筹安排工作。

二、秘书的职业道德

秘书职业道德是指秘书在职业活动中应该遵循的职业行为准则和规范。良好的职业道德是每一个秘书必须具备的品质，也是秘书担负起自己工作职责的必备条件。

1. 良好的政治素养，坚定的政治立场

政治素养是指一个人在政治理念、政治道德、政治敏感性等方面的品质和素质。秘书应该始终保持良好的政治道德，诚实守信，不做违法乱纪的事情；具备政治敏感性，能够根据局势做出最佳反应。政治素质高的秘书还应该具备政治智慧和判断力，在处理问题时，秘书应该透过政治盲点，对当前形势进行分析和判断，发挥聪明才智，提出切实可行的方案。秘书应该坚持正确的政治立场，为大局利益全力以赴。

2. 爱业敬业，忠于职守

要做好秘书工作，秘书就必须热爱自己的事业，并在工作中充分发挥积极性、主动性、创造性。秘书工作任务繁重，责任重大，这就需要秘书认识到工作的重要性，不因工作繁杂而厌烦，不因默默无闻而思迁，树立职业理想，并为之奋斗，尽心尽力做好本职工作。忠于职守就是要忠于秘书这个特定的职业,兢兢业业、勤勤恳恳地当好领导的参谋和助手,认真履行秘书的职责,积极主动地做好各项职责范围内的工作。

3. 服从领导,当好参谋

服从领导,这是由秘书的职业性质所决定的。秘书是领导的助手,服从应该是秘书的优良品格。所谓"服从",就是认真贯彻领导的意图,执行领导的决议。个人的积极性、创造性只能在服从领导的前提下进行发挥。其中特别要注意,不能用个人不成熟的想法,甚至情绪化的意见,去干扰领导工作及决策。当好参谋就是要发挥参谋的作用,为领导出谋献策。在领导决策民主化、科学化的今天,尤其要求秘书改变以往"办事就是称职"的旧观念,要提高参谋意识和能力,明确"不能出谋划策者就不是好的秘书"的新观念。

4. 遵纪守法,廉洁奉公

秘书要遵守职业纪律和职业活动的相关法律、法规。秘书只有自觉遵守单位的规章制度,尤其是一些工作规范,才能更好地履行秘书职责,有效地完成各项任务。廉洁奉公是秘书的立身之本,是高尚道德情操在职业活动中的重要体现,是秘书应有的思想道德品质和行为准则。秘书在职业活动中要坚持原则,不能利用职务之便,假借领导的名义以权谋私。

5. 任劳任怨,乐于奉献

秘书工作繁琐,头绪多,突击性强,经常无偿地加班加点,而且大多是幕后工作,很少抛头露面。如果过多考虑个人名利,有很强的个人表现欲望,是无法干好秘书工作的。秘书处在领导者与群众之间、领导者与职能部门之间、领导者与领导者之间,工作稍有不慎,就会两头受气。有时辛辛苦苦工作,还会受到误解和埋怨,即使取得一些成绩,也常常记在领导者的功劳簿上。因此,没有无私奉献的精神,是做不好秘书工作的。

6. 善于合作,严于律己

秘书工作任务重,涉及面广,有些工作往往分解成若干道工序,需要一批人用流水作业的形式来完成,工作环环衔接,这就需要秘书具有良好的合作精神,善于与人团结共事。严于律己是对秘书人员在工作和处理人际关系中的严格要求。秘书人员要自尊、自律、自重,不能以自己的特殊地位谋取私利,处理各种问题不能掺杂私心,更不能擅用领导者的名义处理私事。

7. 文明礼貌,谦虚谨慎

文明礼貌,谦虚谨慎是秘书与人交往的重要准则,也是秘书道德情操和文化素养的综合表现。一个讲文明、懂礼貌、谦虚谨慎的秘书,不仅能给人留下良好的印象,而且有助于树立良好的领导或组织形象。

8. 实事求是,勇于创新

实事求是既是秘书工作应当坚持的基本思想路线,也是秘书职业道德的重要规范。秘书要坚持一切从实际出发,理论联系实际,深入调查研究,并且要具有强烈的创新意识和精神,破除思维定式,防止思想僵化,不断地提出新问题,研究新方法,开拓新局面。

9. 恪守信用,严守机密

恪守信用是秘书与人交往的重要准则,也是秘书的道德情操和文化素养的综合体现。一个具有良好职业素养的秘书,应该有较强的时间观念,赴会准时,办事守时,不拖拉,不延误。一旦遇到无法按时完成的情况,就应该及时汇报,不能拖延或擅自改变。此外,不轻易应允一些无力办理或无权办理的事情,也有助于恪守信用。严守机密是秘书职业道德的基本要求。在工作中,牢固树立保密观念,严格执行有关的保密法律、法规和规章制度,养成保密习惯,确保一切秘密事项的安全。

第四节　秘书工作的方法

秘书在工作过程中,由于事务繁杂,范围广泛,若安排不当就会陷入忙乱之中,进而影响工作质量或效率,因此,秘书只有采取适当的工作方法,才有可能完成工作任务。虽然不同行业、不同企业的秘书,或者同一企业不同岗位的秘书,其工作内容都会呈现出不同的特点,从而在工作方法上会有所不同,但综观秘书的工作实践,不难找出其中的规律性及在各种岗位上都基本适用的工作方法。

一、将工作分类排序处理

秘书经常要同时处理几件事情,如果完全按照事情发生或任务下达的时间先后顺序去做,就有可能顾此失彼,感到力不从心,会出现赶任务的应付,或者忽视工作质量或贻误急事要事,给秘书工作带来不可估量的损失。因此,秘书必须妥善地将工作分类处理,分类的依据主要有轻重缓急的原则、工作性质的原则、相关性原则和工作属地相同的原则。

1. 按照事情的轻重缓急排序处理

事实上,不论你所从事的是何种性质的工作,身处什么样的岗位,事情都是有轻重缓急之分的。轻重缓急包括时间与任务两方面的内容。很多时候管理者会忽略时间的要求,只看重任务的重要性,这样理解是片面的。

如果秘书能够根据自己的工作特性,科学地规划时间、安排工作,不断地调整适应,则秘书的工作思路将越来越清晰,目标越来越明确,工作也越来越有效率。因此,根据事情的"轻重缓急",排出处理事情的先后顺序就显得十分重要。

例如,有 A、B、C、D 四件事情,根据它们的紧急与重要程度,将四件事情进行两两比较,发现:A 是紧急且重要的事情;B 是紧急但并不重要的事情;C 是不紧急但重要的事情;D 是不紧急也不重要的事情。那么在处理时,就应该按照 A、B、C、D 的先后顺序处理。

如果同时有两件同等紧急且同等重要的事情,一般而言,先完成需要时间短的,然后再完成需要时间长的。当然,可以综合考虑其他因素,权衡而定。

"巴莱多定律"就是我们常说的"二八定律"。它告诉我们,在任何一组事物中,最重要的只占其中一小部分,约为 20%,其余约 80%虽为多数,却是次要的。把主要精力集中于少数主要的领域。制订工作次序,并且坚持已经决定的工作重点。最重要的事情(重要的少数)先做,而不是先做那些次要的事情(微不足道的多数),否则将疲于奔命、一事无成。

实用范例

李秘书的应变之道

李秘书坐在办公桌前帮总经理草拟年度工作报告。这时,正在会议室与客户谈判的总经理打电话给她,让她送一份材料过去。她刚站起身准备去送材料。一抬头,发现有位来访

> 的客人微笑着走过来……
> 　　李秘书对上述三件事情的分析如下:从重要性上而言,三件事情都重要。从紧急性上而言,第一件事情较后两件,不是很着急,并且做这件事情需要的时间比较长,因此放在最后做。第二件与第三件事情都比较急,如果能找到同事帮忙接待一下客人,自己去给总经理送材料比较好。因为,总经理可能还会有其他的事情需要沟通。如果周围没有人能够帮忙接待客人,则可以简单了解客人的情况,表示歉意请其稍候。然后给总经理送材料,速去速回,再次向客人致歉,并热情接待。接待客人后,继续专心写年度工作报告。

　　2. 按照事情的性质分类处理

　　秘书每天要处理的工作,大致可以分为事务型和思考型两种。如果将要做的工作按照这两种类型划分,区别对待,也许就会收到事半功倍的效果。

　　事务型的工作不太用动脑子,只要按照熟悉的流程或程序做下去就可以,而且不怕被干扰和中断,如收发 E-mail、填写工作报表、备忘录等,这些例行公事、性质相近的事情可以集中在同一个时间段来处理,即使在精神状态不佳的情况下也能完成。而对于那些需要集中精力、一气呵成的思考型工作,则要谨慎对待,在做之前要进行充分的思考与研究,才能找到工作的思路。这就需要安排精力旺盛、思路敏捷且不易被干扰的时间段,集中精力去做。通过这样的方法,秘书才能使自己的工作效率大大提高。

　　3. 按照事情的相关性原则排序处理

　　相关性主要指某项工作的纵向与横向的关联性。因为管理本身是一项连续性的工作,某项任务可能是过去工作的延续,或者是未来某项工作的基础。所以,任务开始之前,要纵向和横向都看一看,想一想,以免造成不必要的返工。

　　根据事情的相关性原则,秘书在同一时间内尽可能地做相同类型的事情,使完成这类事情成为机械运动,或者形成惯性。这就需要秘书首先把工作划分为几个断面,分块处理,同一块内容,在相连的时间内完成。这样才能从根本上提高工作效率。

　　比如,做一项设计的工作,那么首先把基础材料全部准备好,把文字录入全部完成,材料搜集一次完成,做方案就把方案一气完成,这中间不穿插任何与此无关的事情,这样就保证了做某项工作时所产生的经验,能够为下一件同类的事情所用,减少了过渡时间,提高了效率。这如同人们所说,让专业的人做专业的事一样。所谓专业的人就是专于某业或精通于某业的人,他们用相关经验和技巧完成此类工作时,节约了转换角色的过渡性时间,又因为具有可以提高工作效率的技巧,所以产生的结果就大不一样了。

　　4. 按照事情的工作属地相同原则排序处理

　　工作属地相同原则指将工作地点相同的业务尽量归并到一起完成,这样可以减少因为工作地点变化所造成的时间浪费。这一点对现场工作人员尤为重要。如果这一点处理得好,就可以避免在现场、自己的办公室、其他单位或部门之间频繁往返。这样既节约了时间,少走了路程,还提高了工作效率。

二、科学合理地使用工作时间

秘书必须有计划地使用时间。所谓有计划地使用时间，就是在时间资源的使用上，做到有计划、定标准、定量使用。

时间管理的意义

时间管理的方法

1. 避免盲目地使用时间

要对时间做出计划，并按计划的安排合理地运用时间，以消除使用时间的盲目性和随意性。秘书使用时间的计划，应该与领导工作的时间安排相契合。

2. 合理分配各项工作使用的时间

要根据工作任务的复杂程度和重要程度，制订耗费时间的标准，预测每项工作各需要多少时间并对工作时间预先进行大体的分配。

3. 在规定的时间内完成工作

在完成每一项工作时，都按照预定使用时间的标准进行有效的控制，在预定的时限内完成，并保证工作的质量。

4. 合理使用零碎时间的方法

零碎时间是指不构成连续时段的某项工作与另一项工作衔接之间的空余时间。这种空余时间，一种是不可预计的零碎时间，事前没有思想准备，例如，秘书在某一时间要接待一位预先约定好的来访者，但由于来访者出现意外情况而不能赴约，因此秘书要白白等待一段时间；另一种是可以预计的零碎时间，事前知道大致有多长的空余时间，如公务出差的候车时间、等待会谈代表到来的时间等。对于零碎时间，若能合理利用，也能发挥重要的作用。例如，可以利用零碎的时间处理信件、整理办公室、思考问题、打腹稿、联系客户等。充分利用零碎时间去处理那些琐碎事务，在整段的工作时间集中精力去处理较重要事务的方法，就是合理使用零碎时间的方法。

三、经常性工作规范化、程序化

一般来说，在纷繁的秘书工作事务中，大量的是反复出现的、经常性的工作，如文件处理、会务工作、接待工作、督促检查工作等。虽然在不同的行业系统、不同的机关，秘书的常规性工作存在差异，但在同一行业系统或同一机关内，这些反复出现的、经常性的工作还是有规律可循的。

对这些经常性工作进行深入分析研究，会发现其规范性、程序化规律非常明显。在秘书处理经常性工作的实践中，随着经验的积累和对各种经常性工作的有关要素之间关系认识的深入，为了提高效率和加强管理，必然要制订有关工作规范、工作程序和科学可行的工作要求，并尽可能纳入以电子计算机为中心的现代化办公网络控制系统，使这些工作实现规范化、程序化、科学化。所谓没有规矩不成方圆，如果将分工明确到一定程度，使工作流程更为顺畅，整体效率就会提高。

四、井然有序地存放文件和物品

办公场所干净明亮，文件与物品存放得井然有序，既能够使人心情轻松愉快，也有利于工作质量的提高。有些秘书的办公室文件与物品存放得很乱。这样，一是容易误事，二是容易泄密,造成不良的后果。

秘书应该把办公桌上、抽屉里、文件柜里的文件与物品分类,整理存放得井然有序。要找某份文件,立刻就能拿得出来。文件存放,看起来是件小事,却反映秘书人员的工作责任心、组织能力、办事效率、可依赖程度,甚至可以从中看出性格和为人。文件存放工作做得好,确实可以提高工作效率。

很多领导或者老板,会很注意员工的办公室。如果员工的文件资料摆放得不规范而且很零乱,那么他们绝对会对该员工的印象大打折扣甚至很反感。因为,只要留意一个人文件摆放的情况,就不难推断出一个人的办事能力。如果你的面前总是有一大堆文件,这就暗示你一定经常受到困扰,或者你的工作能力或条理性比较差。

五、养成有利于工作的好习惯

秘书要在工作中逐渐学习并养成一些好习惯,这常常有助于工作效率的提高。

1. 做任何事情都要有前瞻性,未雨绸缪,防患于未然

在秘书的日常事务中,经常要为各种会议或活动做准备,例如,准备年度董事会、股东大会、上级年度抽查、将来某个时间的商务谈判等工作。这些工作重要且有较长的时间可以做相应的筹备,但是如果不提前着手,临时抱佛脚地仓促完成则极有可能会出错。

2. 在工作时间里不做与工作无关的事,特别是私事

有些人在工作中,往往会与公司里的同事或认识的人闲聊,这样既浪费了时间,也使自己手头的工作被中断,再回到工作中来时不能马上理出工作头绪,从而导致工作效率降低。

3. 不将情绪带到工作中

情绪好坏往往会影响到工作状态,秘书应该适当控制自己的情绪,尤其是不要把一些不好的情绪带到工作里。

4. 不断地学习与总结

秘书工作技能的提高,一方面来源于知识的积累,另一方面来源于自己的经验。随着现代科技的飞速发展与市场竞争的加剧,可以说周围的一切时刻都在变化。秘书必须与时俱进,不断地学习进步、总结经验,提高自己的知识与技能,否则将难以适应工作的要求,影响自己的工作质量与效率。久而久之,终将被社会所淘汰。

此外,每天定时完成日常工作也很重要,如查看电子邮件、和同事或上级交流、整理办公室等。秘书只有及时完成这些工作,才能腾出更多的时间和精力处理更重要的事情。

本章小结

秘书实务是一门研究秘书业务活动及其规律的应用学科。从培养复合型、应用型秘书的需要出发,本章首先归纳了秘书实务的内容范畴,然后分析了秘书实务工作的性质与特点,以及秘书应该具备的能力和职业道德。最后,提出了秘书工作的主要方法。本章的知识结构如下图所示。

```
                        秘书实务概述
                              │
   ┌──────────────┬───────────┴──────────┬──────────────┐
秘书实务          秘书实务工作          秘书应该具备的        秘书工作
的内容            的性质与特点          能力及职业道德        的方法
   │                  │                     │                 │
 ┌─┴─┐            ┌───┴───┐             ┌───┴───┐    ┌────┬───┼────┬────┐
秘书  秘书         秘书      秘书         秘书      秘书  将工作  科学  经常性  井然  养成
实务  实务         实务      实务         应该      的    分类    合理  工作    有序  有利
的    的           工作      工作         具备      职业  排序    地使  规范化  地存  于工
含义  主要         的性       的特         的能      道德  处理    用工  、程    放文  作的
      内容         质         点          力              作时    序化  件和   好习
                                                         间           物品   惯
```

案例分析

案例一

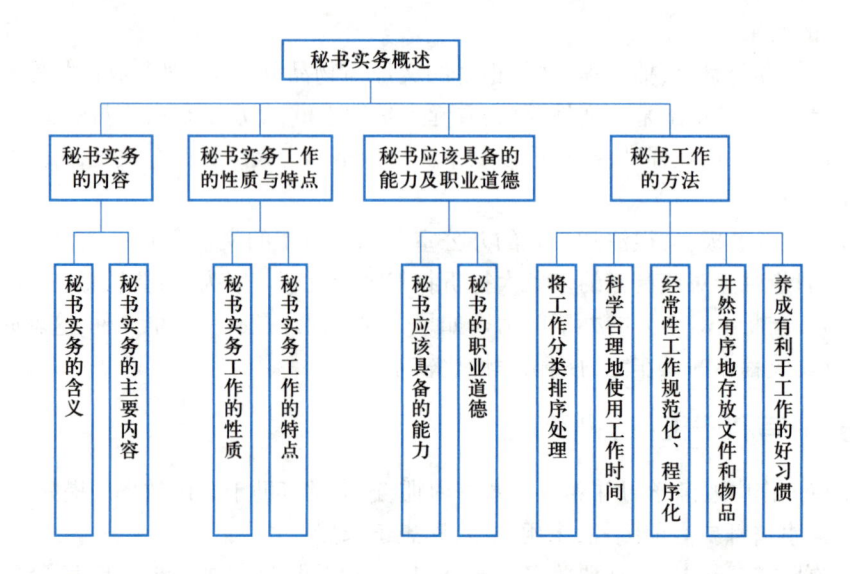

秘书的时间管理与工作效率
—— 读《水煮三国》有感于秘书工作

宏达公司的总经理秘书孙婷经过3个月的工作发现,现代秘书尤其是中高级秘书,工作职责已远远不仅是"办文、办会、办事",还要做好领导的参谋与助手,协助领导进行商务谈判,进行有效的沟通与协调等一系列的工作。虽然每个人每天的时间是一样多的,但是从经济学的角度看,每个人的时间价值又是不一样的。时间价值的另一个关联词就是效率。所以,在我们所处的这个商业社会,秘书应该如何有效地管理好时间,就成了提高秘书工作效率的关键。

孙婷边思索边拿起了办公室唐主任送她的《水煮三国》,随手翻到第十四章"让时间快速增值的锦囊妙计",就如饥似渴地读了起来。

当诸葛亮知道刘备每天总是被一些琐碎的事务弄得团团转,常常是顾了这头顾不了那头时,诸葛亮认为刘备需要掌握必要的时间管理技巧。

诸葛亮说:"有关时间管理的技巧,大约可以分为高、中、低三个层次。低层次的管理技巧着重利用便条和备忘录,在忙碌中自行调配时间和精力。中层次的管理技巧强调行事日历与日程表,反映时间管理已经注意到规划的重要性。高层次的管理技巧讲究对事务的分类处理,按照轻重缓急进行优先解决。在这三种层次中,由于工作量和工作对专业的要求,都有一个授权的问题。"

刘备说:"如此说来,我还是一个只会使用便条的低层次的时间管理者。可是,我怎样才能掌握高层次的时间管理技巧呢?"

这时,书童已经按照诸葛亮的吩咐,将石块、碎石、细沙、水和一只大铁桶准备妥当。诸葛

亮笑道:"高层次的时间管理技巧就在这只大铁桶里面。"

诸葛亮继续说:"这只铁桶最大的容量,象征着在一段时间内,一个人的最大工作量。碎石象征着既重要又紧急的事务,石块象征着重要但不紧急的事务,细沙象征着紧急但不重要的事务,水象征着既不重要也不紧急的事务。"他一边说,一边画事务分类表给刘备看(见表1-1)。

表1-1 事务分类表

	紧急	不紧急
重要	A(碎石型的事务) ● 危机 ● 急迫的问题 ● 有期限压力的计划	B(石块型的事务) ● 发掘新机会 ● 规划 ● 改进产能 ● 建立伙伴关系 ● 防患于未然
不重要	C(细沙型的事务) ● 不速之客的接待 ● 某些信件、文件、电话的处理 ● 某些会议的出席 ● 某些必要而不重要的会议、活动	D(水型的事务) ● 一些可做可不做的杂事 ● 一些不必要的应酬 ● 有趣的活动

"你通常偏重于处理哪一类事务呢?"诸葛亮问。

刘备毫不犹豫地回答:"当然是A类。"

诸葛亮继续问道:"那么,B类事务呢?"

刘备说:"我也知道B类事务相当重要,可就是没有时间顾及。"

诸葛亮问:"是不是像这样?"他把铁桶中装满碎石,然后,那些石块怎么也装不下去了。

"是这样。"刘备点点头。

诸葛亮又问道:"如果换一种装法呢?"他把石块一一放进铁桶里。随后,他不紧不慢地抓起一把碎石,放在已装满石块的铁桶表面,然后慢慢摇晃,然后又抓起一把碎石……不一会儿,这一小桶碎石全装进了铁桶里。之后,诸葛亮又依次将沙子和水分别放进了铁桶里面。

诸葛亮说:"整天忙于处理碎石型事务的人,时刻有压力感,总在处理危机、收拾残局,因此显得心力交瘁。偏重于沙子一类事务的人,通常缺乏自制力,短期行为严重,喜欢巧言令色,人际关系浮泛。偏重于水一类事务的人,可谓全无责任感,恐怕连自己如何维生都很困难。"

刘备继续问道:"会不会因为偏重石块而耽误了碎石呢?因为碎石毕竟来得紧急呀!"

"你知道碎石怎样来的吗?它是石块破碎而成的。"诸葛亮笑道,"偏重于石块一类事务的人,他的碎石会很少。偏重于碎石一类事务的人,他的碎石会源源不断。"

刘备若有所思地点点头。

诸葛亮继续说:"只有偏重于石块一类事务的人,才是真正有效率的人,他善于审时度势,能够抓住问题的关键,急所当急,当机立断并防患于未然。尽管有时也会有燃眉之急,却能设法降到最低。因此,这类人显得有远见,有理想,守纪律,自制力强,生活平衡有规律,而且能成大事。"

以上生动有趣的故事情节,让孙婷认识到秘书有效安排时间的重要性以及方法。

第一,做任何事情都要有前瞻性,未雨绸缪,防患于未然。

例如,秘书为公司董事会、股东大会、上级年度抽查、将来某个时间的商务谈判等做准备。如果这些工作有较长的时间可以做相应的准备,可谓重要但不紧急的石块型事务。但是如果不提前做相应的准备,这些事务就会变成重要且紧急的碎石型事务。例如,现在是1月1日,年度董事会在2月3日召开,秘书小王有一个月的准备时间,这个工作可谓重要但不紧急,是石块型事务。但如果秘书小王认为不紧急,没有提前做相应的准备,就把这个工作放在了一边,先做那些比较紧急的事务,直到2月1日秘书小王才开始准备,这时准备董事会会议的工作就变成了重要紧急的碎石型事务了。秘书小王忙得焦头烂额,工作做完也没有太多时间去检查核对,试想一下这么仓促准备的资料即使不出错,恐怕质量上也要打一个大大的问号。

所以,秘书在工作中,做任何事情都要有计划性和前瞻性,未雨绸缪,防患于未然,提前动手做,这样才能提高秘书的工作效率与质量。

第二,要分清轻重缓急,依次处理。

秘书经常要同时处理好几件事情,因此,正确决定工作的优先顺序就显得十分重要。这样既能提高工作效率,也有利于秘书的时间安排。从"让时间快速增值的锦囊妙计"的例子中,我们知道,将事务进行分类排序的主要依据就是事务的重要性与紧急性。将需要处理的事务准确地分类排序,对提高秘书的工作效率是非常重要的。那么具体到每天的工作中,秘书又该如何做呢?

办公室主任唐仁杰向孙婷介绍经验如下。

每天下班前,秘书把第二天必须做的重要工作记下来,按重要程度编上号码。早上一上班,马上从第一项工作做起,一直做到完成为止。再检查一下安排次序,然后开始做第二项。如果有一项工作要做一整天,也没关系,只要它是最重要的工作,就坚持做下去。秘书在做这些事情的过程中,也可以先处理一些其他突发的需要马上处理的零碎事务,然后再继续做既定的事情。这样才能在每天的工作中,做到有条不紊。如果秘书每天都昏头昏脑地让事务率着鼻子走,分不清轻重缓急与做事情的先后顺序,那么他的工作效率一定是很低的。

综上,作为一名秘书人员,首先,要学会依据事务的重要性与紧急性,准确地排列出事务的先后顺序。其次,做任何事情都要有前瞻性,未雨绸缪,尽早动手。最后,在每天的具体工作中也要分清轻重缓急,依次处理好每一项工作。这样才能更好地提高秘书的工作效率。

思考题:根据案例,请分析秘书为了提高工作效率,应该如何管理时间?

案例二

"聪明"的品牌专员

宏达公司市场部品牌专员李自钢费了不少工夫采写到了一篇较有价值的信息稿,经过一番修改、润色,然后兴冲冲地呈到市场部副经理的办公桌上。凭经验,他估计这一炮定能打响,并可获得当年市场部的优秀信息奖。不料,副经理看后批示:"此稿目前不宜发。"看到自己的工作成果作废,辛辛苦苦采写的稿子被"枪毙",李自钢心里有股说不出的滋味。"这么好的题材!可惜了!""不行,得想个办法。"

李自钢拿定了主意,回到自己的办公室,又经过一番剪裁,将原稿换了个标题,内容的文字也略作改动,然后拿给市场部经理签发,居然顺利通过了。当然,他没有把真相告诉市场部经理。

第二天,李自钢正在为稿件已发而高兴时,却被通知到副经理办公室,在那里他受到了严厉的批评。

思考题:

(1) 请分析案例,你认为李自钢的错误主要有哪些?

(2) 请进一步分析,你认为李自钢犯错的深层次原因是什么?

实践训练

训练一

1. 实训目标

通过训练让学生了解企业的组织结构,以便在以后的学习中,对秘书工作在单位中的地位、作用及工作程序与方法有一个总体的认识。

2. 实训内容

要求学生通过电话、问卷、网络等调查方式,了解企业的组织结构与部门职责。

3. 实训要求

(1) 画出企业组织结构图,并写明每一个部门的工作职责。

(2) 在下一次课上,教师将学生的组织结构图与部门职责收齐后,重点讲解。也可以挑选一部分学生到讲台,向全班同学介绍自己调查到的企业组织架构与部门职责。

训练二

1. 实训目标

通过训练让学生了解企业秘书工作的主要内容,秘书应该具备的能力,秘书的职业道德以及秘书的工作方法。

2. 实训内容

要求学生通过电话、问卷等调查方式,向社会上的秘书人员进行调查,了解秘书的工作内容,秘书的工作方法,秘书应该具备的能力及职业道德。

3. 实训要求

(1) 调查要求两周内完成。

（2）根据调查,写一份不少于800字的报告。在报告上要写明被调查者的姓名、单位、地址及联系方式。报告要求条理清楚,层次分明。

课后练习

1. 秘书的实务工作主要包括哪些内容?
2. 秘书工作的主要性质与特点是什么?
3. 秘书应该具备哪些方面的能力?
4. 秘书的职业道德有哪些?
5. 结合秘书的工作内容,谈一下提高秘书工作效率的方法。

第二章

秘书的接待工作

学习提示

（一）学习目标

1. 知识目标
   - ✓ 熟悉接待的常用礼仪
   - ✓ 掌握接待工作的基本程序
   - ✓ 理解接待规格的确定原则与方法

2. 能力目标
   - ✓ 熟悉接待计划的拟订
   - ✓ 掌握常用的接待方法

3. 素养目标
   - ✓ 沉稳冷静，和蔼可亲
   - ✓ 优雅大方，有礼有节
   - ✓ 尊重客人，换位思考
   - ✓ 情绪管理，顾全大局

（二）学习重点
   - ✓ 各种接待的处理方法
   - ✓ 接待规格的确定

（三）学习难点
   - ✓ 妥善处理各种接待工作
   - ✓ 团体及重要客人的接待工作

第二章素养目标解读

> 引导案例

"脑子进水"的总经理秘书孙婷

11月5日,秋风起,秋意浓,天空阴云密布,总经理秘书孙婷把风衣的扣子系上,快步踩着满地滚动的落叶,准时赶到了七楼办公室。她拿起总经理的日程安排看了一眼,唉!这又是一个忙碌的星期二。

这不,孙婷到楼下送一位客人,回来刚到电梯口,前台秘书张红就叫住了孙婷,并指着孙婷对一位客人说:"这位就是王总的秘书,由她领你去王总的办公室吧。"

孙婷脑子里一闪,王总今天上午这个时间没约任何客人,这位客人是哪里来的?在孙婷纳闷时,客人朝她微微一笑:"给您添麻烦了,不好意思。"来客是一位30岁左右,西装革履,风度翩翩,形象气质俱佳的男性,脸上虽带着歉意,但笑容很灿烂,于是孙婷带路,领着客人到了王总办公室。

十二点整,孙婷正准备下楼吃饭,王总来电话让她去他的办公室。孙婷一进门,王总就劈头盖脸地大发雷霆:"你今天脑子进了多少水?你居然领着一个卖保险的人到我办公室来。他死缠烂磨,浪费了我整整半个上午!"

孙婷眼前一阵发黑,眼泪差点掉了下来,马上说:"王总,实在对不起,这是我的失误。"

王总见孙婷这样,似乎也意识到自己有点失态,便朝孙婷挥挥手:"下次别再做这样的事了。"

问题:你认为孙婷错在哪里?

第一节 商务接待礼仪

礼仪泛指人们在社会交往活动中形成并共同遵守的行为规范和准则,它是用于维护单位或个人的形象,对交往对象表示尊重与友好的行为规范和惯例。它是礼节和仪式的总称,具体表现为礼貌、礼节、仪表、仪式等。商务接待礼仪就是在商务接待活动中需要遵守的行为规范与准则。

一、称呼礼仪

日常交往中正确称呼别人是起码的交往礼仪。称呼,也叫称谓,是对亲属、朋友、同事或其他有关人员的称谓语。称呼的基本规范是表现尊敬、亲切和文雅,使双方心灵沟通,感情融洽,缩短彼此之间的距离。

(一)泛尊称

这种称呼几乎适合于所有社交场合,对男子一般称"先生",对女子称"夫人""女士""小姐"。应注意的是,在称呼女子时,要根据其婚姻状况,已婚的女子称"夫人",未婚的女子称

"小姐",对不知婚否和难以判断的,可以称之为"女士"。在一些国家,"阁下"一词也可以作为泛尊称使用。由于"小姐"一词现在有了特殊的含义,因此,尽量避免直接称呼女性为"小姐",可以用"姓+小姐"的方法称呼对方,如王小姐。

泛尊称可以同姓名、姓氏和行业性称呼分别组合在一起,并在正式场合使用,如"杨庆华先生""李小姐""法官先生"等。

(二) 职务称

在公务活动中,称呼对方的职务是最常用的一种称呼方法。职务性称呼常与姓氏、姓名或泛尊称组合在一起使用,如"王经理""李廷杰校长""部长先生"等。

(三) 职衔职业称

交往对象拥有社会上受尊重的学位、学术性职称、专业技术职称、军衔的,可以用"博士""教授""将军"等称呼。这些职衔性称呼还可以同姓名、姓氏和泛尊称分别组合在一起使用,如"李教授""吕博士""王将军"等。

对不同行业的人士,可以直接称呼其职业,如"老师""教练""警官""医生"等。也可以将这些职业称呼与姓氏、姓名分别组合在一起使用,如"王教练""李强医生"等。

> **小提醒**
>
> 在商务活动中,最常用的称呼方法包括:
> (1) 对方有职位的称呼方法。此时,可以用"姓+职位"的方法称呼对方,如王总、李经理等。
> (2) 对方没有职位,但知道对方的姓的称呼方法。可以用"姓+先生""姓+小姐""姓+女士"的方法称呼,如张先生、李小姐、王女士。"女士"的称呼往往在比较严肃、庄重的场合或陌生人之间使用。
> (3) 不知对方姓名与职位的称呼方法。此时如果对方是男性,可以称呼其"先生";如果对方是女性,尤其是年轻女性,尽量不要直接称呼对方"小姐",可以用"女士"或直接用"您好"等礼貌用语作为交谈的开始语。例如,你到一家公司,想向一位年轻的女性询问生产部经理的办公室在哪里,可以这样问:"您好!打扰一下,请问生产部经理的办公室在哪儿?"或"女士,您好!请问生产部经理的办公室在哪儿?"

二、握手礼仪

在商务交往中,常用的见面礼是握手。握手是日常交往的一般礼节,多用于见面时的问候与致意,也用于致谢与祝愿。如果双方谈判成功,表示友好,也伸手相握。这是世界各国通行的礼节。握手虽是日常生活中司空见惯、看似平常的社交礼仪,但从握手中却可以传递出许多信息。在轻轻一握之中,可以传达出热情的问候、真诚的祝愿、殷切的期盼、由衷的感谢,也可以传达出虚情假意、敷衍应付、冷漠与轻视。所以,绝不能等闲视之。一个令人愉快的握手,感觉上是坚定、有力,代表着这个人能够做决定,能够承担风险,更重要的是能够负责任。

> **小常识**
>
> 从习惯上说,握手的时机和场合主要包括如下几种情况。
> (1) 遇到较长时间未曾谋面的熟人,应与其握手,以示为久别重逢而万分欣喜。
> (2) 在被介绍与人相识,双方互致问候时,应握手致意,表示为相识而感到荣幸与高兴,愿与对方建立友谊与联系。
> (3) 在领取奖品时,应与发奖者握手以表示感谢。
> (4) 向他人表示恭喜、祝贺之时,如祝贺结婚、生子、升学、乔迁、事业成功或获得荣誉、嘉奖时,应与之握手,以示贺喜之诚意。
> (5) 应邀参加社交活动,如宴会、舞会、音乐会前后,应与主人握手,以示谢意。

(一) 握手的方法

行握手礼时,通常距离受礼者约一步,两足立正,上身稍向前倾,伸出右手,四指并拢,拇指张开与对方相握,微微抖动3~4次,然后与对方的手松开,恢复原状。与关系亲近者握手时可稍加力度和抖动次数,甚至双手热烈相握。

1. 握手必须用右手

如果恰好右手正在做事,一时抽不出来,或者手弄得很脏、很湿,应向对方说明,摊开手表示歉意,或立即洗干净手,与对方热情相握。如果戴着手套,则应取下后再与对方相握,否则都是不礼貌的。

2. 握手要热情

握手时双目要注视着对方的眼睛,微笑致意,并且口道问候。

3. 握手要注意力度

握手时,既不能有气无力,也不能握得太紧,甚至握痛了对方。握得太轻,或只触到对方的手指尖,不握住整只手,对方会觉得你傲慢或缺乏诚意;握得太紧,对方则会感到你热情过火,不善掩饰内心的喜悦,或觉得你粗鲁、轻佻而不庄重。这些都是失礼的。

4. 握手应注意时间

握手时,既不宜轻轻一碰就放下,也不要久久握住不放。一般来说,表示完欢迎或致意的话以后,即应放下。在普通情况下,与他人握手的时间不宜过短或过长。大体来讲,握手的全部时间应控制在3秒以内,握上一两下即可。握手时两手稍触即分,时间过短,好似在走过场,又像是对对方怀有戒意;而时间过长,尤其是拉住异性或初次见面者的手长久不放,则会被人误解。

(二) 握手的顺序

社交活动中,由于握手代表了一定的情感态度,表示对对方的友好尊重,因此,按照什么顺序握手,这个问题就显得十分重要。

有很多人认为,在社交中,无论对方的性别和身份怎样,为了表达自己的真心实意,都应该先伸手与对方相握。其实这是一个误区。那么,握手到底应该遵照怎样的顺序呢?

一般情况下,遵循"尊者先伸出手"的原则。职位高者、年长者、女性应该先伸出手,表示友好意愿,职位低者、年轻者、男性则马上伸出手来回应。在商务活动中,不讲究性别、年龄,更在意职务的高低。同等职位时,主人先伸手欢迎客人。在年轻人之间的日常交际活动中,谁先伸手都没关系。

> **小提醒**
>
> **握手小常识**
>
> （1）被拒绝。有的时候，你很热情地伸出手去，而对方却没有回应，让你很尴尬。此时，你只需把手收回来，接着谈话就是了，不必因此影响自己的情绪。对方或许没有看到你伸出手，即便是对方故意不想与你握手，也不是你的错。
>
> （2）死鱼式握手。对方的手虽然伸了出来，但握上去是僵硬的、没有回应，像握着一条死鱼。这时你仍然要正常地握上一握，然后松开。
>
> （3）拥抱式握手。这是指用自己的双手握住对方的右手。这种握手方式在表示感激、老友重逢等场合是很自然的情感流露。当老人或贵宾向你伸手时，可以双手握对方的手，同时致以问候。在商业活动中，一般不使用这种握手的方式，因为这样显得过分谦恭，无形中降低了自己以及公司的地位。

三、介绍礼仪

所谓介绍，通常是指在人们初次相见时，经过自己或者借助第三者的帮助，从而使原本不相识者彼此之间有所了解，相互结识。在商务交往中，恰当地为他人做介绍和介绍自己是很重要的，这是商务活动开始的标志，是建立关系的起点。成功的介绍会给整个商务活动创造一种融洽的气氛，并为进一步交谈做好铺垫。

（一）自我介绍

自我介绍是跨入社交圈，结交更多朋友的第一步。如何介绍自己，如何给他人留下深刻的印象，可以说是一门艺术，这与个人的气质、修养、思维和口才密不可分。学会自我介绍，可以树立自信、大方的个人形象。自我介绍往往能体现出一个人的胆量和气魄，也容易在社交中处于主动地位。自我介绍时要做到表达清晰、风趣、真实、流畅，尽量包含足够有关自己的信息以及与接下来的谈话相关的内容。

在商务活动中进行自我介绍，主要包括姓名、单位、部门、职务或与正在进行的活动是什么关系等内容。例如，"你好，我是李瑞卡，宏达公司的市场部经理助理。""您好！我是孙浩，是北京向阳公司公关部经理，很高兴认识您（或很高兴在此和大家见面），本次发布会由我负责，请多关照！""您好，我是新华社记者王强，久仰您的大名，非常想请教您几个问题。"

（二）为他人介绍

在工作中，经常需要在他人之间架起人际关系的桥梁。比如，你是总经理的秘书，带客户到总经理的办公室，就需要为他们进行介绍。

为他人介绍时，要讲究介绍的顺序。应该本着"让尊者优先了解对方情况"的原则来定。一般是把社会地位低者介绍给地位高者，把主人介绍给客人，把男性介绍给女性，把年轻人介绍给老年人，把未婚者介绍给已婚者，把和自己关系密切的一方介绍给另一方。在公务活动中，是优先以职位的高低来决定介绍顺序的，其次才会考虑性别和年龄等因素。一人与多人见面时，一般要先把一人介绍给多人，但是如果来者身份地位很高，即使一人，也应该先把其他人介绍给他。

在涉外场合,介绍时应把中方人员介绍给外方人员,介绍人由接待人员或中方人员中身份最高者担任。若双方需要介绍的人都比较多,那么在介绍各自人员的时候,应以职位高低为顺序,首先介绍职位高者。介绍时应自然大方、热情、简单明了,不做作。

介绍者应熟悉双方的情况,如可能应征求双方的意见,"李总经理,是否愿意认识一下赵林先生?他是前锋制药有限公司的副总经理。"一般说,不必把职位很低的人介绍给身居高位的人。

> **小提醒**
>
> 介绍人的介绍用语可以是很正规的,例如:
>
> "请允许我来介绍,李小姐,这位是宏达公司市场部经理苏兴宇先生;苏经理,这位是玫黎化妆品有限公司总经理李枫小姐。"
>
> 在非正式场合,介绍语可以相对随意一些,例如:
>
> "陶明明,这是我的同事张扬,她的现代舞跳得非常好;小张,这是我的中学同学陶明明,也是一位舞蹈爱好者。"

四、名片礼仪

名片是一个人身份的象征,是人们社交活动中的重要工具,因此,名片的递送、接受、存放也要讲究社交礼仪。

(一)名片的递送

在社交场合,名片是自我介绍的简便方式。当与多人交换名片时,应依照职位高低的顺序,或是由近及远依次进行,切勿跳跃式进行,以免给对方有厚此薄彼之感。递送时应将名片正面朝向对方,双手奉上。眼睛注视对方,面带微笑,并大方地说:"这是我的名片,请多多关照。"名片的递送应在介绍之后,在尚未弄清对方身份时不应急于递送名片,更不要把名片视同传单随便散发。

(二)名片的接受

接受名片时应起身,接过名片时应说谢谢,接过名片一定要看一遍,绝对不要连一眼都不看就收藏起来,可将对方的姓名、职衔念出声来,并抬头看看对方的脸,使对方产生一种受重视的满足感。然后,回敬一张本人的名片,如身上未带名片,应向对方表示歉意。

(三)名片的存放

接过别人的名片不可随意摆弄,可放在桌上或放进名片夹中。若放在桌上时,不要在它上面压东西,否则被认为不恭。

五、方位礼仪

方位礼仪是礼仪的一个重要部分,简言之,即是由方向位置的不同,体现出不同的礼仪。方位的前后、左右、中间与两侧,均体现了主次关系、礼宾次序。秘书在做接待、会务、餐饮等工作时,不可忽略方位礼仪。

（一）中间与左右礼仪

在国际上，遵循"中间为尊，右高左低，近高远低"的原则。三人行走或就座，都应该请长辈、上级在中间，晚辈、下级在两侧。国际通行的礼节是"以右为尊"，即以本人为基准，其右为上，左为下。为了表示尊敬，一般请职位高者、客人、长辈、女士等居右，职位低者、主人、晚辈、男士等居左。中国传统上"以左为尊"，即左高右低，其他方位礼仪与国际上相同。现在我国政府机关、事业单位以及国有企业等大部分单位在会议中遵循"以左为尊"的原则安排座位。在涉外的活动中，则遵循国际上通用的"以右为尊"的礼仪。根据国际规则分析行走与就座的方位礼仪如下。

1. 行走

在需要并排行走时，让职位高的人、客人等走在职位低的人、主人等的右侧。例如，秘书和他的上司一起走，就要让上司走在秘书的右侧。主人与客人一起行走，要让客人走在右侧。如果三人以上（最好不要超过三人，特别是在街道上或狭窄的地方，以免妨碍他人）行走，应让位尊者走在中间，以表示尊重。

2. 一般的座次

一般来说，越靠中间的座位越好。如果请客人观看演出，就要请主宾和主人坐在中间，而把最靠两边的座位留给主人一方的人去坐。

在许多人并排而坐的时候，主人应该请客人坐在他的右边。我国领导人接见外国来宾时，座位安排就是让外宾坐在东道主的右侧。除此之外，男女两性交往时，为了表示对女性的尊重，男性应让女性坐在右侧；年轻人与年长者谈话时，应让年长者坐于右侧；未婚者让已婚者坐于右侧。

3. 谈判座次

举行谈判时，座次的安排也遵循这一原则。有两种不同的方法：一是谈判桌顺着门摆放，即把桌子窄的一头对着门，假设有一人进门后，面对谈判桌而站，那么他的右手一边的座位为上座，是客人的，他左手一边的座位就是主人一方的。如果谈判桌是横放于室内的，那么正对门的一侧的座位是上座，是客人的，背对门一侧的座位是主人的。谈判双方安排自己一方的座次时，依然遵循"以右为尊"的礼节，即主谈人右侧的位置比左侧的高。谈判座次安排请参见本书第六章的图6-2。

4. 主席台座次

在举行会议时，会议主席台上的座次排列也是要讲求"以右为尊"的，主席坐于中间，其右侧的座位高于左侧的座位。发言人所用的讲台也位于主席台的右侧。但在我国的各级会议中，一般是"以左为尊"，即最高领导居中，2号领导在其左手位置，3号领导在其右手位置。

5. 宴请座次

在排列宴请的桌次、座次时，仍是"以右为尊"的。宴会厅里如果有两张圆桌，面对正门，右边的一桌为主桌。在排列具体的座次时，以面对正门的座位为主位，由主人坐。主宾一般应坐在主人的右侧，其他位次以距离主人越近越高，同等距离右侧高于左侧。

（二）前后礼仪

在前后位置方面，遵循"前高后低"的原则。晚辈、下级为了表示对长辈、上级的尊敬，一般不并肩而行，先请长辈、上级前行，自己后半步随行，即使主客之间，在进门、上车、上楼梯时也礼貌地请客人先行。但并不是所有情况在前面就是受尊重的,还要具体情况具体分析。

1. 行走

走在前面的人往往是职位高者、年长者,特别是在各种典礼、仪式上。如果遇到人多拥挤之处,随从人员就要走在前面开路。秘书或接待人员在引领客人时,走在客人的侧前方,约一步半的距离。

2. 上下楼梯

上楼梯时要让客人、尊长、上司、女性走在前面,下楼梯时则要让他们走在后面,这样方便照顾位尊者。

3. 乘坐电梯

乘坐电梯时,如有电梯工帮忙操作按钮,则让客人、尊长、上司、女性先上或先下。如果需自己操作按钮,则主人、年轻人、下级、男性先上,按住开门钮,请客人、长者、上级、女性进来;下电梯时,职位低者等应按住开门钮或以手挡住门边,请职位高者等先下。

4. 进出房门

进出房间时,一般来说应该请客人、尊长等尊者先进先出,如果门是关着的应该为他们推开或拉开房间的门,并关门。如果进出房门时,遇到与自己进出方向相反者,应当礼让,一般是欲进门者让欲出门者,即先出后入。如果看到对方是客人、尊长、女士,则让对方先行,可不遵前例。

5. 座位排列

乘车座次

在人数较多的会议或典礼上,座位需要多行排列,位尊者、正式出席者排在前排,职位低者、列席者排在后面。在国际交往中,对座次的排列应按国际惯例进行。

另外,在商务活动中,乘车座位的位次高低是考虑了安全、方便、舒适等诸因素后而定的。秘书陪同坐车时要特别注意以下情况。

(1) 小轿车。如果是由专职司机驾车,座位的位次由高到低依次排列为:后右、后左、后中、副驾驶;如果小轿车由主人亲自驾驶的话,座位的位次由高到低依次排列为:副驾驶、后右、后左、后中。后排座位比前排好是因为后排比较安全,并且在汽车靠右行驶的国家,从右边上下车是最方便的。所以人们认为后排右座为最尊位置。同理,在汽车靠左行驶的地方,后排左座才是最尊之位。

(2) 多排客车。以靠窗、靠前为尊。靠近过道的座位容易受打扰,靠后面比较颠簸。

综上所述,国际通行的方位礼仪是遵循"以右为尊""以前为尊""中间为尊"的基本原则。后两者与我国传统与现行的方位礼仪是一致的,而第一种"以右为尊"与我国传统上遵循的"以左为尊"的方位礼仪是不同的。即便是现在,有些单位在安排座次或行走时,仍按照以左为尊的原则处理。这一礼节最为明显地保留在我国主席台的座次排列上,即职位最高者坐于正中,职位其次者坐于其左侧,职位再次者坐于其右侧,依此类推。针对上述问题,很多礼仪专家建议,秘书在工作时可根据到会人员情况灵活处理。如果现场人员全是中方人员,主席台座位安排可按"以左为尊"的原则安排。如果现场人员有外方人员,则一般宜按国际惯例,即"以右为尊"的原则安排。

第二节　接待的准备工作

秘书人员热情、礼貌、耐心、细致的接待能使客人有宾至如归的感觉,从而留下美好的印象。来访客人则由此感到单位认真严谨的工作作风和蓬勃向上的精神风貌,因此在无形当中提高了本组织的知名度和美誉度,扩大了组织的影响。反之,如果秘书的态度冷漠、言行举止粗鲁,那么来访的客人就会认为这个单位整体水平太差而对单位失去好感。

秘书要做好接待工作,前期的准备是非常重要的,它是做好接待工作的前提条件。秘书应该从接待工作的环境、物质与心理三个方面进行准备。

一、接待工作的环境准备

公司的前台、会客室、办公室是展示公司形象的窗口,秘书应当使这些地方保持清洁、明亮、整齐、美观,让来访者一进门就能感受到这里工作规范有序。同时,办公室内部工作人员之间也应该热情大方地互相配合,给来访者留下良好的印象。

> **微型案例**
>
> **烟味刺鼻的会客室**
>
> 潘平是宏达公司办公室的秘书,今天的客人较多,刚送走两个客人,她就赶快准备明天开会用的材料。这时前台秘书打电话,请她下楼带办公室主任约的客人。经向主任请示后,她急忙下楼,将客人带到楼上会客室。这时的会客室有一股刺鼻的香烟味道,烟灰缸里也有很多烟灰与烟头。办公室主任进来后,不禁皱起了眉头,他马上示意潘平更换了烟灰缸,打开了空调换气开关。
>
> 一般而言,公司办公场地的卫生是由专门的保洁人员打扫的。但保洁人员负责的区域往往比较大,不可能随时清扫每一个房间。这就需要秘书人员在客人走后,马上将客人用过的茶杯拿走,清理或更换烟灰缸,整理好桌面等,将会客室恢复整洁的原貌,以备接待下一位客人。

办公室、会客室的环境一般可以分为硬环境和软环境。

1. 硬环境

硬环境包括办公室、会客室的空气、光线、颜色、办公设备及会客室的布置等外在客观条件。

（1）绿化环境。办公室、会客室内的绿化是相当重要的,应该适当地摆放一些花卉或绿色植物。室外环境应该力求做到草坪、花木相映生辉,绿意盎然,富有生机和活力。

（2）空气环境。空气环境包括空气的温度、湿度、流通和味道四个因素,它的好坏对人的行为和心理有着很大的影响。因此,应该在室内安装通风设备和空调,做好空气的调节,并且经常打开门窗透气,保持空气清新。同时,也可以适当喷一些气味淡雅的空气清新剂。

(3)光线环境。室内要有适当的照明,以自然光源为主、人造光源为辅。切勿使光线过强,以免刺激眼睛。但光线也不应该过弱,太暗会引起人的视觉疲劳或心情压抑。

(4)声音环境。室内要保持安静,这样才能使客人心情舒畅,同时也能使秘书集中精力做好接待工作,有助于工作效率的提高。反之,办公室声音嘈杂,会使人心烦意乱。

(5)办公室布置。办公桌、文件柜、复印机等大件物品要摆放合理,书报、文件、文具等物品要归类摆放整齐。

2. 软环境

软环境是指办公室的工作气氛、接待人员的个人素养等在接待过程中体现出来的人文环境。主要有两个方面。

(1)组织文化环境。这是组织存在和发展的灵魂,同时也是接待过程中最能感动客人、能够给客人留下深刻印象的东西。例如,科学合理的规章制度、紧张有序的工作秩序、和谐融洽的人际关系等。因此,办公室里良好的工作氛围,能让客人对组织产生良好的印象。

(2)接待礼仪环境。包括接待人员接待的态度、礼仪、素养、接待过程的安排等。

二、接待工作的物质准备

接待工作所需要的物品分为必备用品和辅助用品两种。

1. 必备用品的准备

必备用品是所有的接待工作都需要用到的用品,主要包括办公设备、茶具等。

(1)办公设备。办公设备指会谈时所用的桌椅、沙发、茶几。要求桌椅等要摆放整齐,桌面清洁,没有水渍、污渍。

(2)茶水与茶具。饮水机、茶具、茶叶、饮料要准备齐全。一般客人可以用一次性纸杯,重要客人要用正规茶具。

(3)文具用品。例如,会见客人时需要记录用的笔和纸等。

(4)书报架。为了使来访者轻松度过等待的时间,还应该放置书报架,摆放一些书报杂志、单位介绍等材料。

2. 辅助用品的准备

辅助用品是指在部分接待工作中使用的物品,主要有接待用车、标志等。

(1)接待用车。例如,迎送客人用的大小轿车。

(2)接待标志。例如,接待现场的欢迎标语和指示牌,接待人员的统一服装和证件等。

(3)接待设备。例如,会见大型代表团使用的扩音器,部分会谈时需要的电脑、复印机、传真机、摄像机等。

(4)接待礼品。部分接待工作需要赠送礼品,尤其是一些涉外的接待工作。

三、接待工作的心理准备

微型案例

轻松悠闲与紧张忙碌,哪个更好?

宏达公司前台秘书张红面对每天一刻不停的工作,面部的笑容越来越少,脾气也越来越大。下班后,办公室主管孙丽找她了解情况。张红道出了她的委屈。原来张红的同学在其他公司做前台秘书,同样的职位,同样的薪水,但对方却很清闲,她心里有些不平衡了。

听了张红的一席话,孙丽主管哈哈大笑。她把自己的经历告诉了张红。原来,孙主管也是从公司前台做起的,与张红有过同样的心路历程。

五年前,孙丽毕业到了宏达公司做前台秘书,公司不但来的客人非常多,而且还要承担许多的行政工作,她的岗位说白了就是前台秘书兼文员。每天孙丽从上班到下班都忙得团团转。但在紧张的工作中,孙丽提高了自己的能力,认识到了自己的价值,对待工作和客人非常热情。三年后,宏达公司业绩增长非常好,孙丽不但薪水得到了提高,而且能力也大有长进。去年,领导将她调到办公室工作。今年上半年,刚被提拔为办公室主管。

而与孙丽同时毕业的同学小王就在街对面的长顺公司担任前台秘书。小王所在的长顺公司每天需要接待的客人很少,公司也没有其他事情需要她做。小王每天很享受这种悠闲的生活,她每天上网聊天、玩玩游戏或看看小说等打发时间。有客人来时,她则觉得受打扰、很麻烦而心情不好。现在的小王仍然在前台的岗位上,拿着与毕业时同等的薪水度日。

孙丽讲完自己的经历后,微笑着问前台秘书张红:"现在,你认为工作轻松悠闲较紧张忙碌哪个更好啊?"张红惭愧地低下了头,说:"孙主管,我懂了,谢谢您!我以后一定会加倍努力的。"

秘书应该具备良好的待客心理,其核心就是要求秘书时时处处有强烈的"角色意识""服务意识",体现出一个"诚"字,即秘书应该站在对方的立场上,将心比心,以诚相待。具体表现在待人接物上应该热情开朗、温柔有礼、和蔼可亲、举止大方,这样有助于赢得对方的好感,缩短彼此的心理距离。如果秘书遇到不愉快的事而心情不佳,也绝不能把个人的情绪带到工作中来,更不应该发泄到来访者身上。否则,来访者就可能根据秘书的这种态度来推测领导的态度。那种"门难进、脸难看、话难听、事难办"的"衙门作风"很令人反感。

无论来访的客人是预约的还是未预约的,是易于沟通的还是脾气急躁的,都要让对方感到自己是受到欢迎、得到重视的。当客人很多或难于应对的时候,更不能因客人发火或急躁而有失礼节,仍要有礼有序地处理,要沉着冷静,态度友善,耐心解释。

第三节　日常接待工作的基本程序

任何来访的客人,都不应该绕开前台或有关秘书而直接去找被访者。前台、秘书的责任之一,就是要甄别客人,起到"过滤""分流"的作用,让预约好的或有接待必要的客人及时得到接待,而把没有必要接待的客人礼貌地挡在门外,不要让客人直接见到上司或其他人,以免影响工作。

迎客、待客、送客是接待工作中的三个基本环节,秘书应该遵循热情周到、礼仪大方、勤俭节约、安全保密的原则,接待每一位来访者,做到亲切迎客,热情待客,礼貌送客。根据客人是否预约可以将客人分为预约来访者与未预约来访者,对二者的接待方法大同小异。

一、预约来访者的接待程序

(一) 亲切迎客

1. 以良好的公司形象迎候来访者

见到客人的第一时间,应该马上做出如下的动作与表情,我们简称为"3S"服务,即 stand up(站起来),see(注视对方),smile(微笑)。

最初的迎客语言可以是:"您好!""您好,欢迎光临!""您好,我能为您做些什么?"等亲切的话语。

当来访者走近时,以站立姿态面带微笑主动问候。不同的公司有不同的接待来访者的方法。在大公司里,来访者首先去服务台或接待室,那里有专门的接待员负责初步接待,并通知秘书来了客人(秘书最好在每天早上给接待员一份当天来访者的名单)。秘书在向领导确认后,按照领导的指示将客人带至领导办公室或会客室。

如果是小公司,秘书的办公桌在办公室门口,或在比较显眼的位置,来访者进来后,秘书要主动打招呼。秘书不要首先主动伸手去和客人握手,但是如果客人首先做出了握手的表示,秘书则可以与其握手。

2. 了解来访者约定见面的部门或人员

一般而言,秘书人员在向客人问候后,客人会主动告诉秘书他所要拜访者是谁,有什么事情。

3. 通知被访者

接待人员通常要有一份公司内部电话簿,努力记住单位内有关人员的姓名以及他们所在的部门、科室。这样就可以方便使用内部电话与员工保持联系,同时电话簿应该根据号码的变化及时更新。

如果客人如约来访,但领导却没有按约定的时间返回公司时,秘书就要代领导向客人诚恳地致歉,请其稍等,奉上茶水。马上与领导联系,如果等待的时间较长,秘书就要告诉来访者大概要等多少时间,让其做出决定:是继续等还是改日再来。如果需要更改会面时间,那么应该先征求来访者方便的时间,以便配合领导的时间表,等领导回来后,再决定预约时间。留下客人的联系方式,及时与客人联系确定见面时间。

4. 被访者不能马上接待

如果来访者比约定的时间来得早,或被访者正在忙,没有时间马上接待,那么应该请来访者入座,款待茶水,递送书报资料以排遣时间。客人等待期间,秘书要及时为其续水,让客人知道,秘书一直在关注他的事。

5. 发放宾客卡

按照单位要求给来访者发放宾客卡,并提醒来访者离开时返还宾客卡。

(二) 热情待客

1. 引导

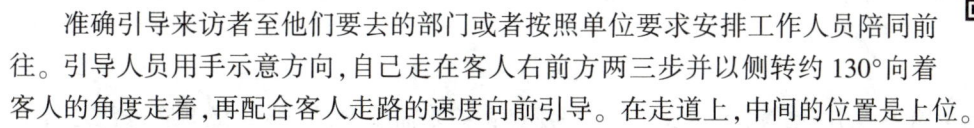

准确引导来访者至他们要去的部门或者按照单位要求安排工作人员陪同前往。引导人员用手示意方向,自己走在客人右前方两三步并以侧转约130°向着客人的角度走着,再配合客人走路的速度向前引导。在走道上,中间的位置是上位。

敬茶

秘书在为来访者引路时,必须注意自己的姿势,眼、口、肩、手都要有一致性,手指并拢,拇指弯向掌边,掌心朝上,以腰部以上的高度指示着方向来引路。需要乘电梯时,若有电梯工,则请客人先进先下。无电梯工时,则秘书先进后下,并按住电梯"开门"键,以免客人被门夹住。

"细微处见真诚",你的客人往往从你接待他的细节中对你评定印象分。如果在某个细节,你做得欠妥当,就可能会让客人感到受冷落。但如果在某个细节,你表现极佳,那么客人会认为公司对其很照顾与尊重。所以,秘书在引导客人时,需要特别注意文件收拾、与客交谈、开门礼仪、衣物挂放、引座礼仪等细节。

(1) 文件收拾。引导前,接待人员应该将办公桌上的文件收拾好,重要的文件必须锁起来,以防他人翻阅泄密。

(2) 提示。引导来宾前去会晤上司,应该提示:"李经理正在会议室恭候各位"或"我们现在前去李经理的办公室",以便让对方在思想上有所准备。

(3) 同行。与来宾同行时,通常走在来宾的右前方,配合来宾的步伐,保持适当的距离(1米左右),并不时左侧回身调整步伐,应答提问,招呼来客。

(4) 与客交谈。引导途中,接待人员可以视与客人的熟识程度与客人进行寒暄、交谈,以示友好。

(5) 示意走向。在走道上,遇交叉或转弯,要伸出右手向来宾示意走向,并说:"这边请。"

(6) 乘电梯。乘电梯前,需向客人说明"在×楼"。注意电梯门开合的时间,别让电梯夹到客人。

(7) 开门礼仪。来到会客室或领导办公室等会客场所前,接待人员应该停住脚步,转身面向来宾,说声"就是这里",并开门引导来宾进屋。如果是拉门(朝外开的门),那么接待人员应该站在走廊里按住门,等客人进入后再进。如果是推门(朝内开的门),那么接待人员应该先入内,把住门边,然后请客人入内。

(8) 衣物挂放。进入室内后,客人如果有外套、帽子、雨伞等物,征得客人同意后,接待人员可以取过挂放于衣帽架或明显处,向客人说明:"×先生,您的外套挂在这里。"

(9) 引座礼仪。进屋后,根据客人的身份,将其引至合适的座位,或由领导安排座位。如果领导未到,那么接待人员可以对客人说:"请坐,经理马上到,请稍候。"一般来说,室内离门口远的座位是上座。

> **微型案例**
>
> **公司秘书的倒茶细节**
>
> 时值盛夏，宏达公司采购部冯经理到香港与客户洽谈合作事宜。回来后，他在部门例会上告诉员工，在接待客人时往往细节决定成败。他以对方公司秘书倒茶为例。开始时，秘书给冯经理倒了一杯温热的茶水，让他一饮而尽，尽快解渴；接着秘书用茶杯盛了比前面更热的茶水，端了上来；最后，对于还想继续喝茶的冯经理，秘书则又献上了一杯热腾腾的香茶，让冯经理细细品味，尽情享受。秘书的这番良苦用心，深深地触动了冯经理，生意谈得也很顺利。

2. 招待

引导人员将客人引导至领导办公室或会客室后，如果需要介绍，那么秘书应该注意遵循"让尊者先了解对方的原则"进行介绍。待客人坐下与上司寒暄时，秘书可以先征求客人的意愿，奉上茶水或饮料。退出后，将门轻轻关上。上司在会客时，有事需要通知上司，应该用纸条，不要直接趴在上司的耳边窃窃私语。

茶是风靡世界的三大无酒精饮料之一，在我国被誉为"国饮"，自古以来就有"文人七件宝——琴棋书画诗酒茶"和"茶通六艺"之说。以茶待客，以茶会友，是招待客人常用的礼仪。秘书在接待中给客人奉茶时，需要注意的事项如下。

（1）秘书待客人坐下，在客人与上司还在寒暄时就应该立即上茶，不要等寒暄过后进入正题再奉茶，以免打扰主客双方的谈话。上茶时，应该将托盘放置在桌子或茶几上，双手端出托盘上的茶杯放到客人面前。

（2）可以用袋泡茶，也可以用茶叶。我国较有名的茶叶有绿茶（西湖龙井、洞庭碧螺春、黄山毛峰、庐山云雾、六安瓜片、信阳毛尖等）、红茶（祁门工夫、正山小种、金骏眉等）、乌龙茶（武夷岩茶、安溪铁观音等）、花茶（茉莉花茶、玫瑰花茶等）。招待客人，一般冬季用红茶，夏季用绿茶，春秋季用花茶为宜。

（3）招待客人应该用带盖有把儿的瓷茶杯。茶具必须无破损，无污垢，并要洗干净，擦亮，消毒。

（4）泡茶时，茶水不宜过浓，也不宜太满，一般以七成为宜，民间自古有"茶七酒八"的礼仪要求。

（5）要注意客人杯中的茶水残留量，如果已经喝去一半，就要添加开水，随喝随添，使茶水浓度基本保持前后一致。如果过淡，就应该换上新茶叶。

如果客人是外宾，或者在炎炎夏日，那么可以征求来客的意愿送上可乐或咖啡等饮料。

（三）礼貌送客

"出迎三步，身送七步"是迎送客人最基本的礼仪。如果客人提出告辞，那么秘书应该等客人起身后再站起来相送。切忌没等客人起身，自己先于客人起立相送，这是很不礼貌的。若客人提出告辞，秘书仍端坐办公桌前，一边说"再见"，一边手中还忙着自己的事，甚至顾不上看客人一眼，则更是不礼貌的行为。

（1）和上司一起送客时，要比上司稍后一步。但在需要开门或按电梯时，秘书要紧走几步去开门或按电梯按钮。

（2）如果客人先伸出手，那么秘书可以边与之握手边说"请走好""再见""欢迎下次再来"

等。即使再忙,也不能忽略这个细节。

(3) 主动为客人取衣帽等物,并扫视一下桌面,看是否有东西被遗忘,为客人开门。如果客人有重物,那么秘书应该帮客人提,但客人的公文包和随身的小包不要抢着代拿。

(4) 如果是重要的客人,在征得客人同意后,秘书可以将客人送到大门口或轿车旁,不要急于返回,应该挥手致意,等客人离开以后,再返回。需要时可以协助来访者预订出租车。

最后,用示意图(见图2-1)说明接待预约来访者的主要工作程序。

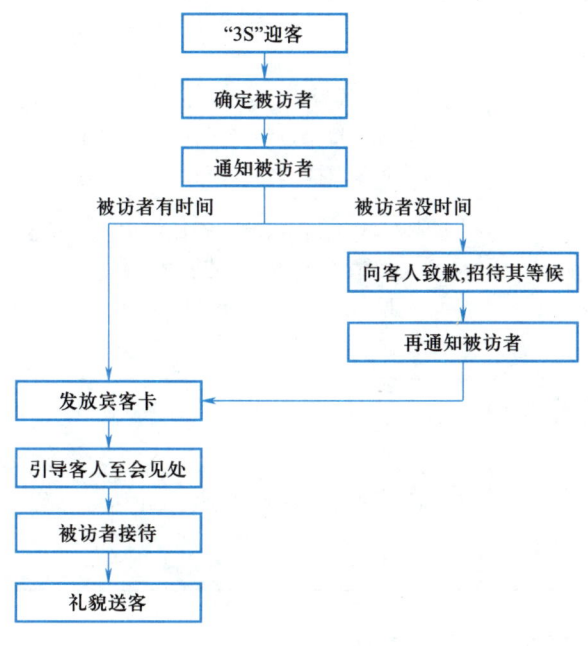

```
        "3S"迎客
           ↓
         确定被访者
           ↓
         通知被访者
       ↙           ↘
  被访者有时间      被访者没时间
      │               ↓
      │        向客人致歉,招待其等候
      │               ↓
      │          再通知被访者
      ↓               │
    发放宾客卡 ←──────┘
      ↓
  引导客人至会见处
      ↓
    被访者接待
      ↓
     礼貌送客
```

图 2-1　预约来访者的接待程序

秘书挡驾

二、未预约来访者的接待程序

微型案例

秘书李芳的困惑

李芳大学毕业,这个月新进公司,与张红一起做公司前台。早上,张红给总经理办公室送一份材料,而李芳正在接电话。这时,李芳看见两位客人直接往办公区走,她赶快叫住他们。客人有些不耐烦地说:"我们昨天刚来过,是找研发部曾经理的,昨天的事情还没办完。"李芳一抬手说:"噢,对不起,那你们进去吧。"

事后,曾经理狠狠地批评了李芳,说她的接待工作没做好,对待不速之客,事先没有做好甄别工作,影响了上司的工作。

这可难倒了李芳:"接待工作怎么这样复杂?我该怎么去甄别这些不速之客呢?"李芳陷入苦苦的思索中。

针对不同类型的未预约者，秘书要能迅速甄别，并给予适当的接待与分流(见表2-1)。

表 2-1　秘书分流客人一览表

不同类型的未预约者	接待方式
推销员	秘书初步判断公司有可能需要其推销的产品，则打电话咨询采购部门意见 如果采购部门有意见面，那么可以介绍指引客人前去 如果采购部门对推销的产品不感兴趣，无意见面，那么可以明确、大方地告知对方 如果秘书认为其推销的产品，公司根本不需要，则直接告知或留下相关资料，如果推销员坚持要见上司，那么可以请他留下名片和产品说明书，并告诉他，你会转交上司。如果上司有兴趣，就会与他联系
不需要会见上司就能解决问题的来客	秘书在与相关部门的主管或相关人员联系后，如果对方可以接见客人，则可以请该部门的人员来引导客人前去见面地点，或秘书亲自引领客人前往。如果对方不能接见，则可以直接告知对方留言，或采取以后再联系等方式处理
上司熟识的上级、客户	无论是哪一种未预约的来客，秘书都应该热情招待，了解对方的基本情况后，与被访者联系，按照上司的指示接待
上司的亲属、朋友	
本公司的中层管理人员因为急事要见上司	
其他不速之客	

1. 接待未预约来访者的基本工作程序

(1) 面带微笑主动问候来访者。

(2) 当了解到对方与被访者没有预约时，仍以欢迎的态度礼貌友好地接待，为其服务。

(3) 联系有关部门或人员，看是否被访者或其他人员能接见来访者。

(4) 如果被访者当天可以接见，就按照接待预约客人的工作程序进行。

(5) 如果当天确实不能找到适当的人与来访者见面，就要立即向来访者说明情况，切记不要让客人产生"等一等还有希望"的误解，以免浪费双方时间，使自己更被动。主动请来访者留言，并向其保证尽快将留言或预约递交给被访者。

(6) 如果被访者虽有时间，但不想接见来访者。秘书可以视情况而定，是直接告诉来访者不能接见的原因，还是以被访者没有时间接见或不在公司等为借口，告诉客人被访者不能接见，以免客人不悦。

2. 特殊未预约来访者的接待方法

(1) 固执任性的来访者。有些来访者不听任何解释，胡搅蛮缠非见领导不可，甚至出言不逊，秘书也应该毫不妥协(但要注意礼貌)地反复进行解释，并建议对方留言或写信给领导，领导看到会做相应的处理。

(2) 进行威胁的来访者。如果来访者对秘书进行威胁，那么你可以悄悄地告诉领导，或单位保安部门，千万不要与蛮横无理、可能带来危险的来访者直接冲突。

（3）情绪激动的来访者。有时候来访者由于各种原因情绪激动。秘书一定要保持冷静，语气平缓地与对方交谈，切勿与对方发生冲突。

未预约来访者的接待程序如图 2-2 所示。

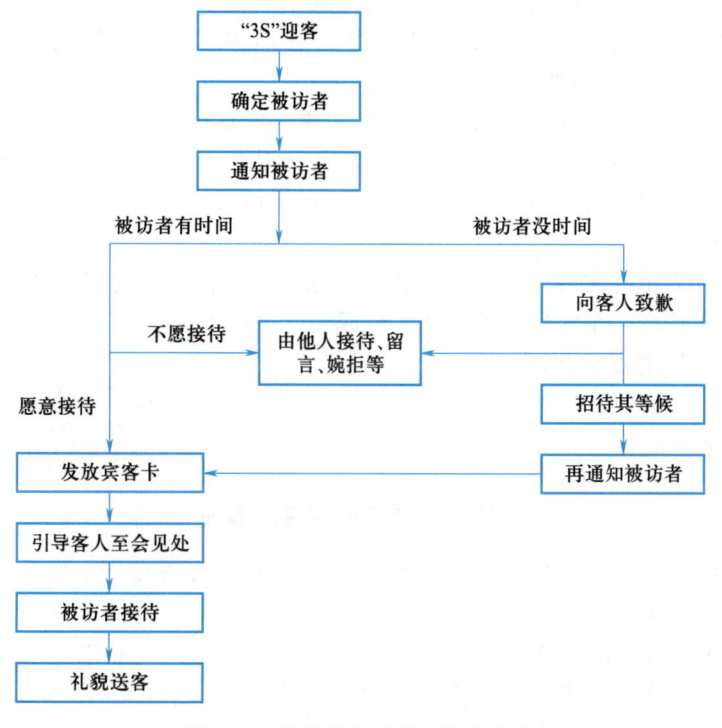

图 2-2　未预约来访者的接待程序

第四节　重要客人与来访团体的接待

企业重要客人或团体的接待工作，与秘书的日常接待相比较，更加重要与复杂。秘书人员必须根据来访者的身份，确定接待的规格。接待规格过高，影响领导的正常工作。接待规格过低，影响双方的关系。所以，确定接待规格时应该全面地考虑，制订详细的接待计划，做好相应的部署。

> **微型案例**
>
> ### "不对等"的接待
>
> 甲公司与乙公司都是宏达公司的合作单位。一次甲公司的副总经理到宏达公司商谈业务，宏达公司的王总经理为了表示友好和重视，出面接待，全程陪同。不久，乙公司也派了一位副总经理来宏达公司，王总经理工作太忙，就让张副总经理出面接待。乙公司总经理已知道上次是王总经理接待的甲公司，心有不悦。

一、接待规格的确定

（一）接待规格的种类

接待规格是以陪同领导的角度而言的。接待规格决定了其他的人员、日程安排及经费开支，包括谁到机场、车站迎接、送别，谁全程陪同，宴请的规格、地点，住宿的宾馆等级、房间标准等，这些都受到接待规格的制约。

接待规格的最终决定权在上司那里，秘书仅提供参考意见。当接待规格定下来以后，秘书应当把我方主要陪同人员的姓名、身份、日程安排及行程告知对方，征求对方意见，得到对方认可。接待规格有三种：高规格接待、对等规格接待、低规格接待。

1. 高规格接待

主方主要陪同人员比主要来宾的职位、级别高的接待，就是高规格接待。例如，一公司副总经理接待上级单位派来了解情况的工作人员或接待一位重要客户的部门经理。高规格接待表明对被接待一方的重视和友好。

> **小提醒**
>
> **高规格接待需要注意的事项**
>
> 确定接待规格一定要考虑到多方面因素，并不是规格越高越好。经常用高规格接待，会产生以下三个副作用。
> （1）会让客方轻视主方公司。
> （2）会影响领导的工作。
> （3）会让不同企业相互攀比，产生厚此薄彼的误会。
> 所以在"难以'伺候'的客户"案例中，王总经理只需对两个公司的副总经理各接见一次即可，不必全程陪同。在接待规格上一视同仁，就不会出现问题。

2. 对等规格接待

主方的主要陪同人员与主要来宾的职位、级别相当的接待，就是对等规格接待。这是最常用的接待规格。

3. 低规格接待

主方的主要陪同人员比主要来宾的职位、级别低的接待，就是低规格接待。这种接待规格常用于基层单位，比如，上级领导到下属企业视察，下属企业的最高领导的职位也不会高于上级领导，这就属于低规格接待。

（二）接待规格的确定

在一般的公务活动中，采用最多的是对等规格接待。有时为了某些需要，可以根据具体情况调整接待规格。这就要求秘书首先要了解客人的身份，向领导请示或建议由谁来出面接待最合适。影响到接待规格的因素主要有以下几点。

（1）来访者的身份。一般来讲，主方接待人员的身份应当同来访人身份相当，或略高于对方。如果无法做到对等规格接待，就应该提前告知对方，并致以歉意，询问是否同意安排其他职位稍低的人员接待。

（2）双方的关系和利益。双方的关系和访问事项所涉及的利益,是决定由谁出面会见的重要依据。双方关系密切且事关重大或主方非常希望发展与对方的关系时,可以派出身份较高的领导人出面会见,即高规格接待。反之,也可以低规格接待对方。

（3）对方的会见要求。有时对方主动提出会见某某领导人的要求,如果无特别原因,就应该尽量满足对方的要求。如果不能满足对方的求见要求,就应当做好解释工作。

（4）一些突然的变化会影响到既定的接待规格,例如,上司生病或临时出差,只得让他人代替。遇到这类情况,必须提前向客人解释清楚,并道歉。

（5）对以前接待过的客人,接待规格最好参照上一次的标准。

> **小提醒**
>
> **改变接待规格的处理方法**
>
> 宏达公司王总经理原定于12月20日接待环宇通信公司总经理及其助手,商谈有关业务。可是12月18日接到上级单位通知,王总经理要于20日去北京开一个重要会议。王总经理只得请李副总经理出面接待已约好的环宇通信公司总经理一行。他让秘书孙婷来处理这件事。
>
> 孙婷思考了一下,她认为此时自己应该做两件事。第一件事,告知对方我方的变化,并致以歉意,询问对方是否同意改由副总经理接待。一般而言,对方会同意改由副总经理接待,因为此类接待一般属于礼节性的,商谈的业务也常常是意向性的。真正触及实质问题的会谈或谈判,往往是由下一级业务部门去做的。第二件事,如果对方同意改由副总经理接待,则向副总经理介绍此次活动的有关情况、背景,并将有关资料转交给副总经理,以便副总经理为接下来的洽谈做准备。如果对方执意要与王总经理会谈,则可商议改期事宜。

二、接待计划的制订

接待来访者,特别是接待重要客人或来访团体的第一项工作,就是制订一个接待方案,也就是通常所说的接待工作计划。接待工作计划一要有针对性,即针对来访人员的具体目的和任务;二要切实可行,即应该符合当时具体的主客观条件。制订接待计划的基本流程见图2-3。

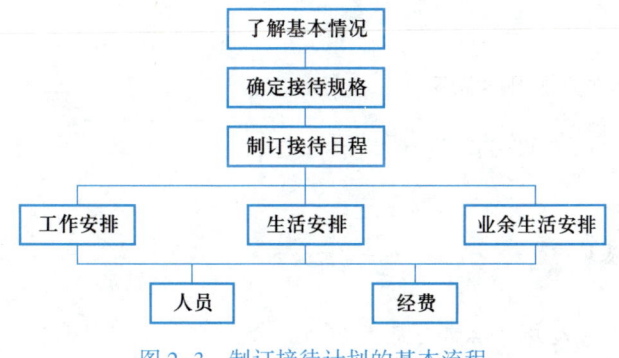

图2-3 制订接待计划的基本流程

(一) 接待方案

接待方案是接待计划的具体体现。接待方案一般包括接待所涉及的人员、时间、地点、活动安排及经费预算等。接待方案的主要内容见表2-2。

表 2-2 接待方案的主要内容

接待方案各项目	主要内容
接待方针	接待的指导思想
接待规格	在接待的准备工作中,核心环节是确定接待规格。它决定着礼仪活动的多少,规模大小,隆重程度,由哪些人员前往迎接、陪同,等等。接待规格反映出本公司对来宾的重视和欢迎的热烈程度,它往往依据主要来宾的身份及实际需要来确定
接待形式	具体的接待方式、方法。确定迎接、宴请、会谈、送行等事宜举行的形式,例如,是否前去机场、车站迎接,是否举行一定的仪式,是否准备鲜花,等等
接待日程安排	工作安排,即安排好来宾的有关工作事宜。例如,会见、会谈、参观办公区或车间、产品演示等其他与工作有关的事宜
	生活安排,即安排好来宾的日常生活接待。包括安排饮食、住宿和交通,照顾好来访客人的生活,做好医疗保健,代购车、船、机票等工作
	业余生活安排,即安排好客人游览及文化娱乐等活动
接待经费开支	接待经费的预算。接待工作必须从简务实,一切从实际出发、不摆阔气,不讲排场。工作经费主要包括:租借会议室、打印资料等费用,住宿费、餐饮费、劳务费,交通费,参观、游览、娱乐费用,纪念品费,宣传、公关费用等

实用范例

××公司关于接待法国专家组的方案

为了安排好法国总公司专家组6位专家来公司期间的工作和生活,特制订如下接待方案。
一、接待时间
4月3日—5日。
二、接待地点
接送机地点:长沙黄花国际机场。
下榻酒店:××大酒店。
参观地点:
1. 公司总部
2. 公司葡萄园基地
三、接待对象
法国葡萄酒专家6人及其陪同人员。

四、接待负责人员

总负责:接待办。

跨部门接待小组:相关领导、秘书组张小红、行政组李卫英、宣传组何佳、保卫组王强。

五、接待前期准备工作

(一) 制发邀请函,邀请外宾,协调时间

(二) 来回机票预订,至少提前20天预订商务舱

(三) 食宿安排,至少提前半个月预订

(四) 迎接车辆安排,迎接外宾的车是公司最高级别的车辆

(五) 迎宾(参观人员到达前5~10分钟,提醒相关人员做好迎宾工作)

(六) 会场接待

1. 欢迎词(电子屏幕)提前15分钟播放法文的"热烈欢迎各位法国专家莅临我公司考察指导"

2. 确定接待场所并预约(根据客户人数、级别确定在公司的3号会议室)

3. 会场整理及布置

(1) 提前30分钟清洁并布置会场,保持会场整齐有序,空气清新。

(2) 摆放会场物品。

(3) 调试投影仪、音响等设备,放映相关资料。

4. 联系陪同人员、讲解员

根据客户考察目的及需要,确定陪同人员并及时告知其准备事宜,以便顺利沟通。会谈开始前1小时,再次提醒相关人员。

(七) 座谈会

1. 企业宣讲(集团、产业宣传片,企业介绍PPT)

2. 技术交流(技术人员PPT讲解,互动)

3. 会场服务(每20~30分钟添加茶水或视情况而定)

4. 拍照(拍照留档)

5. 会后整理(会场整理,如果客户需要资料,则装袋赠送)

(八) 葡萄园参观

1. 确定参观时间,通知相关单位或人员做好准备

(1) 根据参观内容,至少提前2天与葡萄园相应负责人联系,告知参观事宜及注意事项。

(2) 座谈会结束前,提前5~10分钟再次通知葡萄园相应负责人,告知参观人员即将前往,确认准备工作到位。

2. 实地参观

(1) 固定参观路线。

(2) 统一解说词,陪同讲解。

(3) 参观结束,或回会议室继续座谈,或提前10~15分钟准备车辆,陪同就餐或送客。

六、后期工作

1. 整理会场

及时整理会场(除了特殊情况以外,1小时内完毕)。

2. 满意度调查

通过公司或客户反馈,了解客户对本次参观的满意度及改进建议。

3. 总结提升

接待完毕,组织总结会,以改善不足,总结经验。

4. 宣传报道

需要在24小时之内进行宣传报道。

5. 费用跟踪

(1) 接待过程中产生的费用,如礼品、住宿费等,应及时跟踪支付情况。

(2) 接待信息登记及费用核算、结算。

(3) 登记客户信息并统计,核算接待中的香烟、水果、礼品、就餐等费用。

七、日程安排

日期	具体时间	行程安排	地点	人员	备注
4月3日上午	9:00—9:40	机场接机	机场出站大厅	公司相关领导代表	鲜花、欢迎语等,注意接待礼仪
	10:00—11:00	接送专家到酒店休息	××大酒店	公司相关领导代表	1. 注意时间、安全 2. 附送日程安排等资料
	11:30—12:30	自助午餐	××大酒店	公司总经理及其他领导	1. 要加置西餐餐具 2. 按照英文字母顺序安排外宾次序 3. 注意就餐礼仪
4月3日下午	14:30—17:00	参观公司葡萄园	葡萄园1号园	公司经理、公司种植顾问等	1. 品种分析资料 2. 地理环境分析资料
	17:30—19:00	晚宴用西餐	××大酒店	公司相关领导代表、公司种植顾问、礼仪小姐、翻译	1. 要加置西餐餐具 2. 按照字母顺序安排外宾次序
4月4日上午	8:00—9:00	早餐	××大酒店	法国专家一行	—
	9:30—11:00	参观葡萄酒生产基地	公司生产基地	公司重要领导及生产部门负责人、公司生产顾问等	1. 防菌服装 2. 交流会场 3. 采访宣传
4月4日下午和晚上	12:00—13:00	中式午餐	基地接待厅	公司重要领导及生产部门负责人、公司生产顾问等	1. 要加置中、西餐餐具 2. 按照字母顺序安排外宾次序
	14:00—16:00	休息	酒店房间	—	—
	19:30—22:00	欢送酒会	酒店宴会厅	全体接待人员及专家	1. 安排欢送晚会 2. 加强安保 3. 纪念品

续表

日期	具体时间	行程安排	地点	人员	备注
4月5日上午	9:00	机场送机	候机楼	公司重要领导、礼仪小姐、相关专家、翻译	注意相关礼仪

八、经费预算

序号	项目		单价	数量	金额
1	餐费	自助餐	150元/人	20人/次	3 000元
		酒店	1 200元/桌	2桌/2次	4 800元
2	欢送酒会		400元/人	20人	8 000元
3	接送车		500元/辆	2辆/3天	3 000元
4	纪念品(手套)		100元/对	6对	600元
5	双程飞机票		4 000元/人	12张	48 000元
6	酒店住宿费	豪华房	800元/人/天	2天/8间	12 800元
		单人房	300元/人/天	2天/6间	3 600元
合计					83 800元

九、培训事项

1. 礼仪小姐

要面带微笑,能准确高效地答复来宾提出的问题,负责迎宾以及做好前台工作。

2. 服务员

注意言行举止,训练奉茶、宴请、陪车等有关服务工作。

3. 保安

负责保安工作的培训,做好车辆及人身安全的保护工作。

以上工作人员至少要进行为期一周的培训。

4. 接待时的礼仪规范及注意事项

(1) 迎接来宾要面带笑容,热情大方,讲究仪表和衣帽整洁,面、手、衣、履要洁净。头发、胡须不宜过长,要修剪整齐。接待来宾时,要有专门的人员负责帮来宾提重的行李。

(2) 握手时,先后次序应当遵守"尊者先伸手"的原则。握手的姿态应该是:距离对方约一步,两足站立,正面朝向对方,上身稍稍向前倾,双目注视对方,微笑着伸手。说话时神情矜持和蔼,略带微笑。

(3) 介绍时,要称呼得体,为他人介绍时,必须遵守"尊者优先了解情况"的原则。在介绍他人前,先要确定双方职位高低,然后先介绍职位低者,再介绍职位高者。

(4) 宴请时,要注重来宾的饮食爱好以及习惯,以国际礼仪为主,尊重来宾风俗,切忌铺张浪费,给来宾留下不好的印象。

（二）具体接待事宜的准备

秘书要制订出切实可行的接待计划，就必须熟悉接待工作的具体事项。在计划制订后，必须将计划的每一项工作具体化，这样才能切实完成接待计划。接待计划的内容如图 2-4 所示。

```
                      ┌── 了解来宾的基本情况            ┌── 安排领导拜访来宾
                      ├── 拟订接待初步意见              ├── 安排餐饮及宴请
                      ├── 确定接待人员名单              ├── 安排会谈、参观等事宜
         接待计划 ────┼── 确定活动日程表      接待计划──┼── 安排新闻报道工作
         的内容        ├── 安排工作用车        的内容    ├── 互赠纪念品或合影留念
                      ├── 安排接站及返程票的预订        ├── 做好接待经费结算
                      └── 安排好来宾住宿                └── 安排送行事宜
```

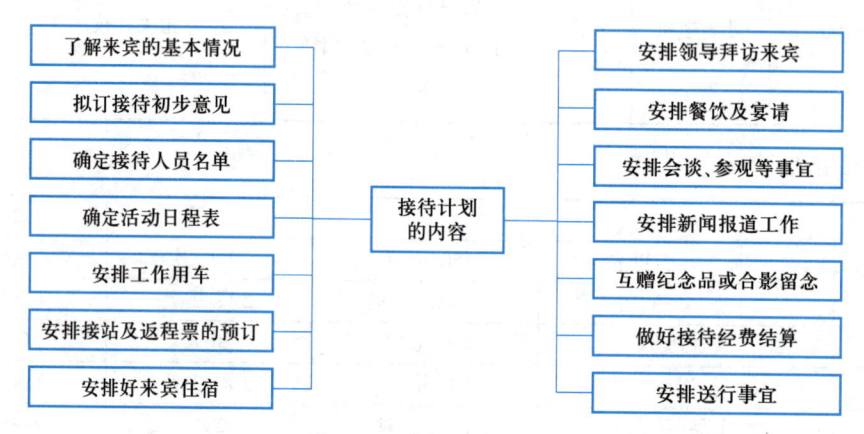

图 2-4　接待计划的内容

1. 了解来宾的基本情况

来宾的基本情况包括其所在国籍、具体单位、此行目的、来访天数、来访人数、到达日期和地点，以及每个成员的姓名、性别、年龄、职务、级别、民族、宗教信仰、风俗习惯、健康状况等。

2. 拟订接待初步意见

将客方基本情况报告领导，并根据客方意图和己方安排拟订接待计划及日程安排的初步意见，一并报请领导批示。如果是涉外接待，那么应该会同外事部门共同拟订接待计划，并报请有关领导部门审批。

3. 确定接待人员名单

接待人员包括负责接待活动的工作人员与陪同人员。根据来宾的工作任务，事先拟订出各个活动项目的工作人员和陪同人员名单，报请领导批准后，立即通知有关人员不要外出，并做好各方面的准备工作。要坚持陪同人员"少而精"的原则，尽量降低接待成本，并尽可能不影响本单位日常工作的正常进行。

4. 确定活动日程表

来宾到达前，秘书就应该将拟订好的接待日程安排表交领导确认后，与对方相关人员确认，双方商讨定稿。定稿后交相关单位、相关部门及人员做相应的准备。来宾到达后，如果有必要也可以将日程安排印发给所有来宾，让每个人都做到心中有数，从而积极配合，提高整个接待工作的效率。

5. 安排工作用车

根据实际工作需要和来宾需要，安排好整个接待期间的工作用车。每次外出要认真检查车况、路况，确保交通安全。

6. 安排接站及返程票的预订

根据来宾身份及抵离日期、地点，安排有关领导和工作人员到车站、机场、码头迎送。迎客

时应该提前15分钟到达。可以事先准备好"接站牌"。如有需要,可帮来宾预订、预购返程车票、机票或船票。

7. 安排好来宾住宿

根据来宾身份和具体要求,协助具体接待部门安排好住宿,可以在宾馆、酒店预订标准间或套房。要特别注意来宾住地的防灾、防盗和安全保卫工作。

8. 安排领导拜访来宾

选择合适的时机,按照大体对等的礼仪原则,安排有关领导到来宾下榻的酒店去看望客人,进行礼节性的拜访。要事先安排好陪同人员,听取来宾对接待工作的意见和建议,回来后认真落实。注意拜访时间不宜过长,控制在20~45分钟,不宜过多占用来宾的休息时间,时间也不宜过短,以免产生"走形式"之嫌,让人感觉缺乏诚意。

9. 安排餐饮及宴请

根据单位的餐饮标准及来宾的饮食习惯,安排好来宾的饮食。要特别注意不同民族的饮食禁忌,并确保食品卫生和饮食安全。安排宴请应该根据有关规定和工作需要,可以在恰当的时候安排,涉外接待一般都应该安排宴请。应该事先确定宴请标准并依据主宾饮食习惯选择宴请形式,可以是中餐,也可以是西餐。最好事先征求客方意见。在宴请的时间安排上要注意避开不同民族、不同国家、不同宗教的忌日。

10. 安排会谈、参观等事宜

根据来宾的工作任务安排好会见会谈、参观考察等事宜。要充分做好准备工作并提供现场全程服务。比如,做好会谈室布置、座次安排、茶水、纸笔、产品、样品、陈列、讲解、现场操作表演、有关情况的书面材料等各项准备工作。

11. 安排新闻报道工作

如果来宾有重要身份或活动具有重要意义,特别是重要的外事活动,那么应该通知有关新闻媒体派人进行采访、报道、负责介绍情况、安排采访对象谈话等,并受领导委托对稿件进行审核、把关。

12. 互赠纪念品或合影留念

根据工作需要可以与来宾互赠礼品或纪念品,也可以合影留念。应该根据来宾的风俗习惯选择礼品或纪念品,特别要注意避开不同民族、不同国家、不同宗教的禁忌。

13. 做好接待经费结算

在客人临走前,应该按照规定做好接待经费的结算。做到账目清楚、手续齐备,以免日后处理产生矛盾。

14. 安排送行事宜

来宾离去时,应该安排有关领导或工作人员为客人送行。可以提前去客人下榻的宾馆、饭店送行,也可以去车站、机场、码头为客人送行。若是外宾,有时还要举行饯行宴会。也有客人出面举行答谢、告别宴会的。不论是哪种宴会,主人都应该提供良好的服务。要注意的是,送客与迎宾同等重要,应该善始善终,切忌虎头蛇尾,这样才能给客人留下良好的印象和美好的回忆,为今后进一步合作打下良好的基础。

> **小提醒**
>
> ### 重要客人与团体客人的接待流程
>
> 一般而言,重要客人与团体客人的接待流程如下。
> (1) 了解来宾的人数、性别和职务。
> (2) 与客方确认日程安排。
> (3) 预订住宿。
> (4) 欢迎仪式,欢迎词。
> (5) 礼节性拜访。
> (6) 安排宴请,领导致祝酒词。
> (7) 会谈,准备相关的洽谈文件。
> (8) 陪同参观、游览。
> (9) 选购赠送礼品。
> (10) 欢送。

(三) 制作接待日程安排表

根据接待规格、接待形式等制订出合理可行的接待日程是非常重要的。秘书制订出接待日程后,要先请领导过目。如果领导认可,则可以将日程表通过传真或电子邮件的方式发给对方。如果对方有修改意见,则可以再协商修改以至定稿。日程表定稿后,要再发给对方确认,同时,让对方有所准备。为了让本公司的有关人员都准确地知道自己在此次接待活动中的任务,提前安排好自己的时间,保证接待工作顺利进行,可以将日程表印发给有关人员。

(四) 制作接待工作筹备表

接待工作筹备表是在接待日程表的基础上,结合接待工作的要求,将每项工作细化,并落实到具体负责人。一般而言,重要客人的接待及团体客人的接待,都需要制作接待筹备表。在整个筹备过程中,接待筹备表经过领导审核通过后,要在负责领导的主持下至少召开一次协调会,明确分工与责任。秘书起着全程跟踪与协调的作用。秘书对每次跟踪的结果都要做好记录,表格设计可以用A4版面横向排列,这样各项内容可以填列得更加详细。

宏达公司与捷成公司经过数轮磋商,决定于4月10日在宏达公司正式签约。宏达公司的秘书制作的会议筹备表如表2-3所示。

表2-3 宏达公司与捷成公司签约筹备表

负责秘书:赵晓华　　　　　　电话:6802××××　　　　　　制表日期:3月15日

完成日期	工作内容	负责部门	经办人	完成情况	备注
3月20日	1. 了解来宾基本情况	总经理办公室	赵晓华		
3月21日	2. 拟订接待初步意见	总经理办公室	赵晓华		
3月21日	3. 确定接待人员名单	总经理办公室	赵晓华		
3月22日	4. 确定活动日程表	总经理办公室	赵晓华		
3月22日	5. 安排好接站及返程票的预订	后勤处	王强		

续表

完成日期	工作内容	负责部门	经办人	完成情况	备注
3月23日	6. 安排好来宾住宿	办公室	张丽		
3月23日	7. 安排好餐饮及宴请	办公室	张丽		
3月23日	8. 安排好工作用车	后勤处	王强		
3月30日	9. 安排好会谈、参观等事宜	总经理办公室	赵晓华		
3月30日	10. 准备好签约需要的资料及物品	总经理办公室	赵晓华		
4月6日	11. 安排新闻报道工作	办公室	张丽		
4月6日	12. 准备纪念品或合影留念	办公室	张丽		
4月6日	13. 做好接待经费的预付及结算	办公室	张丽		
4月6日	14. 安排好送行事宜	后勤处	王强		

本章小结

接待是秘书工作的一项重要内容,包括日常接待、重要客人和团体客人的接待。秘书在接待工作中,要做到亲切迎客、热情待客、礼貌送客。秘书在接待时,不仅要坚持热情周到、礼貌大方、勤俭节约、安全保密的原则,而且还要能够随机应变、灵活机动地处理一些接待事务。对于各种接待工作,秘书都要做好相应的接待准备工作,熟悉接待工作的基本程序,确定接待规格,做好接待工作计划。本章的知识结构如下图所示。

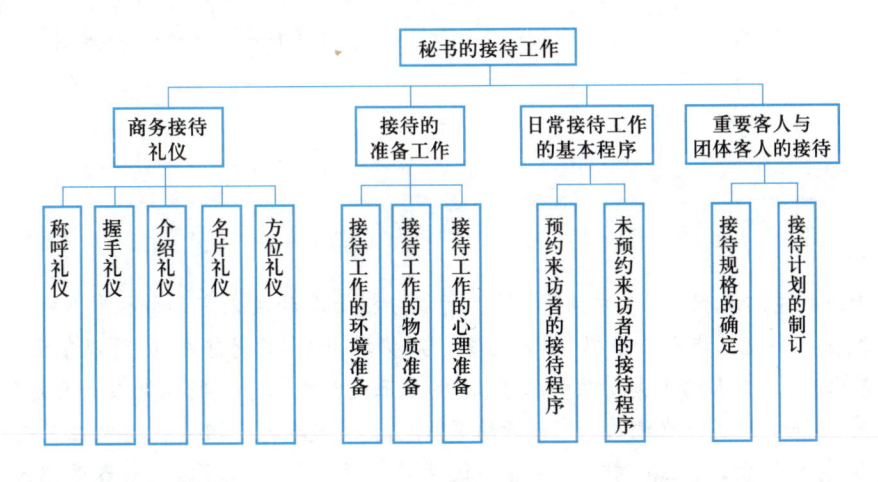

```
                        秘书的接待工作
        ┌───────────────┬───────────────┬───────────────┐
     商务接待         接待的          日常接待工作      重要客人与
       礼仪          准备工作         的基本程序       团体客人的接待
    ┌──┬──┬──┬──┐   ┌──┬──┬──┐       ┌──┬──┐        ┌──┬──┐
   称 握 介 名 方   接 接 接        预 未          接 接
   呼 手 绍 片 位   待 待 待        约 预          待 待
   礼 礼 礼 礼 礼   工 工 工        来 约          规 计
   仪 仪 仪 仪 仪   作 作 作        访 来          格 划
                   的 的 的        者 访          的 的
                   环 物 心        的 者          确 制
                   境 质 理        接 的          定 订
                   准 准 准        待 接
                   备 备 备        程 待
                                   序 程
                                     序
```

案例分析

案例一

中国传统方位礼仪分析

我国的方位礼仪与国际上的方位礼仪,除了左右礼仪不同外,其他礼仪规则是一致的。在国际上左右礼仪是"以右为尊",在中国是"以左为尊"。现以《红楼梦》中林妹妹刚进贾府时

49

处理方位礼仪的情景为例,分析中国传统的方位礼仪规则。

《红楼梦》第三回"贾雨村夤缘复旧职　林黛玉抛父进京都",黛玉之母贾氏夫人一疾而终,其外祖母贾府史老太君,派人来接其进京,黛玉洒泪拜别父亲,踏上了进京之路。

贾母与黛玉见面叙谈后,命两个老嬷嬷带了黛玉去见两个舅舅。至王夫人处,老嬷嬷引黛玉到东廊三间小正房内。

正房炕上横设一张炕桌,桌上垒着书籍茶具,靠东壁面西设着半旧的青缎靠背引枕。王夫人却坐在西边下首,亦是半旧的青缎靠背坐褥。见黛玉来了,便往东让。黛玉心中料定这是贾政之位。因见挨炕一溜三张椅子上,也搭着半旧的弹墨椅袱,黛玉便向椅上坐了。王夫人再三携她上炕,她方挨王夫人坐了。方位简图见图2-5。

在与王夫人交谈时,有丫鬟来回,贾母传晚饭,王夫人忙携黛玉到贾母处。

于是,进入后房门,已有多人在此伺候,见王夫人来了,方安设桌椅。贾珠之妻李氏捧饭,熙凤安箸,王夫人进羹。贾母正面榻上独坐,两边四张空椅,熙凤忙拉了黛玉在左边第一张椅上坐了,黛玉十分推让。贾母笑道:"你舅母你嫂子们不在这里吃饭。你是客,原应如此坐的。"黛玉方告了座,坐了。迎春姊妹三个告了座方上来。迎春便坐右手第一,探春左第二,惜春右第二。旁边丫鬟执着拂尘、漱盂、巾帕。李、凤二人立于案旁布让。外间伺候之媳妇丫鬟虽多,却连一声咳嗽不闻。进餐方位简图见图2-6。

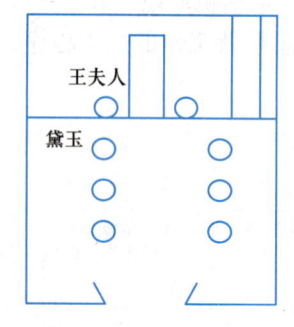

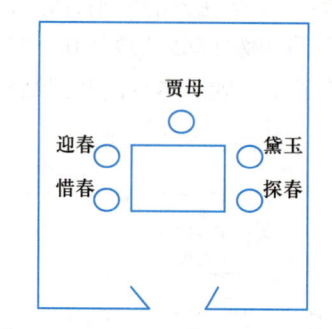

图2-5　黛玉拜见王夫人　　　　图2-6　贾母与黛玉、三春共进晚餐

中国传统的左右礼仪是"以左为尊"的。所以分析上面两段内容的方位礼仪如下。

图2-5:黛玉拜见王夫人。根据"以左为尊"与"男尊女卑"的封建礼仪,所以在面向门的正位上,左侧(尊位)是王夫人的丈夫贾政的位子,右侧是王夫人的位子。所以黛玉在王夫人让其坐左侧时,她不肯坐,而是准备坐在侧位一字排开的下位上,在王夫人再三相邀下,才坐在王夫人的身旁。

图2-6:贾母与黛玉、迎春、探春、惜春共进晚餐。黛玉与迎春、探春、惜春是同辈。按长幼顺序排列应该是迎春、黛玉、探春、惜春。玲珑八面的王熙凤忙拉了黛玉在左边第一张椅上坐了,黛玉十分推让,贾母发话让其坐此位,方才坐下。而迎春、探春、惜春三人则按长幼顺序就座,迎春坐右手第一,探春左第二,惜春右第二。此处则体现了中间高两侧低、左高右低、近高远低的方位礼仪。

思考题:请你谈一谈,我国与国际上通用的方位礼仪有哪些异同?

案例二

"刚刚散会"——婉转拒绝的艺术

下午两点多钟,安徽国雄公司的关总来电话。

"你是小孙吗?我是安徽的关勇,我想跟王总通通话。事情是这样的,我们委托你们公司进口的那套生产设备,现在压在上海港口,卸不下来。给你们进出口部的人打过几次电话,他们似乎不太积极,所以,我想与王总通个话,请他给进出口部的人打个招呼。我们这里的开工典礼都筹备好了,要是设备这个星期运不到,市领导看不到东西,白跑一趟,那就要我们的命了。"

这事昨天苏经理已经向王总作了汇报。这是无可奈何的事,再急也没用,在合同中有我们的免责条款。虽然王总正在办公室,但秘书孙婷拿不准领导是否愿意接这个电话。孙婷一边快速地转动着脑筋,一边说:"关总,您别急!王总刚刚散会,我马上就去找他,您稍等,请别挂电话。"

孙婷到王总的办公室向他说了关总的情况。

王总说:"刚才进出口部的人也给我打了电话,说天气预报说台风最迟明天就会过去。你说这个电话我还接吗?"

孙婷第一次见到王总犹豫不决,她理解王总的难处:接吧,也帮不上忙,解决不了问题,解释也是多余;不接吧,多年的客户,多年的朋友,而且还是安徽老乡。

回到自己的座位,孙婷拿起电话筒对关总说:"关总,实在对不起,几个办公室都找了,没见着王总;等我见了他,我一定会把您的情况向他汇报。"

"谢谢,请你一定帮忙!"关总说。

思考题: 你认为秘书孙婷为什么要这样做?

实践训练

训练一

1. 实训目标

通过训练让学生了解日常接待事务的基本程序与注意事项。

2. 实训内容

1月15日,上海宏达公司总经理王志强给秘书孙婷安排了一项接待任务:1月18日,美国艾地公司副总经理 Johnson 先生来公司洽谈业务,请演练整个接待过程,包含前期准备、招待、送行等。

3. 实训要求

(1)教师将班级人员分组,约10人为一组。小组可以根据所给的材料,适当地增加角色与情节。教师的考核侧重于接待的程序与礼仪。

(2)有秘书实训室的学校可以在实训室里进行训练。如果没有实训室,那么也可以在教室里,小组成员根据情节布置场地进行模拟演练。

训练二

1. 实训目标

通过训练让学生了解和掌握团体接待工作,制订接待计划。

2. 实训内容

宏达集团公司王总一行5人,于11月20日10点来上海宏达分公司检查工作,检查两天,22日上午10点返回北京,请从分公司的角度演示整个接待过程。

3. 实训要求

(1) 小组可以根据所给的材料,适当地增加角色与情节。

(2) 小组要制作成套的接待材料,如接待的工作安排、接待日程、接待计划等。

(3) 教师根据学生的演示,总结团体接待需要注意的事项。将学生的演示情况与上交的材料综合打分,计入学生的平时成绩。

课后练习

1. 接待的准备工作有哪些?
2. 请简要叙述预约来访者的接待程序。
3. 请简要叙述未预约来访者的接待程序。
4. 请简要叙述接待规格的种类,并举例。
5. 一般而言,重要客人和团体客人接待的工作流程是什么?

第三章

秘书的日常事务工作

学习提示

（一）学习目标

1. 知识目标
   - ✓ 了解秘书日常事务工作的内容
   - ✓ 熟悉工作环境的布置
   - ✓ 理解领导日程安排的原则

2. 能力目标
   - ✓ 掌握接打电话及处理邮件的基本方法
   - ✓ 掌握印信与保密工作的方法

3. 素养目标
   - ✓ 提高审美，品位高雅
   - ✓ 修身养性，耐心细致
   - ✓ 工匠精神，精益求精
   - ✓ 遵纪守法，保守机密

第三章素养目标解读

（二）学习重点
   - ✓ 日常事务工作的内容
   - ✓ 正确处理日常事务工作

（三）学习难点
   - ✓ 日常事务工作的灵活处理

引导案例

客户的眼光好"毒"

在一个阳光明媚的下午,宏达公司总经理秘书孙婷带领客户李经理一行参观了公司的办公楼和生产线。在送客人走的路上,孙婷笑着问李经理:"李经理,请问对我们公司的印象怎么样啊?"李经理想了想说:"念在我是贵公司老客户的份上,恕我直言,整体上挺好,只是有些地方需要完善。"孙婷脑子快速地运转着:为了迎接这次参观,我特意带人整理了办公区域,生产车间那边也是提前打了招呼安排好的,会见他的公司领导说话也没什么纰漏。于是,孙婷微笑着询问原因。客户说:"你们的生产技术没得说,在国内算得上是一流的。但是你们办公区域的规划不合理,比如,采购部的办公室,一进门就是一排柜子挡在那里。你们生产区域的几盆花已经蔫了,生产部门口的牌子是歪的。"孙婷心里暗暗叫苦,"李经理的眼光好'毒'啊!"嘴上赶紧道:"非常感谢李经理的直言相告,您的意见非常好,我会反映给我们的相关人员,欢迎李经理以后常来公司做客。"

问题:客户李经理是不是太挑剔了?为什么?

第一节 办公环境的管理

办公环境,从广义上说,是指一定的组织机构的人员工作所处的环境。办公环境包括硬环境和软环境。硬环境是指包括办公室、办公桌椅、办公设备、色彩、光线等外在的客观环境。软环境是指包括工作态度、工作氛围、人际关系等方面体现出来的人文环境。企业办公室是人与人、人与机、人与环境之间交流与联系的场所,对于工作氛围有着潜移默化的影响。具有情感化的办公室设计可以给员工带来安全感与舒适感,卓越的企业会想方设法地满足员工的心理需求,营造和谐融洽的办公氛围,从而增强员工与办公室情感上的联系,激发员工的工作热情。[①] 企业良好的办公环境,有助于员工心情愉悦,进而提高工作效率。因此,创造设计(简称"创设")良好的办公环境对企业的经营管理是非常重要的。

一、办公环境常见的问题

企业办公室环境常见的问题有:室内通风透气不好,导致空气污浊;室内区域规划不明确,布置过多的办公设备和家具,导致拥挤、杂乱;桌椅设计智能化程度低,容易造成员工职业病;办公室色彩沉闷、千篇一律;没有提供休闲放松的空间及设施;办公环境形式和内容单一而刻板,缺乏持久吸引力。

出现这些问题的原因主要有:第一,从领导的角度来说,领导没有认识到办公环境的

[①] 罗春燕.企业办公室环境创设问题与对策.现代商贸工业,2017,(6):61~63.

重要作用，认为进行办公环境创设是虚的外包装，领导没有弄清楚"为谁创设环境以及创设什么样的环境"等关键问题，全凭个人感觉一手包办，较少倾听员工的建议和感受；第二，从员工的角度来说，员工对环境创设的认知和理解不够清晰，例如，有的员工错误地将环境创设视为"一种经营管理活动""政治口号和文体表象"和"企业文化手册"等，大部分员工不能表达自己意见，只是被动机械地参与，积极性和主动性得不到充分有效的发挥。

二、办公环境创设的原则

办公环境的创设必须考虑到符合各种沟通、保守秘密、心理调适、情绪转换及休息等要求。良好的办公环境可以提高工作效率，这就意味着每一位秘书人员要主动了解办公室整体布置的要求，动手为大家营造一个优化的办公室环境，也就是通过对办公室环境加以合理的设计、控制、组织，使其达到最优的状态。

办公空间的整体布局

（一）坚持全面性原则

要有长远的眼光和大局意识，充分认识到既要创设外部物质环境，也要重视员工的内部精神环境，两者要有机结合，不能厚此薄彼。认真对环境创设做系统规划，充分考虑诸如"怎样创设才比较合理？现有环境的哪些因素是适用的？还需要创设哪些环境？还需要补充哪些条件？需要员工做哪些工作？"等问题，只有彻底解决了以上这些问题，才能保证环境创设的顺利实施，使环境真正促进员工身心健康发展。

办公室布局应该全面考虑，把握方便工作并使工作者的移动减至最小限度的原则。一般说来，主管的办公区域里需要保留适当的访客空间，同时又要和秘书的办公室距离较近，以便于工作上的交流与沟通。主管的办公室一般位于办公区域的最里面。

（二）坚持适宜性原则

不同企业办公室环境创设的策略途径、方式方法可以相互借鉴效仿，但是切记要紧密结合本企业的实际承受力和文化传统积淀，必须以做实功、求实效为基本出发点和落脚点，坚决反对走过场的作秀和不顾效果的劳民伤财。呆板的形式让人厌倦，枯燥的载体使人乏味，企业办公室环境创设内容和形式都需要与时俱进、因时而变，在创设具体的环境时，要勇于改革创新，不断探索优化，追求雅俗共赏、新旧融合，内容丰富多彩，形象生动直观，满足各个层面的多种需求，避免出现狭隘单薄的局面。对于有强烈的探索愿望的员工，环境创设就应为其提供问题情境，让他们借助发现和解决问题的过程来提高思维水平和动手能力；对于知识经验少的员工，环境创设就应多提供实物实景，帮助他们积累感性知识。

（三）坚持参与性原则

领导重视是首要，但关键点应是员工与领导的合作，员工作为主体，广泛参与的过程就是环境教育发挥作用、产生功效的过程，由企业最高管理者负责，同时将各个职能部门的管理者和具有较强能力的杰出员工代表纳入，建立一个专门的职能部门对环境创设工作进行全面协调、有序推进，领导应与员工共同确定环境布置的主题风格、材料和活动准则等，并在实施过程中严格遵循这样的原则，使之能真正支持员工的发展。

三、办公环境创设的方法

现代办公环境的创设有别于传统的办公环境,除了满足基本的办公要求之外,更要满足员工健康、舒适、愉悦等情感体验。

(一)保证空间流动、通透

环境心理学家认为当人从一个区域往外看的时候能察觉到别人的活动,将会感受到自由。因此,活动区之间要注意空间的流动与通透,依据空间大小而合理设置通道宽度。当空间面积比较小时,最好一面敞开,或者少用隔断,实在不行可用透明的低隔断,以便增大视野空间。

(二)划分多样化区域

长时间的现代办公耗费脑力,需要短时间转化活动,让大脑得到合理休息。人们大多喜欢在繁忙工作之余和同事相互倾诉,玩乐放松。这样一来可以增加感情交流与工作沟通,激发灵感和活跃思路;二来可以缓解工作压力,释放不良情绪,快速充电,使头脑获得休息。

管理者在办公空间中创造融合平等的环境气氛十分关键。可以设置多功能的公共交往空间,如健身房、母婴室、茶水间等,以提升办公空间环境的质量,使员工对自己的工作和企业产生满足感。当然,某些需要有个人独立空间的时候,也应该提供相应的空间。例如,有的公司为有这种需要的员工提供了可以活动的独立小木屋,员工可以在那里获得暂时的精神放空。在进行活动区划分的时候应当注意活动区的特殊需求,将性质相近或可融合的区域进行科学合理的调配与优化组合。主题营造要审时度势,在某一项具体活动中或者在一个区域内集中鲜明地体现。

管理者同时要重点引导员工养成在活动区良好的行为习惯,形成宽容友爱、谦让知礼的行为守则。活动时不得大声喧哗,自觉约束自己的行为;严格遵守使用工具的相关规则;活动结束后及时进行整理收纳,将材料放置在恰当的位置;等等。在安排工作人员的工作空间时应做到保障公共空间和私人空间的独立,最好将这两者区分开来,从而减少彼此之间的干扰和影响。

(三)严格选择基本设施

按照国际安全规范采选材料,达到科学安全、趣味优质的标准。定期检查材料,对于一些质量较低、安全隐患大或使用时间过长的材料应予以淘汰。对于循环使用的材料应该进行定期的消毒处理,贴好标签,干净整齐地摆放。多样化利用自然资源,因为材料质感都会带来不一样的情感体验,布料和木材使人感觉清新、温馨、舒适;石材使人感觉透彻、严肃、整洁;金属使人感觉充满未来科技感。

办公桌一般选择700~750毫米的高度,便于人工作时将手臂水平放至桌面。桌面前后放空相当于三分之二的坐高,方便员工出入和活动肢体。桌面下部的空间高度应当为600~620毫米,抽屉或者柜子的设计应当在桌子的两侧,以便腿部的伸展和方便拿取存放资料。桌椅之间的高差控制在280~320毫米。可移动的办公椅选择用弹性材料制作,最好不要超过6 kg。椅子高度应和小腿长度相宜,减少大腿部压力,缓解久坐的不适感。

传统的墙面创设形式多以手工制作、作品、照片等为主要内容,形式较为老旧。其实除了尊重墙面环境记录、展示、操作等传统基本功能之外,注意主题的多元与定期更新,可以进行多样性立体造型,尝试针对性、时效性兼具的内涵或者功能拓展。重视新颖有趣,一般以静态为主,但为能够更好地引起员工的好奇心,最好与动态可操作物形成有效互动。如果未来能引进 AR 技术,将更为直观而生动。领导必须审慎核查在内容中是否存在误导员工的现象,如价值观扭曲、道德歧义、科学常识性错误等。

（四）注意满足各感官需求

1. 满足视觉需求的环境创设方法

照明是人与人、人与物之间的沟通,以及营造舒适空间的重要因素,办公时,合适的光线非常重要。一般说来,要尽可能采用自然光照明,注意光线不能太强,高亮度的环境会使人们感到振奋、紧张,但长时间光线太强会导致注意力分散,引发疲劳,必要时可用百叶窗或窗帘来调节采光。低亮度的环境则易使人们感到安静而松弛。办公室可以统一在公共区域采用低亮度的照明。个人区域部分则可允许根据个人习惯和工作需要来调节局部照明。这样不仅节能、节电,而且符合人体工程学的要求,使得整个空间看上去更加宽敞。在操作办公器械时,为了防止眼睛疲劳,避免光线过于刺眼或光度不够,就要使用带有灯罩的灯具。在写字时,光源应来自左方,而在打字时,光源最好来自两边。

颜色对人的心理和生理都有影响,因而色彩是影响环境的重要因素之一。色彩的搭配,应以颜色的效果造成舒服和愉快的气氛为原则。适当地利用颜色效果,比如,天花板、墙壁、地板、家具采用适当的色彩进行搭配,暖色、冷色或中间色基调应统一,反差不要太大,按照办公室整体色彩搭配相宜的原则进行创设。

小技巧

办公室的色彩艺术

暖色指红色、黄色、橘色等,冷色指绿色、紫色等,灰色、白色、黑色为中间色。一般天花板用白色,墙壁用淡色,地板可深些。这样可以缓解眼睛疲劳和紧张情绪,保持愉快的工作状态,进而提高工作效率。

2. 满足听觉需求的环境创设方法

听觉是仅次于视觉的重要感觉。噪音给人的身心带来的影响有:心情烦躁,思维模糊,注意力不能集中等。办公室噪音主要来源于办公设备和人员交谈声。办公室中应有专门的吸声小间来放置噪音过大的办公设备,一般采用在缝隙处做隔声封闭、安装双层门和隔音玻璃窗等处理方法。天花板采用石膏穿孔吸引板,地面采用弹性较好的木地板、架空弹性处理或大面积铺地毯,灵活隔断外覆有多孔吸声材料。有些企业在茶水间或休息室播放轻缓悦耳的背景音乐,保证内部人员谈话的私密性,减轻工作的紧张感,防止外来噪声的干扰;午休期间提供瑜伽冥想的减压音乐,可缓解身心的疲惫,为下午的继续工作提供能量。

3. 满足嗅觉需求的环境创设方法

如果感到头昏脑涨,就要考虑到室内通风的问题。办公室一般都装有空调系统,在使用时要注意从送风口吹出的冷(热)气,不要直接吹向人体。需要在室内放置温度计以及湿度调节器,以保证合适的温湿度。相比人工通风系统,自然通风的新鲜空气让人更舒服,人们的工作效率也高。自然通风方式可以提升通风换气的效果,因此,办公室应该有一定的时间打开窗户,换取自然、新鲜的空气。办公室还可以通过绿色植物、水体等来补充生态平衡,起到净化空气、调节温湿度和增加负氧离子等环保功能。

（五）办公环境的美化

秘书工作的主要场所是办公室,办公室的美化程度如何,是衡量秘书能力与素质的标准之一。环境心理学家 Jonge 指出,森林、海滩、树丛都是人们喜爱的逗留区域,这些区域能增加审美情趣,消除工作疲劳。办公室窗外的阳光、绿化景观、水池喷泉等自然元素可以创造健康的生态环境与美妙的视觉效果。办公室内加入自然通风和绿色植物等自然元素,可改善室内办公环境。值得注意的是,选择植物首先要考虑是否对人有益,观赏性倒在其次。一些容易使人产生过敏的或者含有毒素的植物再漂亮也不宜选用。

通过绿植和花卉装点办公室是企事业单位最常用的美化办公环境的方法。调查表明,当人看到繁茂的绿叶时,往往会被其勃勃的生机所触动,从而使人产生奋发向上的积极念头。很多花卉都有宜人的馨香,易使人的嗅觉得到某种良性刺激,促使大脑皮层兴奋,从而影响人的心理、情绪和行为举止。因此,在室内放置适当的绿植和花卉,可使人心旷神怡,从而提高工作效率。这些绿植和花卉不仅能点缀美化环境,而且可以调节周围的小气候,因为植物通过光合作用,能有效吸收二氧化碳,同时释放出氧气,进而调节室内的空气。因此,美化办公室既有助于员工身心的健康和愉悦,还有助于提高员工的工作效率。

综上所述,企业办公室环境的创设是富含室内设计和心理学等多学科的一项综合性工作,需要企业领导和员工一起努力,积极地从组织入手,努力改善企业办公环境。

四、办公室环境的整理

对秘书而言,办公室的整理主要包括领导与接待室的整理以及秘书自己办公室的整理。

1. 办公室和接待室环境的整理

办公室整理的最基本的原则是整洁,即整齐清洁。一般企业接待室的平面图见图3-1。秘书在整理办公室与接待室时,应该主要注意以下几个方面。

（1）桌子和办公器械是否摆放平衡、妥当,有没有歪斜和灰尘。

（2）时钟是否拨准,并保持走动。

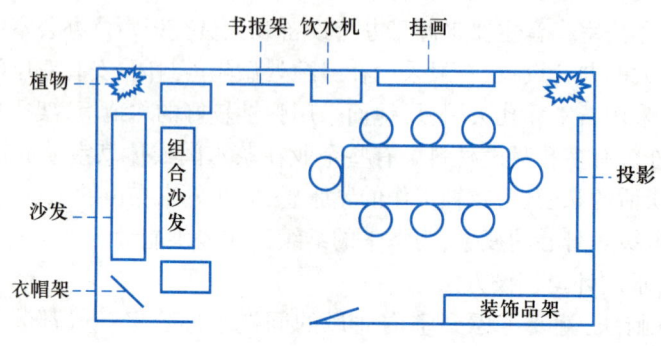

图3-1 接待室平面图

（3）日历上的日期是否准确。

（4）办公室内的温度与湿度是否调到适宜的程度。

（5）绿植、花卉、字画等的布置是否得体。

（6）绿植、花卉是否定期浇水并保持新鲜。

（7）报纸、杂志是否是最新的一期。

（8）书架是否归置妥当。

（9）摆放在办公桌上的用品是否整理妥当。

（10）文具、便笺是否得到补充。

2. 办公桌环境的布置

秘书的工作位置一般在领导办公室的门口处，有一张专用的写字台，或有自己专用的一间小办公室。例如，宏达公司总经理办公室与秘书办公室平面图见图3-2。秘书在布置自己的小天地时，应该力求简单实用，切忌把办公桌当成自己家里的化妆台，把花瓶、香水、相片等放在办公桌上，这不仅可能妨碍工作，不利于提高效率，而且破坏了办公室的庄重气氛，有损公司的形象。这些私人用品应该放到办公桌下面带锁的抽屉里。

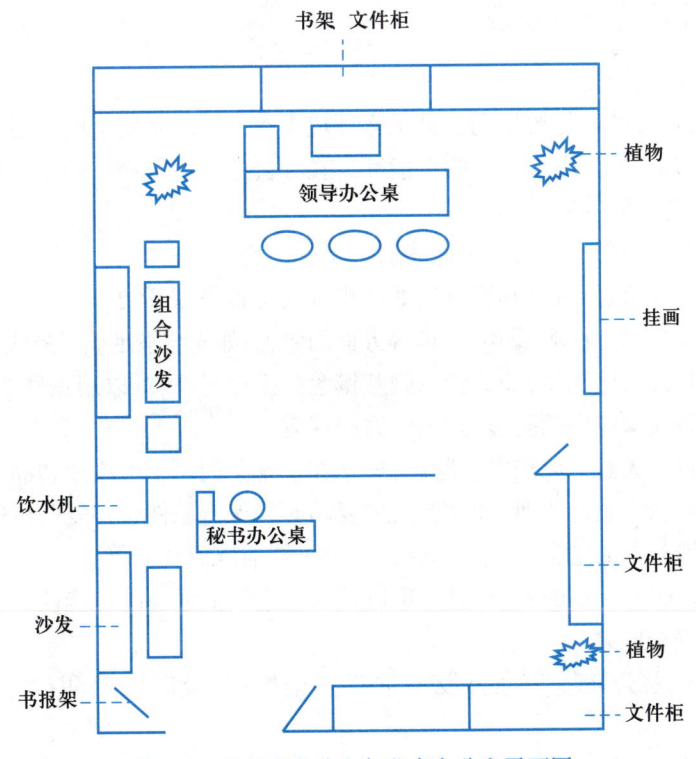

图3-2　总经理办公室与秘书办公室平面图

秘书整理办公室需要注意的事项如下。

（1）秘书坐在办公桌旁，面对桌子，伸直双臂，再双手合拢，在高于桌面15 cm左右画弧形，手臂所能覆盖的范围内，比较适合摆放与工作有关的物品。

（2）固定电话一般放在左边，便于左手摘机，右手执笔做记录。电脑一般放在桌子的右边，或放置于专门的电脑桌上。

（3）准备一些敞开的文件夹，可以存放需要处理的资料或文件、已经阅读的文件、处理完毕的文件和资料，在文件夹上贴上相应的标签。处理完毕的文件和资料应该放在文件柜里。

（4）把各种笔、胶水、剪刀、回形针等文具分门别类放在文具用品盒内，每次使用完毕后放回原处。

（5）办公桌抽屉里的物品摆放要井然有序，东西不要放得太满，且要经常清理。应该有一个带锁的抽屉，用来放公章、介绍信、机密文件等。

（6）办公室内各种类型的文件柜要分门别类存放文件、资料和物品，并贴上标签。

（7）如果用架子，应该把容易倾翻的化学液体、墨水、油墨等放置在底层，纸张和较重的东西放在下面几层，较小的物品先放入盒中，再放在稍高的层面上，用标签贴在各种物品的下方。

（8）每天下班前，要整理好自己的办公桌，把文件收藏好以免丢失或泄密。

五、办公环境的安全管理

1. 识别办公室安全隐患

对秘书来说，首要的就是要识别自己工作环境中有碍健康和安全的隐患，了解这些潜在的危险，这样才可以减少发生类似危险的可能性。在办公室的各种潜在安全因素中，最需要关心的就是威胁人们安全的一些细节问题。

办公室常见的有碍健康和安全的隐患有以下几方面。

（1）地、墙、天花板、门、窗中的隐患，如墙皮或天花板吊顶开裂。

（2）室内光线、温度、通风、噪声、通道等方面的隐患，如光线不足或者光线刺眼。

（3）办公家具方面的隐患，如放置电脑及键盘的桌面过高，难以用正确的姿态操作。

（4）办公设备及操作中的隐患，如电线磨损裸露。

（5）工作中疏忽大意造成伤害的隐患，如站在带轮子的椅子上举放物品。

（6）工作中疏忽大意造成泄密的隐患，如复印时将保密原件忘在复印机的玻璃板上。

（7）火灾或消防中的隐患，如乱扔烟头、在灭火器前堆放物品等。

了解这些潜在的办公室的安全隐患，可以减少发生类似危险的可能性。

2. 正确处理安全问题

秘书要定期对办公环境和办公设备进行安全检查，及时发现和排除隐患，做好风险防范。

（1）要确定检查周期，定期对办公环境和办公设备进行安全方面的检查。

（2）发现隐患，在职责范围内排除危险或减少危险。

（3）如果发现个人职权无法排除的危险，就有责任和义务向有关人员报告并跟进，直到解除危险。

（4）将异常情况的发现、报告、处理等过程认真记录在隐患记录本或处理表上。

> **微型案例**
>
> **防患于未然**
>
> 宏达公司研发部秘书顾莹每周都对研发部办公室及其所有设备进行一次安全检查,把事故苗头遏制住,对发现的隐患立即采取补救措施或报告上司,并做好记录工作。一个月内,顾莹发现并当场指出或处理的隐患如下。
>
> (1) 11月4日,请有关人员将交叉拖拽在办公桌之间的电话线、电脑线整理并埋在地毯下,防止绊人。
>
> (2) 11月11日,发现本楼层"安全出口"的标识掉落,她立即重新安好。
>
> (3) 11月18日,发现新来的小李在复印资料时出现机器卡纸情况,小李便用手去拽卡住的纸,她制止了小李的做法,并告诉他如何正确地处理复印机的卡纸问题。
>
> (4) 11月25日,研发部新订的一批电脑到货,送货方准备将货堆在楼道拐角消火栓前,她发现后,指引他们放在别处。

六、办公软环境的营造

毋庸置疑,计算机、打印机、传真机及 OA 办公系统等现代化办公设备与软件的使用,大大提高了办公效率和质量。与此同时,另一个不容忽视的问题日益突出,那就是如何营造和谐、高效的办公软环境,也就是人文环境,越来越受到人们的重视。

(一) 培养优良的工作作风,树立以奉献为核心的职业精神

许多企事业单位的办公室工作存在"门难进、脸难看、事难办"的衙门作风,工作人员办事拖沓、态度恶劣,其根本原因就是缺乏基本的职业道德修养。服务是办公室的基本职责,而要真正做好服务确实不容易。办公室工作人员必须对工作倾注满腔的热情,把讲奉献作为衡量自身的价值标准,不怕苦、不畏难、不图名、不为利,勤勤恳恳,默默无闻,忠诚老实,廉洁奉公。因此,要在办公室工作人员中大力提倡以奉献为核心、以敬业为特征的职业精神。也就是说,办公室工作人员必须具有全心全意的服务意识和服务精神。

(二) 实施人性化管理,构建健康、和谐的人际关系

办公室实施人性化管理,就是要坚持"以人为本",以制度建设为重点,努力营造办公室互相理解尊重、互信互助、宽容友爱的工作氛围,提升办公室的凝聚力,增强办公室不断进步的动力和活力。同时,办公室还要建立和谐的外部关系,搞好上下左右的沟通和协调,争取领导和相关部门对办公室工作的重视、关心和支持。

(三) 管理好自己的情绪

人的情绪是在从事某种活动时产生的一种心理反应。从医学的角度来讲,积极愉快的情绪能够提高人的大脑和神经系统的活动能力,增强人们对生活和工作的兴趣和信心,而消极的情绪使人的心理活动失去平衡,甚至会造成身体器官及其生理功能的异常。情绪可归纳为两大类。一类是愉快的情绪,如希望、快乐、勇敢、恬静、好感、和悦和幸福等,这种良性的情绪能提高人的活动能力,有利于健康长寿。喜悦的时候人会觉得很轻松,精神饱满,对周围发生的

事情格外关心,表现出积极参与的热情。另一类是不良的情绪,如愤怒、焦急、害怕、沮丧、不满、忧郁、烦恼等。这种不良的情绪往往给人带来社会不适应感,以及人际关系紧张等一系列消极后果。

现代社会的快速发展,给上班人群带来了工作上的压力,人们之间的交往也日益密切。心理学家舒茨(W. C. Schutz)用三维理论,即人有三种基本的人际需要(包容、支配和情感)理论,来解释群体形成与群体的解体,提出了群体整合原则:群体形成的过程是包容→控制→情感的发展过程,这种循环不断发生。群体解体过程的顺序正好相反,先是感情不和,继而失去控制,最后难于包容,导致群体解体。缓解工作压力,营造融洽的办公室环境的方法有很多。很多心理专家认为,快乐是可以自找的,情绪是可以管理的。

要成为情绪的主人,必先觉察自己的情绪,并能觉察他人情绪,进而管理好自己的情绪,保持积极心态。总之,秘书人员需要调整好自己的情绪,保持良好的心境,进而营造和谐的办公环境。

（四）运用现代化信息手段营造良好的办公软环境

近年来,随着互联网和通信技术的飞速发展,微信得以广泛应用,已经成为中国智能手机用户安装和使用频率最高的应用程序。相应地,微信工作群就顺应时代的要求自然而然地产生了。微信工作群与传统办公方式相比,有无纸化、高效率、互动交流便捷等优势,这让越来越多的企事业单位在日常的工作中选择通过微信工作群进行办公。

微信工作群得以普遍运用,结合办公这个属性进行分析,其具有不可替代的优势。一是迅速快捷。只要是智能手机,只要是有通信讯号和网络的地方,都可以第一时间获得信息。二是便于交流。微信办公等同于掌上办公,手机因携带方便,时间空间限制较小,非常有利于沟通交流,能够便捷地实现"点对点""点对多"的互动交流。三是效率高。过去办公从发布文件或邮件再到大家回复,基本上需要半个工作日或者一个工作日,而现在利用微信不到半个小时,基本上就可以把需要安排布置的事项全部通知到位。四是取长补短。从利用微信相互交流工作、分享工作经验、讨论工作问题的角度看,非常有利于大家相互学习借鉴、取长补短。五是督促监督。微信群还可以发挥监督的作用。能够监督工作缓慢、完成不理想、出问题的环节。督促员工引起重视,好好表现。

微信办公是一把双刃剑,好处、益处值得推广和肯定,但其弊端仍然不容忽视。比如,微信工作群可能会扰乱正常工作时间和节奏,还潜藏泄密的风险,针对微信工作群中出现的一些问题,如何把握好微信辅助办公的尺度,如何进一步规范微信办公,如何加强管理和约束显得非常重要。针对微信工作群存在的问题,工信部在 2018 年 9 月 1 日发布了微信工作群八项注意和十大禁忌。

实用范例

工信部发布微信工作群八项注意和十大禁忌

目前,微信已经成为工作中最常用的沟通方式之一。但微信毕竟是新生事物,在工作方式比较严谨和传统的机关、事业单位,使用不当会出现很多问题。很多时候你自己并无意识,却已用微信给别人留下负面印象。以下这几点一定要注意。

1. 不要滥用截屏

截屏功能与职场大多数礼仪背道而驰。两个人的聊天是非常私密的行为,发送出去与暴露他人和自己的隐私没有区别。在职场上使用微信截图要格外谨慎,不要随意截屏为证,更不可随意把截屏发送给第三者。

2. 群里也要讲规矩

单位群的感情交流功能相对弱一些,主要是为了工作。所以在工作群里聊天,如果不是工作必要,一定要适可而止。同时,不要随便拉陌生人进入群里,以免泄露工作秘密。

3. 慎用语音

虽然微信交流方式很丰富,有文字、语音、表情等,但交流时对方性格、身处环境、职位高低等都是必须要考虑的。对于那些职位比自己高很多的人,除非是私下关系极好,一般不要使用语音。为了工作方便和准确无误,在大多数情况下不要使用语音。

4. 注意沟通效率

单位里使用微信沟通,一定要考虑对方处境。比如,对方身处领导岗位,事务极其繁忙,这时候切勿使用"看到请回复""在吗"这些词,要直接切入主题。如果感到沟通效率低下,可致电询问。设想沟通对象处境,随时调整沟通节奏,工作会更加顺畅。

5. 区分朋友圈和工作圈

朋友圈是每个人的一张网络面孔。若工作和生活共用一号,一定要注意朋友圈分组。你发了一条在亲戚朋友们看来逗趣的内容,同事老板看到了可能是另一个感受,或许会不知不觉间造成一些误会和偏见。在人际关系和社交工具使用上,一定要因人而异,这一条是常识。

6. 勿滥用私人化表情

对私人化、真人截图等比较特殊的表情的认可,一般限于私人圈子,但在单位群里用可能会使一些人生厌。单位群年龄差异大,不太适宜使用各种怪异表情,你只是想活跃气氛,但实际上可能会增加负面印象。

7. 不要处理太复杂的问题

机关工作,准确和效率永远是第一位的,微信的即时性提高了工作效率,但在严谨程度上却是短板。对于复杂问题,不论你是长篇大论还是长谈良久,都很容易出现误解和误判,还是电话或面谈更好。

8. 及时回复信息

及时回复他人信息是一种美德。

遵守以上八项注意,具体如何写好工作短信和微信?以下内容会帮到你。

公务短信或微信的基本要求如下。

1. 称谓恰当礼貌

称谓要表达清楚接收方的身份,并体现礼貌原则。

2. 首句反映主题

在首句中即反映出主题,旨在帮助接收方及时、高效地读取信息。

3. 内容简洁条理

尽可能用一条信息容纳全部信息，减少信息往来次数。如果需要传递的信息有多项，宜分点阐述。

4. 尾语按需设置

如果是比较重要的事情，可在结尾处注明"收到请回复，谢谢！"如果没有收到回复，有必要打个电话确认对方是否收到信息。特殊的公务短信或微信，如通知，应使用专用尾语"特此通知"，以示规范和严谨。

5. 署名明确勿漏

公务短信或微信较为正式和规范，结尾处署名更正规。

公务短信或微信的用语原则：礼貌、规范、温和。

公务短信或微信的内容规则如下。

(1) 内容应与公务有关。

(2) 简明扼要，突出要点。

公务短信或微信的使用规则如下。

1. 发送时间恰当

最好在工作时间发送，以保证接收方及时处理。早上8:00以前、晚上10:00以后最好不要发公务短信，因为短信或微信提醒的响声或震动声会打扰对方休息。

2. 妥善处理接收延迟的情况

如果是比较重要的事情，最好请对方回复以确认收到，或者在短信或微信发送之后致电对方询问接收情况。

3. 不得滥发短信或微信

要做到"三禁止"：禁止发送与公务无关的信息；禁止群发广告或非法信息；禁止对无关人员发送信息。

附：聊微信十大禁忌

(1) 不妄议中央。不要随意对党的方针政策妄加议论和批评。

(2) 不能低俗。过分低级庸俗的内容和图片不宜转发，因为你发送的信息是你自身品位的客观反映。

(3) 不能咒人。不可强制别人转发你的信息，比如，转了将走大运、发大财，不转将会如何如何……这是微信交流中的大忌。

(4) 不能泄露他人隐私。不能随意发表未经他(她)人同意、带有个人隐私性质的内容和图片，这涉及人权和肖像权，也是行规。

(5) 赞了再转。看到别人精彩文段和图片意欲转发时，应先"赞"后转，这是礼貌，也是涵养。

(6) 注意礼尚往来。不要只看不发不转，要尊重朋友的劳动成果，否则有可能被朋友遗忘，或打入黑名单。别人向你"打招呼"时，也应尽可能及时予以回应，这叫礼尚往来。

(7) 在朋友圈内不发个人生活琐碎和烦恼的事，这既影响朋友们的情绪，浪费朋友们的时间，也会暴露了个人隐私。

> (8) 涉及国家和工作单位机密不要乱发,哪怕一对一发也不妥,信息网络时代都有被记录和泄密的可能。
> (9) 对经典的内容可加收藏。可经常看,经常读,领悟其内涵,自己就不断会有新发现、新感受、新提高、新收获。
> (10) 别让微信绑架你的生活,再好的东西也是双刃剑,把握好尺度才能让微信更好地服务我们的工作和生活,绝不能成为低头一族,影响工作生活和健康。
> (资料来源:根据网络资料整理)

秘书人员在使用微信工作群的时候,可以借鉴工信部关于微信工作群的"八项注意和十大禁忌"。在编辑发送公务短信或微信时,用语要礼貌、规范、温和。信息的开头使用恰当礼貌的称谓,首句切入主题,内容简洁条理,尾语按需设置,署名明确。注意在工作的时间内发送信息,语言简洁明了,注意沟通效率,及时回复信息。在微信工作群里发送或回复信息时,尽量不要使用语音,一方面,因为阅读信息的人当时所处的环境可能不适合听语音,另一方面,相关人员往回翻看信息的时候,不知道哪条语音是他要找的,要一条条点开,非常浪费时间,如果是文字信息,阅读者便会一目了然。秘书人员要重视微信工作群平台环境,通过微信工作平台,营造良好的工作氛围,热情、周到、细心地通过微信工作平台做好服务工作。

总之,办公室软环境建设问题既是当前办公室建设的薄弱环节,又是十分关键的环节。它是一种文化,需要一个长期积淀的过程,它不是一朝一夕就能完成的。因此,我们只有长期坚持多研究、多探索、多实践,才能找出一条适合办公室软环境建设的新路子,才能使办公室工作人员适应时代和社会发展的需要,更好地发挥其应有的作用。

第二节　安排领导日程

日程安排是指秘书部门协同领导对下一阶段领导所要进行的工作,按照时间顺序做出合理的计划与安排,并通过自己的工作使计划得以顺利实施。

领导日程安排是秘书部门的一项重要工作,这项工作通常由秘书部门的负责人或有经验的秘书来承担。但在不同的单位,秘书在这一工作中所起的作用是不完全相同的。有的领导的活动日程完全由自己来安排,秘书只要将领导安排好的日程制成表格就行了。有些领导的工作日程安排是在与秘书共同商量的过程中完成的。还有的领导只对自己的重要活动做出时间安排,而一般性的活动则由秘书决定。

秘书在领导活动日程安排中的作用不同,是由单位的性质和级别、领导的工作风格和个性特点、秘书的能力和资历、领导与秘书的关系等多种因素决定的。但不管什么样的领导,秘书至少应该起到两方面的作用。一方面是将已经确定的日程安排做成一目了然的活动日程表;另一方面就是根据日程表对已经确定的领导活动提供全面的服务,使领导活动得以顺利进行。

一、安排领导日程的意义

对领导活动日程做出周到合理的安排,有非常重要的意义。

1. 有利于领导科学合理地利用时间,提高领导工作效率

在市场竞争日益激烈、社会生活节奏日益加快的现代社会,大多数领导的工作是十分繁忙的,他们要批阅各种各样的文件,参加各种各样的会议,会见各种各样的人员,处理各种各样的业务,可谓千头万绪,日理万机。在许许多多繁杂的事务中,必有轻重缓急之分。有的工作是领导必须参加或亲自处理的,有的是在时间允许的条件下领导可以参加或亲自处理的。有的工作必须在确定的时间处理完毕,有的则没有明显的时效性。为了抓住重点,管好大事,提高领导工作的效率,领导的活动就必须有计划地执行。通过安排活动日程,可以通盘考虑哪些工作必须做,哪些工作可以不必亲自做或安排其他人员去做,哪些事情必须立即完成,哪些工作可以暂时放一放,等等。如果缺少必要的安排,就会出现"眉毛胡子一把抓""捡了芝麻丢了西瓜"的混乱无序、被动应付的局面。目前不少领导者成年累月被文山会海耗去大量精力,抽不出时间去做重要的事情,原因就是对活动日程缺乏科学的统筹计划。

2. 有利于秘书部门主动做好各项辅助工作,更好地为领导工作服务

除了文书保管、档案管理等常规业务性工作以外,秘书部门的大多数工作都是直接为领导的决策和管理服务的,秘书工作必须紧紧围绕领导的工作来开展。领导的许多工作,需要秘书部门提前收集信息,准备材料,提前联络通知,并做好各项准备。因此,秘书部门对于领导在下一阶段要进行的工作必须心中有数,才能把各项服务工作做在前面,为领导重要活动的顺利进行创造良好的条件。秘书通过协同领导安排下一阶段的活动日程,不但能够了解领导下一阶段的主要活动内容,而且在与领导共同确定日程的过程中,能够了解领导的目标意图和具体要求,从而根据领导工作的需要对秘书部门下一阶段的工作进行合理的安排。

3. 有利于各领导、各部门互相配合,协调行动,提高整个单位的工作效率

领导处于整个单位的核心地位,领导的活动往往会关系到整个单位工作的全局,有的活动必须党政系统密切配合,有的工作必须几位领导共同参与,有一些活动必须由有关部门配合。因此,安排领导日程绝不是某个领导个人的事,也不仅仅是领导和秘书部门的事,而是关系到单位工作全局的事。安排领导工作日程特别是重要活动时,必须与其他领导和有关部门进行联络,充分协商,有些重要活动的日程还要通过会议才能决定。因此,安排领导日程本身就是一个协调的过程,日程安排得合理,整个单位的工作才能比较协调一致地开展。

二、编制领导日程表的原则

1. 注重实效,不搞形式主义

领导的主要职责是决策和全局性的管理,领导的活动日程应该围绕这一中心来安排,而不能搞形式主义。凡是与本单位主要业务无关或关系不大的活动,领导应该尽量不参加、少参加。现在社会上许多活动都要请领导人参加,诸如各种各样的开幕式、开业典礼、工程奠基、竣工仪式、剪彩、题字、题词、宴会等活动,如果领导有请必到,势必占用大量宝贵的时间和精力,

从而影响领导的主要工作。

2. 注意张弛有度，劳逸结合

安排领导工作日程既要注意提高效率，把活动安排得紧凑有序，又要充分考虑到领导的时间、精力、年龄和身体状况，把活动安排得张弛相间，使领导得到必要的休息。即使是年富力强、精力旺盛的领导，也不宜长期超负荷工作。把脑力消耗大的工作和体力消耗大的工作穿插开来安排，也有利于领导保持旺盛的精力。

3. 要留有充分的机动时间

给领导安排活动日程时，不能把活动安排得过满，必须留下一定的机动时间由领导自己支配。日程表中记入的内容，大多是有严格时间要求的公务活动，如会议、约见、出访、接待、出差等，而诸如批阅文件、与本单位人员的一般性谈话等，一般不记入日程表，由领导在机动时间自己处理。另外，留下一定的机动时间也便于对原定日程进行变更和调整。

4. 要充分尊重领导本人的意见

由于领导的资历、个性不同等原因，每个领导的工作风格和工作习惯也会不同，他们对工作日程的安排可能会有各自不同的要求。秘书在协助领导安排日程时，既要积极主动发挥参谋助手作用，也要充分尊重领导本人的意见，任何日程安排都必须征得领导本人同意。领导根据工作需要可能会对原定的时间等提出改变的要求，这会给秘书工作增添一些麻烦，在这种情况下秘书不应该产生怨言。另外，秘书还要牢记，除非领导已有明确指示或授权，否则秘书不得在未经请示领导的情况下代领导接受或拒绝预约。

5. 要注意保守机密

领导的许多日程是带有一定的机密性的，例如，某些讨论机密事项的会议的时间、地点，某些涉及商务秘密的谈判等。高级别领导的活动日程还关系到领导的安全问题。因此，对领导活动日程应该注意保密。领导工作日程表不宜贴在外人可以看到的地方，不能过多地复印散发，因为散发越多越容易泄密。有的秘书为了图省事，将领导工作日程表复印许多份，分发到各职能部门和司机，这是很不利于保守机密的。实际上各职能部门只需要了解本部门应该参加或配合的活动安排就可以了，而司机则只需要知道领导在什么时间要用车就可以了。秘书可以提前将相关内容分别通知有关部门和司机，让他们做必要的准备。

三、编制领导日程表的方法

领导日程安排的结果，一般是以日程表的形式确定下来。安排领导活动日程的过程，可以看作编制日程表的过程。日程表按照时间可以分为长期（一年或半年）、中期（一个季度或一个月）、短期（一周或一天），另有会议日程表、旅行日程表、调查研究日程表等专用的日程表。下面介绍年度、一个月、一周和一天的日程表。

1. 年度计划表

年度计划表是本单位在新的一年中重要活动的时间安排一览表，年度计划属于长期的日程安排，其内容宜粗不宜细，一般只列出本单位在下一年涉及全局或本单位主要业务的重大活动。

年度计划表的作用是让领导和各部门的负责人一目了然地看出本单位在一年中有哪些重大的工作和活动，其中有哪些与本部门有关，以便提前做好准备。领导人的其他临时性活动应该避开重大活动的时间,集中精力抓好主要工作。例如,根据年度计划,某公司将于3月下旬召开公司职工代表大会,在大会召开期间和召开之前的一段时间,相关领导需要将主要精力用于职工代表大会的筹备和召开,在此期间最好不要参加过多的其他活动,如外出考察、商务谈判等。

年度计划的制订并不难,因为一般单位在年终时,都会对下一年度的工作提出一个总体计划,并形成文件,这就是编制年度计划表的依据。秘书只要将工作计划中提到的主要活动根据领导的意见确定一个适当的时间并按照月份和日期的顺序加以排列,就制成了年度计划表,报主管领导审阅后就可以复印分发给相关部门和人员。

微型案例

宏达公司××年度重要活动时间安排表

月份	日期	活动内容	备注
1月	6日 16日—17日 24日	表彰庆功大会 慰问退休职工 科技人员座谈会	—
2月	8日 26日—27日	厦门分公司开业典礼 产品订货会	—
3月	13日—15日 20日—22日	董事会 第三次职代会	—
4月	7日—13日 26日—27日	总经理赴日本考察访问 职工运动会	—
……	……	……	……
10月	10日 15日	公司成立40周年庆典 参加秋季广交会	—
……	……	……	……

2. 月工作日程表

月工作日程表属于中期的日程安排,其内容较年度计划表要详细,一般应该将领导在一个月内需要参加的会议、会谈、调查研究、工作旅行等重要活动以日为时间单位记入表中。

每月日程安排表在上个月的月底编制,秘书可以将年度计划中已经确定的当月活动和单位例行活动(如定期召开的单位办公会议、例会等)先填入日程表相应日期,再送领导安排其他时间的活动。

> **微型案例**
>
> **总经理 3 月工作日程安排**
>
> | 日期 | 星期 | 工作内容 | 备注 |
> |------|------|----------|------|
> | 1 | 六 | 敬老院慈善活动 | |
> | 2 | 日 | — | |
> | 3 | 一 | — | |
> | …… | …… | …… | |
> | 13 | 四 | 董事会 | |
> | …… | …… | …… | |
> | 20 | 四 | 第三次职代会 | |
> | …… | …… | …… | |
> | 30 | 日 | — | |
> | 31 | 一 | 乘飞机去深圳分公司 | |

3. 周工作日程表

一周日程表属于短期的活动计划，其内容要求更加详细具体，除了要记入领导的重要活动或例行会议以外，凡是涉及其他人的已经约定的活动都要一一记入，在时间上要求尽可能精确，活动地点也要注明。

周日程表既是领导活动的具体实施计划，也是秘书部门提供相关服务的依据。秘书部门要根据日程表的内容，提前对领导的各项具体活动做好准备工作。如果领导要在星期四去总公司汇报工作，秘书一般就要提前两天准备好领导需要的各种材料，并通知司机做好出车准备。如果领导要在星期五下午接待贵宾来访并设宴招待，秘书就要提前布置好接待室，并向酒店预订好宴席。

每周的日程表应该在前一个周末前制订，秘书要先将当月日程表所定的本周重要活动和已经约定的工作内容填入，并请示领导是否需要变动，原来安排活动的其他时间是否有新的安排。经过领导审阅同意的周日程表，复印后给领导本人一份，留办公室一份，必要时还要送其他相关领导，但不宜分送到职能部门和司机。一周日程表制订后，秘书要立即为日程表所列的各项活动做必要的准备，以保证领导的活动能按照计划顺利进行。

> **微型案例**

总经理一周工作日程

(3月10日—16日)

星期	午别	工作内容	备注
一 (10日)	上午	9:00—10:00,华强公司李总经理来访	
	下午	13:30—15:00,人事部邓经理汇报工作	
二 (11日)	上午	8:00—11:00,与××电器公司洽谈合作事宜	
	下午	14:00—15:00,会见财务部段经理	
三 (12日)	上午	9:00—11:00,部门经理会议	
	下午	—	
四 (13日)	上午		
	下午	14:30—16:30,董事会;18:00,晚宴,新世纪大酒楼	
……	……	……	
日 (16日)	上午	—	
	下午	—	

4. 每天的工作日程表

每天的工作日程是领导一天工作的计划,其时间安排一般要精确到时、分。这种日程表应该尽可能详细、具体,例如,几时要参加什么会议,几时要与某人谈话,几时要接待某人来访,什么时间可以安排集中批阅文件等。

每天工作日程表应该在前一天下班前制订,一般先由秘书将周日程表中原来安排的第二天的活动内容和已经预约的会见出访等活动填写到日程表中,送领导本人过目,看是否需要调整或补充。由于是第二天就要进行的工作,许多活动的准备工作已经基本完成,因此领导一旦同意,一般不要再做变动。

第三节　接打电话与处理邮件

电话与邮件是现代社会中不可缺少的通信工具。秘书经常会使用电话和邮件与单位内、外的有关人员接洽应对。因此，假如电话、邮件处理不好，会给人留下不好的印象，从而影响单位的整体形象。

一、拨打电话

秘书要掌握常用电话，如急救电话 120、火警 119、匪警 110 及市政府电话、举报电话、监督电话、投诉电话等，还有秘书工作中常接触的部门及相关人员的电话，以便需要时及时拨打。

1. 秘书拨打电话的基本流程

秘书拨打电话的基本流程如图 3-3 所示。

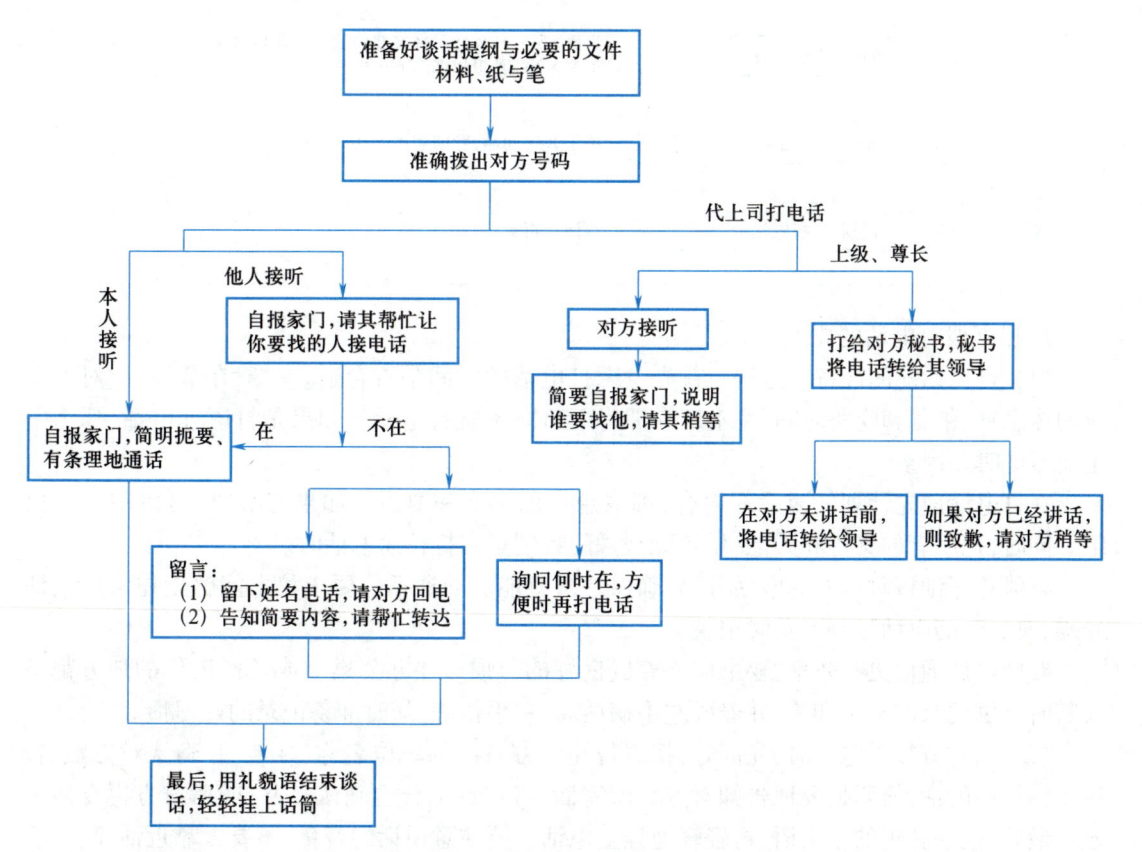

图 3-3　秘书拨打电话的基本流程

小知识

拨打电话小指导

步骤	说明
准备电话内容,备齐资料	拨打电话之前,做好充分的准备
查实对方电话号码	避免打错电话
自报家门	我是××公司××部门的××职位(如果有)××
确认对方公司、部门名称	您好,请问是××公司吗?
准确说出要找的人的姓名	请让销售部的××接电话,好吗?
问候,讲述内容	您好,我是××公司××部门的××职位××,关于××事,我想和您沟通……
确认通话要点	关于××问题,我向您再确认一下……
道别,挂断电话	谢谢!再见!

2. 秘书拨打电话的要点

(1) 打电话前的准备和过程。首先考虑打电话的时间是否合适。一般在节假日、对方单位的休息日、午餐和晚餐时间、刚上班和即将下班时不宜打电话。如果是打国际电话,那么一定要考虑时差因素。

在打电话前先计划好谈话的内容,理清想说的事实和要点。如果有必要,可以写一个提纲。同时,把所有的文件和其他材料都准备好,特别是在打长途电话时。

查清并仔细核对对方的电话号码,确保一次就能成功通话。要求秘书能够记住常用电话号码,对更改的电话号码要及时记录。

要使电话通信更有效率,秘书应该养成良好的习惯。在办公桌上或任何工作的地方都备有随时可供记录的本子和笔,并养成左手摘话筒,右手执笔,随时准备记录的好习惯。

(2) 当对方接听电话时,先问好,接着告知对方自己的单位名称、姓名,并确认对方姓名。接着将要讲的话,简明扼要地告知对方。谈完话,将重点部分再确认一遍,或请对方再复述一遍。最后,说些礼貌的结束语,再轻轻地挂上电话。要注意说话的音量,不要太靠近话筒,声音不要太大,也不要太小。

(3) 当对方不在时,留言方要告知转达者简要的内容。请对方方便时回电,重述自己的单位与姓名,并问清传话人的姓名。

（4）电话中途断了，由打电话的一方再打，并向对方表示："对不起，刚才电话突然断了。"

（5）代领导拨打电话。秘书经常会替领导拨通电话，这时，如果找的是领导的平级或下级，你可以让要找的人先接电话，简要自报家门，然后请对方稍等，把话筒交给领导，或将电话转接进领导办公室。

如果秘书要找的人是一位地位较高的人或尊长，在与对方秘书确认对方可以接电话后，应该请领导接过电话，告诉领导要找的人马上就会来接电话，让领导直接与对方通话。如果对方已经讲话，就道歉说："对不起，请稍等一下。"一般而言，领导会亲自给上级或尊长拨打电话，而不是由秘书代为拨打。

（6）如果需要领导回电，领导回来后，就应该尽快回复。如果已经回电，但没打通，那么切记要再联系。秘书不能因为已经打过电话，并给对方留了言，就认为已经完成任务了。"做过某项工作"和"完成某项工作"是完全不同的两个概念。应该做到：要找的人已经找到，或已经接到回复电话，才能算是完成了任务。这往往需要秘书具有很好的记忆力，或者以系统的记录方式，直到完成任务为止。

（7）提醒领导准时打电话给上级或要人、忙人。如果领导让秘书与某重要人物联系，那么一定要向其秘书询问这时候打电话是否方便。

（8）与一位很忙的人开始长谈之前，应该问对方是否方便，然后言简意赅地把话说清，但也不能草率了事。

（9）不要在工作时间与打电话来的朋友闲聊。滥用办公电话可以说是所有单位的忌讳。有人打电话找你的领导，千万不能与之闲聊。

（10）通话中当需要对方等候时，应该说："我去查看一下，请稍等好吗？"中途放下话筒时，应该轻放，但不要把话筒朝上放置，否则对方有可能听到办公室其他人的谈话。当秘书再拿起话筒时，要向对方表示歉意或向对方的等候表示谢意。但如果秘书需要较长时间才能弄清情况时，最好主动告诉对方自己稍晚会打电话过去或者留言。

（11）秘书代替领导传达不利消息时，无论这个消息有多么不舒服，秘书还是要立即行动。这种事情传达得越迟，必须知道此事的人就越感到棘手。传达时说话的声音要平和。

（12）秘书传达领导的信息要有分寸。因为如果秘书的语气不礼貌或不得体，那么其破坏力比把信息传达错误更大，且在电话中传递的信息比当面说话更容易产生误解。因此，为了使信息传达准确，秘书切忌把领导的话语加多或减少，或者以个人的口吻转达。

（13）拨打电话时，如果对方无人接听，要等铃声响了六七声再挂电话。

（14）千万不要让打电话的人苦等，你却离开电话机很长时间，以致你回来时，对方已经挂上电话，留下了对你的不满。

（15）最后结束谈话。一般应该由上级、长辈、重要的客户等尊者先挂电话后，下级、晚辈等再轻轻放下话筒。

二、接听电话

（一）秘书接听电话的基本流程

秘书接听电话的基本流程如图3-4所示。

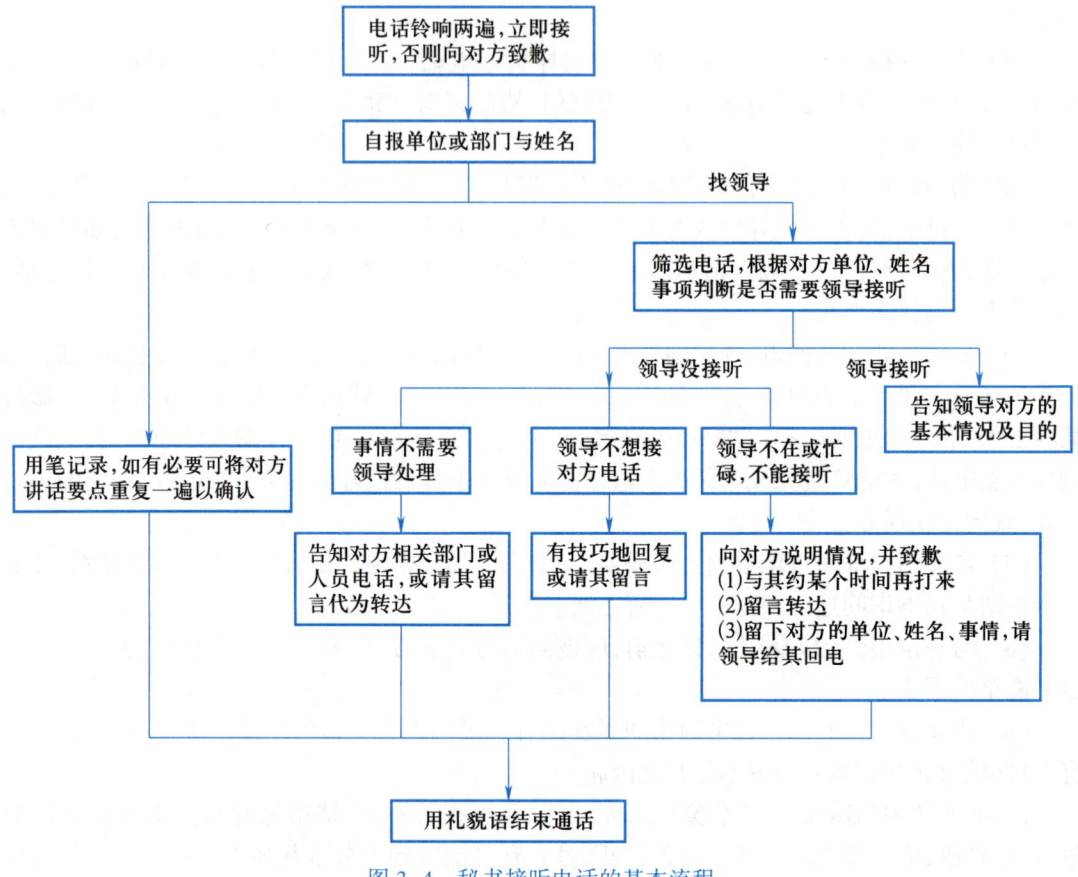

```
                    ┌─────────────────────┐
                    │电话铃响两遍,立即接   │
                    │听,否则向对方致歉    │
                    └──────────┬──────────┘
                               │
                    ┌──────────▼──────────┐
                    │自报单位或部门与姓名 │
                    └──────────┬──────────┘
                               │    找领导
                    ┌──────────▼──────────────────┐
                    │筛选电话,根据对方单位、姓名  │
                    │事项判断是否需要领导接听     │
                    └──────┬──────────────┬───────┘
                    领导没接听         领导接听
```

图 3-4 秘书接听电话的基本流程

（二）秘书接听电话的要点

1. 电话铃响两遍,立即接听

拿起话筒,先说出自己单位的名称,或自己的姓名,使对方确认是打对了号码。左手持话筒,右手准备记下对方的留言。

2. 接到打给领导的电话

（1）留心确认对方的目的,不遗漏要点。如果不清楚就要加以确认,并用笔做记录。

（2）领导在会议或面谈中,如果有紧急电话,那么可以用便条将对方来电的目的传递给领导。

（3）如果领导不能立即接听,则问对方："他现在有事,要稍等片刻才能接听,可否请您大约××分钟后（或几点钟）再打过来或留下您的电话,请他回电。如果可以,请您留言,我会及时转达。"

（4）领导不在时,如果对方要求留言,则需要问清留言内容、是否要回电、电话号码、回电给谁、联络对象,并将内容复述一遍以便确定,并报上自己的姓名。

小知识

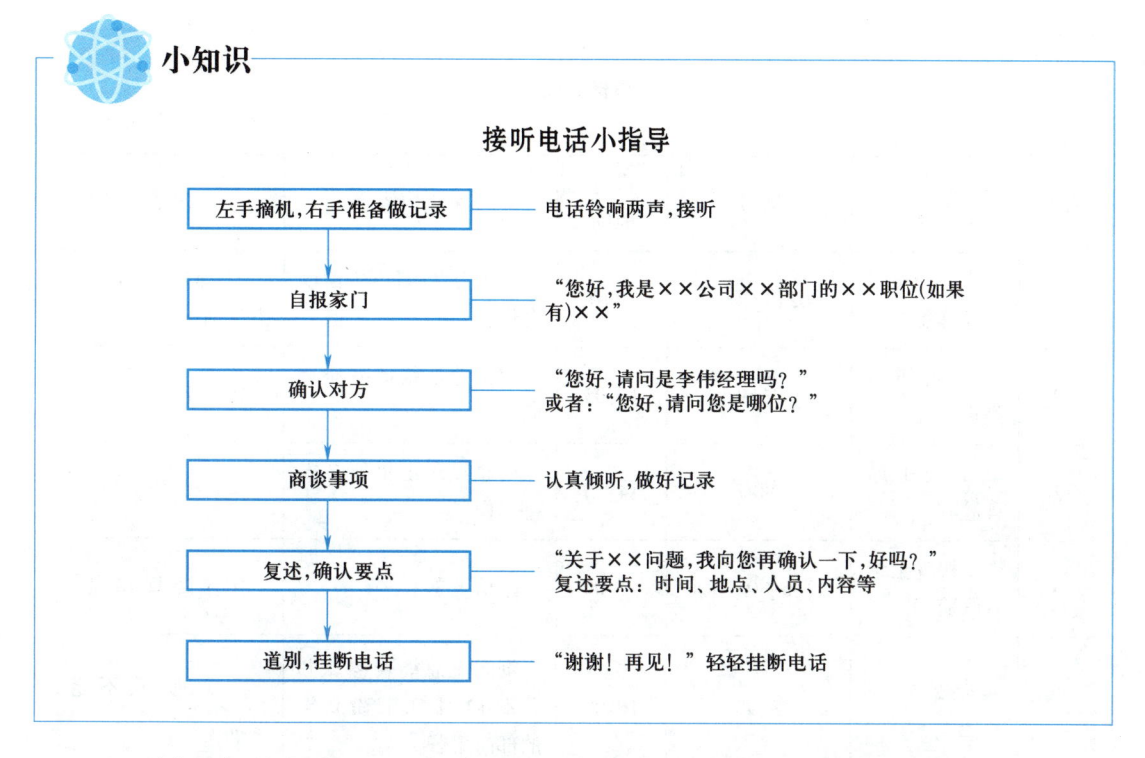

接听电话小指导

流程	说明
左手摘机,右手准备做记录	电话铃响两声,接听
自报家门	"您好,我是××公司××部门的××职位(如果有)××"
确认对方	"您好,请问是李伟经理吗?"或者:"您好,请问您是哪位?"
商谈事项	认真倾听,做好记录
复述,确认要点	"关于××问题,我向您再确认一下,好吗?"复述要点:时间、地点、人员、内容等
道别,挂断电话	"谢谢!再见!"轻轻挂断电话

(5) 对方问领导电话、地址时,确认对方身份,并询问理由再决定是否告知,而不可随意告知。

(6) 如果找领导的人是他的朋友或有业务关系的人,那么秘书不应该妄攀交情,畅谈一番。

3. 两个电话铃同时响起时的接听方法

接听一个电话时,另一个电话也响了,首先对第一个电话讲"对不起,请稍等一下",接起另一个电话,并请其稍等或晚些再打过来,然后接听第一个电话。待接听第一个电话完毕,向另一个电话表示:"刚才让您久等了,很抱歉。"

4. 电话结束时,以结束语致意

等尊者挂断电话后,再轻轻挂上电话。

微型案例

由于各种原因,总经理不能接听电话。比如:
(1) 总经理不在办公室。
(2) 总经理在忙,不方便接听电话。
(3) 总经理不愿或可能不愿接听电话。
(4) 有些电话不需总经理接听,秘书只需将电话内容向总经理请示后,回复即可。

这就需要秘书将电话的内容记录下来,待总经理有空时,再请示安排。

宏达公司总经理秘书孙婷12月23日的电话记录表如下。

电话记录表

日期：××××-12-23

序号	来电单位/姓名	电话号码	来电时间	来电内容	处理结果
1	华强公司李总经理秘书	6245××××	9:10	约王总25日下午洽谈合作	已确定25日14点见面
2	品质部吕经理	3659	10:05	向王总汇报产品质量问题	定在15点
3	工会主席孙胜利	6897	14:15	向总经理汇报年会安排工作	定在16点
4	新民晚报记者张萌	1356980××××	15:00	采访王总	定在26日10点
5	办公室唐主任	3695	16:00	询问王总能否参加办公室12月30日贺新年的部门聚餐	王总有事，不能参加
……	……	……	……	……	……

（三）筛选电话的方法与技巧

为了让领导集中精力和时间在重要的事情上，秘书的一个职责是替领导筛选电话，把不必由领导接触和知悉的电话挡驾在外，以免影响领导的情绪，干扰领导的工作。

（1）除了分辨声音之外，秘书对名字的辨识一定要有相当的把握。有三方面的人物名称必须立即弄清楚，那就是同行业内的知名人士、公司业务上有密切来往的人物以及领导的私人密友。如果一接电话，马上就能叫出姓氏，称呼对方，就容易使对方产生好感，还能提高领导声望。

（2）来电者寻找你的领导，应该弄清对方的身份和来电目的，然后再通报领导。很多人打电话给领导都自称是朋友，秘书必须能确认对方是否是朋友，或者是哪一类的朋友，从而知道应对与接待的程度，不会把领导不愿意接听的电话接进来。如果领导不愿意接此电话，就应该找个理由应付过去。如果领导不能马上来接，就应该告知对方。如果领导不在办公室，就请对方留言，秘书做好电话记录，让领导有选择性地回复。

（3）秘书对待投诉电话要有礼貌、有责任心。来电者的投诉只要是正当的，应该先安抚他，以友善的态度表达歉意，把他所说的要点写下来。需要注意的是：一般生产型的企业都有售后服务部门，首先了解投诉者是否先找过负责此事的部门。如果没有，那么建议其先找负责此事的部门；如果投诉者已经找过相关部门，但没有得到受理或对处理不满意，才到领导这里来投诉,这时秘书要做好投诉记录,向领导反映。如果是本部门的事,就向领导汇报,按照领导的指示做进一步处理。

> **小知识**
>
> **电话接打小知识**
>
> (1) 电话铃响两声就应该接听。
> (2) 接电话时应该流露出很高兴接到对方来电的语气,即使来电者的态度不是很友好。
> (3) 除非万不得已,否则秘书不要给正在开车的人打电话。
> (4) 与一位很忙的人开始长谈之前应该询问对方是否方便。
> (5) 秘书替上司传达不利消息时,无论这个消息有多么令人不舒服,都应该立即行动。
> (6) 秘书在传达上司的信息时要把握好分寸。

三、处理邮件

邮件的处理是秘书的重要工作。本部分内容所涉及的邮件是广义上的邮件,包含了邮政信件、包裹和快递等。秘书要做好这项工作,必须懂得一些基本的规则和方法。

(一) 邮件的收取、分拣、拆封与转交

1. 邮件的收取

邮件的收取一般有四种情况。

(1) 收领邮件。传达室或收发室收到邮件,再送到秘书办公室。秘书在这种情况下,应该注意邮件到达自己办公室的时间规律,尽量不要在邮件到达时离开办公室。如果不能避免,就应该请人代领。要当面点清邮件总数,并在"邮件收领单"上登记,特别要写清楚机要邮件、经办人等项目。如果有污损就应该当面指出,以便分清责任,并在邮件上注明"邮件收到即如此"。

(2) 取回邮件。邮件送到单位信箱,由秘书开启,取出邮件带回办公室。秘书每天的开箱次数应该和邮局投递的次数一致,并尽可能地与送达时间相合拍,这样才能提高邮件的处理效率。

(3) 专人送达。由专人送达并需要签收的邮件,如特快专递等。这类邮件在一天之内随时可能到达,由秘书负责签收、处理,或者分发给其他部门及有关人员。这类邮件一般较为重要或紧急,秘书一定要及时交给收信人,并请收信人签收。

(4) 电子邮件。在现代社会,秘书到达办公室的第一件事应该是检查电子邮箱和传真机等,查看有无最新信息。如果电子邮箱有些信息需要告知领导或相关人员,那么秘书可以将信息全部或部分打印出来,然后与其他信件一并交给领导,并做好登记工作。

如果外部送达的邮件是由单位的收发部门负责的,那么当邮件到达办公室时,秘书应该从其中挑选出必须交给领导的邮件,公务往来的邮件需要记录在收件单上。

> **小知识**
>
> **信件接收单**
>
> 年　　月　　日
>
> | 收件编号 | 收件日期 | 邮件种类 | 发件对象 | 邮件名称 | 收件对象 | 收件人签名 | 备注 |
> | --- | --- | --- | --- | --- | --- | --- | --- |
> | | | | | | | | |
> | | | | | | | | |
> | | | | | | | | |

2. 邮件的分拣

秘书收到邮件后应该按照一定的标准进行分拣。

（1）按照收件人分拣。这是最容易操作的一种标准，但在实际分类时很不方便，只适合于人数较少的公司或部门。

（2）按照收件部门分拣。按照一个部门一类的方法进行分类，如果邮件上写的部门本单位没有设置，则把它归入与此相近的部门。例如，写明"教育处"收的，可以归入本公司的"培训中心"。这种方法还可以与第一种方法结合起来用，先按照收件部门分拣，然后根据姓名归类。

（3）按照收件的重要性分拣。秘书可以从两个方面判断出邮件的重要性：一是来信人的姓名或重要来信单位的名称；二是信封上出现的挂号邮件、保价邮件、快递邮件、机要邮件和带回执邮件等特殊的邮寄标记。此外，电报、电传和传真等邮件也是比较重要的。

各个单位可以根据自己的情况设置重要性，大体分为以下几类：电报、特快专递、航空信等急件；政府部门或上级公司文件；业务往来公函；写明领导亲启的信函；汇票、汇款单；包裹、印刷品；报纸、杂志；同事的私人信件。但各行各业的邮件分拣标准应该有自己的特点，按照重要性的分拣标准可以与按照收件人、部门名称的分拣标准相结合，先根据重要性分拣，然后再按照其他标准分拣。

3. 邮件的拆封

有些邮件需要秘书拆封后交给领导或有关部门处理。

（1）到底哪些邮件可以由秘书拆封，哪些不允许，应该根据领导的指示做出判断。一般来说，机要邮件和私人邮件秘书不应该拆封，除非领导特别授权。写明领导亲启的信件应该直接交给领导处理。如果秘书无意拆开了，在信封上要写上"误拆"，并签上自己的名字，将信封好，把信件交给领导的时候向他道歉。

（2）邮件的拆封要点。拿到信件后应该在桌子上向左磕几下，使里面的信纸和东西集中到信封的左边，以免在拆封时遭到损坏。一般用剪刀拆信封右侧，公务信件是不允许用手撕的。如果需要拆封的信件很多，那么可以用自动拆封机，以便提高拆封的效率。

（3）正确的拆封位置在信封的右侧，信封不能丢弃，也不能损坏信封上的文字、邮戳和其他标志。应该用回形针把它与信纸或附件等附在一起，以供以后回复、查阅或佐证之需，这也是归档的要求。

（4）信件拆封后，首先要取出里面的所有东西，然后检查信封、信纸上的地址、电话是否一致。假如不一致,应该打电话询问,把错误的划去,这样才能保证寄信人及时收到回信。

(5) 信件里有时会附有货单、发票、支票等,检查这些附件时,如果发现名称或数量不符,就应该在信封上写上缺少的附件的名称和数量,接着应该及时打电话或写信与寄信人联系,争取让事情得到妥善解决。信件里的证件、现金等要专项登记和保管。

(6) 有些邮包里是订购的物品,秘书应该找出当时的订购单,拆开邮包,仔细检查订购物品的品种、规格、数量等是否与订购的一致。记住没有订购的东西不能签收,不能够接受的东西也不能签收,以防止有欺诈性或破坏性的邮包。如果物品有质量等问题,就要及时与对方联系。在移交物品时,请接收人员在签收本上签字,注明收到的日期,并保存好。

(7) 秘书应该把邮件分成最急件、次急件和普通件。那些属于"优先考虑""紧急"的信件尽快呈送给领导,如紧急商务信函、国际性电传、传真、电报或特快专递等。而一般的公务性信函可以经过秘书处理后呈送。

4. 邮件的转交

(1) 交给领导。需要呈给领导的信件,应该根据重要程度进行整理,将最重要的放在最上面。特快专递和电子邮件通常都是急件。应该赶在领导进办公室之前准备好,或在领导上班不久就要准备好。

(2) 如果事先得到领导的授权,就应该对信件进行评注,即把长信中重要的地方标明、显示出来,或者把有用的事情记录下来。秘书可以使用黄色荧光笔标出重要的词,这样复印时就不会留有痕迹。有些办公室不允许在信上写字或做记号,在这种情况下,秘书要贴一张可以移动的粘贴条。秘书还有责任提供领导回信时的参考资料。

(3) 转交他人。秘书要审阅信件,把办公室无法处理的信,以及应该转交其他人的信件分开放好。对于这些信件,秘书可以用粘贴条来处理,在上面写上希望某人采取什么样的行动。如果有必要,就应该附上有关材料或者以前的信件。也可以制作"邮件转送单"。

小知识

邮件转送单

日期: 年 月 日 上/下午 时 分

致:

来自:

_____ 供你参阅,阅后归还/不必归还给我

_____ 请阅后与_____见面,一起讨论这份邮件

_____ 请阅后提供给我答复这份邮件的资料

_____ 请答复这份邮件,并给我一份答复的副本

_____ 请注明你的意见

意见:_____
_____。

如果信件要给多个人看,那么可以设计一个传阅顺序提示条。如果使用的提示条上已经有名字(按照职务高低排列),那么每个人都需要在看完信件后签上自己的名字,然后再转交给下一个人,不要拿掉上面的提示条。

微型案例

传阅顺序提示条

序号	传阅人	阅信人签名	阅信日期
1	市场部苏兴宇经理	(签名)	
2	品质部吕丹青经理	(签名)	
3	生产部杨新华经理	(签名)	
4	采购部冯佳宁经理	(签名)	

请签上姓名、日期后,传给下一个人,最后请交还秘书刘静,谢谢!

（二）邮件的回复

邮件的寄发要考虑时间、经济、便利等因素。如果时间允许,则可以通过邮局办理普通寄发,价格比较低廉。但如果时间紧迫,就要选用专人投递或快递邮件服务,费用相对较高,大件物品用包裹邮递。如果公司内部有另外的通信系统,秘书就可以选择一种既能满足时间要求又能节省开支,设备和服务都跟得上的发送方式。

回复邮件时,要注意以下几点。

第一,根据邮件的重要程度,发出之前,如有必要,应请领导确认,或将信件复印、存档。

第二,写好信封,检查核对收信人的姓名、地址,确保准确无误。信件中如有附件,应对照信纸内容上列出的附件名称和数量,一一予以检查核对,确保准确无误。

第三,检查邮寄标记是否准确,如挂号信、保价信、机密信等的特殊标记。

第四,由于电子邮件与传真的即时性特点,秘书需要多次核对无误后才可发出。

第四节 印信与保密工作

"印"即印章,"信"即介绍信,印信工作就是印章及介绍信的制发、保管和使用工作。秘书是直接为领导服务的工作人员,又是联络上下左右,沟通四面八方的桥梁和枢纽,由于其工作和所处地位的特殊性,就决定了秘书有更多的机会接触单位机密。因此,做好保密工作对秘书而言尤为重要。

一、印信的管理与使用

印章和介绍信是各级各类党政机关、企事业单位、组织团体等对外联系的标志和行使职权的凭证。加强对印信的管理,严格使用规定,是秘书部门和秘书的重要职责。

1. 印章的管理

秘书部门保管的印章主要有单位公章、领导人名章以及各种专用章。

单位的公章代表着一个单位的正式署名,是单位权力和职能的标志,具有法定的权威性。任何单位对内对外发生的文件,一经加盖单位公章,即具有法律效力,否则将不被社会承认。

领导人名章是单位领导人因工作需要而制的姓名章,属于公务专用章,不同于一般私章。

专用章则是根据某一特定工作的需要,为了减少正式公章的盖用次数而制的公章,如会议专用章、文件收发专用章、文件密封章等。

机关、企事业单位的印章由该部门的主要领导人指定专人负责保管,以便保证印章的绝对安全和正常使用。

(1) 专人保管印章,必须指定政治上绝对可靠的专人保管,未经领导批准不得擅自委托他人代管。

印章的保管必须有严格的制度和纪律,保管人员接到印章后,必须进行登记,登记项目包括印章名称、颁发机关、收到枚数、日期、领取人和保管人姓名、启用时间等。

小知识

印章保管登记表

印章名称		颁发机关	
收到枚数		收到日期	
领取人		启用日期	
印章图样			
保管人		批准人	
备注			

(2) 印章的保管必须安全可靠,所有的印章都应该加锁,置于牢固的柜里,以免发生意外。一旦发现印章有异常现象或丢失,应该保护现场,及时报告领导,迅速查明情况,妥善处理,必要时报告保卫、公安部门协助调查。印章要在办公室内使用,不得擅自拿出办公室,更不准未经领导同意交他人代管。

(3) 保持印章清晰,保管人员对所保管的印章应该定期清洗。

2. 印章的使用

印章的使用是一项严肃的工作,它关系到单位的声誉与责任,必须建立严格的用印制度,防止任何事故的发生。

印章的概述与使用

（1）审批检查制度。凡是使用印章，必须经过有关领导人批准，方可盖印。其权限可以分级掌握，使用哪级印章，就应该由哪级领导批准。例如，使用企业的公章，应该由企业领导人签批。使用企业办公室的公章，应该由办公室领导人签批。

任何人不得私自动用公章，包括管理印章的人员和领导自身。对于非法用印者，根据情节轻重给予惩处。不得在空白介绍信和空白信纸上盖印，以防给组织带来损失。

文件和信件用章，可以凭领导人的签发手续，按照应发的份数盖章。

使用印章时，盖印人还应该对所盖印的文书内容、手续、格式进行认真检查，尤其是对一些特殊情况的用印，更要细心检查。如果发现问题，就要及时请示领导，妥善解决。

（2）用印都要进行详细的登记，包括用印时间、用印编号、用印单位、用印事由、批准人、经办人、盖印人姓名。

（3）盖印要求端正、清楚，盖在落款的单位和日期之上（所谓"骑年压月"）。

微型案例

宏达公司的用印登记情况

宏达公司的公司印章与介绍信由办公室的王红管理。每次王红在给公司人员盖章时，都仔细检查用印人拿来的部门负责人批准的用印申请单，核对所盖章文件与用印申请单上的内容是否一致，并在用印登记表上记录，请用印人签字。使用介绍信的程序与用印程序相同。用印申请单与用印登记表如下。

1. 用印申请单

用印申请单

部门：_____ 用印人：_____
文件名称：_____ 份数：_____
文件用途：_____
批准人：_____ 批准日期：_____

2. 用印登记表

宏达公司用印登记表

序号	日期	文件名称	文件用途	用印部门	批准人	用印人签字

3. 介绍信或证明信的管理和使用

介绍信是机关、团体、企事业单位因对外联系工作、商洽事务而由派出人员所持有的凭证性信函。出具介绍信，就意味着要对被介绍人的行为负责。单位的介绍信一般按照固定格式印刷，装订成册。介绍信有信文和存根两部分。信文交持有人携带，存根留在本单位备查。

微型案例

瞒天过海的业务经理

宏达公司采购部的业务经理蔡峰忙碌了一天,刚走出公司大门,一辆奥迪车就轻快地驶到他的身边停下来。抬头一看,只见久未谋面的老同学汪伟拉开车门走了出来,汪伟热情地邀请蔡峰一起去吃海鲜大餐。眼见老同学西装革履,开着豪车,出入高档场所,蔡峰的羡慕和敬佩之情油然而生。酒至酣处,汪伟告诉蔡峰,他有一笔好买卖,想和蔡峰一起干,大赚一笔。只不过汪伟是个人身份,不能做,蔡峰只需帮忙出具一份宏达公司的业务介绍信,等合同签完后就还给宏达公司,不会给公司带来什么损失。事成后,蔡峰可得五万元的辛苦费。蔡峰犹豫了一下,答应了。第二天,蔡峰在介绍信申请单上假冒经理的签名,瞒过了办公室负责开介绍信的王红,然后将公司介绍信交给了汪伟。汪伟利用宏达公司的业务介绍信,以宏达公司业务经理的身份和宏达公司的名义与大安公司签订了一份钢材购销合同,骗取了大安公司价值一百多万元的钢材。汪伟将钢材卖掉后,携款潜逃。这一事件给宏达公司造成了信誉和财产上的损失,蔡峰也因此得到了应有处罚。

(1) 介绍信的保管。正式介绍信通常专门印制并有编号,例如,联系一般事务也有以单位信笺代替的。介绍信和公章一般由同一人保管并使用,必须与公章同等重视,不可缺页或丢失。

(2) 介绍信的使用。介绍信或证明信的管理要建立严格的制度,开介绍信必须经主管领导批准,应该注意填写有效期。严禁发出盖有印章的空白介绍信。介绍信的存根要妥善保管,并加以归档。介绍信或证明信开出后,如果因为情况变化没有使用,那么持信人应该将介绍信退回给管理人员。填写错的介绍信或证明信,应该在其上画一条斜线,注明"废"字,并保留在原处,不得随意撕下丢弃。介绍信或证明信应该妥善保管,如果发现丢失,就应该及时采取补救措施。

介绍信的概述与使用

小提醒

印章管理小常识

(1) 要谨慎管理,严防丢失,必须严格按照管理规定保管,用后马上放回存放处,以避免丢失或被盗的情况发生。

(2) 要认真负责,坚持原则。印章代表单位的权利与义务,秘书必须增强责任意识,要坚持原则,不得以权谋私。要做到有违原则的介绍信不出、有违原则的章不盖。

(3) 要严格制度,加强对印信的管理,遵循必要的使用程序,防止出现差错。

(4) 要专人保管,做到人在章在。不得多人保管,更不能将印章或介绍信借给他人。如果要用印,印章保管人必须在场。

(5) 要热情服务,不要"据章自傲"。管理印章是组织的安排,印章保管人必须增强岗位意识、服务意识,不要认为管理印章就能代表单位,应该切实发挥管理和服务的实效。

二、保密工作

> **微型案例**
>
> **快言快语的小秘书**
>
> 一天,宏达公司的秘书夏捷接到一个电话,是要找市场部苏经理的,苏经理不在公司。夏捷不假思索地就回答对方:"对不起,苏经理不在公司,正在忙着准备28号的新产品发布会。"
>
> 几天后,宏达公司的竞争对手捷瑞公司在27号召开了同一类型的新产品发布会,抢占了市场。
>
> 秘书夏捷的失误在于她在接听来电中将本企业的商业秘密"28号的新产品发布会"不假思索地告诉了陌生的对方,而对方正是该产品的竞争对手,于是被对方提前抢占了先机,使宏达公司蒙受了巨大的损失。

信息按照其存在的形式主要划分为口头信息、书面信息和电子信息三种形式。要做好保密工作,秘书首先要认识到保密的重要性,加强保密意识。要时时刻刻管住自己的"口"与"手"。所谓管住自己的"口",就是知密不泄密,密不从口出;管住自己的"手",就是保证经手的书面信息和电子信息的安全。

要做好信息的安全工作,需要对不同的信息载体采用不同的措施。

（一）做好口头信息的安全工作

（1）员工在岗前培训时即应该被告知不要在组织内部或外部谈论有关单位的保密信息,包括对其他工作人员、客户、朋友或亲属等。

（2）在没有确认对方身份和是否被授权获得信息之前,不要通过电话、手机、答录机给出保密信息。

（3）只向来访者提供组织允许提供的信息,若超出范围,则应该向上司汇报。

（4）遵照会议的要求传达会议信息。

（二）做好书面信息的安全工作

书面信息包括用纸张、各种胶片等物质作为载体的文字、表格、图形等信息,做好书面信息的安全工作,可以采用下述方法。

（1）接收任何保密文件、资料等都要签收并登记。

（2）文件或其他书面保密信息只发给或传阅到被授权的人员,并要签收。

（3）在传递保密文件或资料时,要放在文件夹中携带,以防泄密或散落丢失。

（4）所有保密的信息应该归类在专用文件夹中,并清楚标明"机密",保存在带锁的、防火的柜子里。

（5）离开办公室时,不把机密信息和文件留在办公桌上,应该锁入抽屉或柜子,并锁好门窗。

（6）用邮件发送保密信息,信封要贴密封条,并标记"机密"或"保密"。

（7）为了确保安全,高密级信息最好由工作人员亲自送交收件人。

（8）复印完成后应该将保密原件取走，不要忘在复印机内。

（9）当传真保密信息时，需要使用具有保密功能的接收设备或要求接收人等在传真机旁即时收取。

（10）极为重要且不常使用的书面信息可以制成缩微胶片，保存到保险柜里。

（11）不再需要的保密文档要粉碎。

（三）做好电子信息的安全工作

（1）计算机显示器应该放置在他人看不到屏幕的地方。如果来访者走近，就应该迅速滚动页面，或保存信息并关闭显示器。

（2）计算机打印保密材料要人不离机。

（3）在提交保密的电子信息给他人之前，应该确认对方是否有权限接收该信息，不能给未被授权的人。

（4）应该使用密码来保护计算机数据，并定期更换。

（5）计算机必须经常进行查毒、杀毒，为了安全，不要安装非法的程序。

（6）重要的文件要做备份，并存储在安全、加锁的地方，但要记住磁盘、光盘、U盘不能保存在过热和过冷的地方。

（7）有保密信息的软盘或U盘不应该带出单位，以防止数据落到不应得到这些信息的人手上。

（8）如果有必要，计算机应该安装警报系统，防止信息被盗。

（四）保密工作的措施

要做好保密工作，还要抓住落实这个中心环节。采取有效的工作措施，是落实保密工作的关键。

1. 健全保密制度

各机关、企事业单位必须以有关法规为依据，结合各自的具体情况，建立完备的保密制度，包括明确保密职责、制定保密制度的实施办法和细则，使保密工作有法可依。

2. 开展保密教育

开展保密教育，是做好保密工作的基础性工作。开展保密教育的目的是增强全民的保密意识，将有关保密要求变为公民自觉的保密意识，使保密工作有一个坚实的基础。

保密教育包括法制教育、形势教育和业务教育。其中，重要的是开展保密法规的宣传，使广大人民群众认识到遵守保密法规的重要性，提高公民遵守保密法规的自觉性。形势教育主要是向广大人民群众介绍国际、国内政治和军事、经济形势及其对保密工作的要求，以及各种情报窃取的特点与防止泄密的措施、经验，并通过分析典型案例增加防范意识。

3. 进行保密检查

保密检查是指保密主管部门或有关机关、单位的领导部门，依据保密法规，采取一定的形式和手段，定期或不定期地对涉密单位和个人履行保密义务和责任的情况进行检查的一项活动。

保密检查包括六个方面的内容。

（1）检查保密工作的方针政策及保密法规的贯彻执行情况。

（2）检查保密工作相关的制度建设及落实情况。

（3）检查保密组织机构落实及建设的情况。

（4）检查保密设施的配置和保密环境的安全情况。
（5）检查有无泄密的隐患以及泄密后的应急预案。
（6）检查有无泄密事件的发生及对泄密事件的查处情况。

4. 处理泄密事件

发生泄密事件后，要进行及时处理。处理泄密事件包括两方面的内容：一是采取补救措施，防止产生更加严重的后果，减少或挽回损失；二是发现泄密事件后，及时调查，确定责任人，并对责任人依法追究行政、法律责任。

> **小提醒**
>
> 秘书保密工作须知
>
> （1）不该说的机密，绝对不说。
> （2）不该问的机密，绝对不问。
> （3）不该看的机密，绝对不看。
> （4）不该记录的机密，绝对不记录。
> （5）不在私人通信中涉及机密。
> （6）不与任何无关人员(含亲友)谈论机密。
> （7）不在不利于保密的地方存放机密文件、资料。
> （8）不携带机密材料游览、参观、探亲和出入公共场所。

本章小结

日常事务工作就是秘书在日常的工作中要经常处理的事务。本章首先介绍了办公环境创设的原则与方法、办公环境的整理与安全管理以及办公软环境的营造。其次，介绍了领导日程表编制的原则与方法。再次，提出了接听与拨打电话的流程与方法，分析了不同邮件的处理方法。最后，对印章与介绍信的保管、使用和保密工作进行了简要的介绍。本章的知识结构如下图所示。

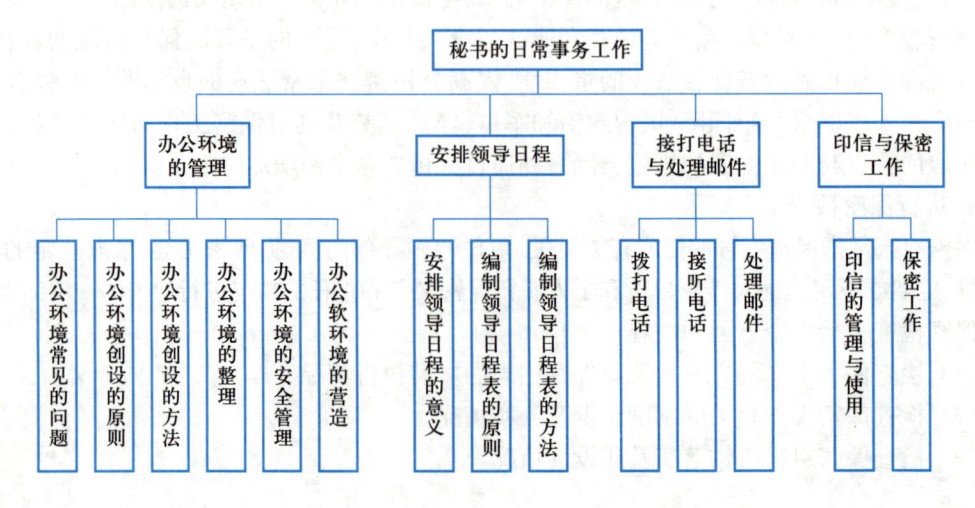

```
                        秘书的日常事务工作
    ┌───────────────┬─────────────────┬──────────────┬────────────┐
  办公环境           安排领导日程      接打电话         印信与保密
  的管理                              与处理邮件        工作
    │                   │                │              │
┌─┬─┬─┬─┐         ┌─────┬─────┬─────┐  ┌───┬───┬───┐  ┌─────┬─────┐
办 办 办 办 办      安排  编制  编制  拨  接  处  印  保
公 公 公 公 公      领导  领导  领导  打  听  理  信  密
环 环 环 环 公      日程  日程  日程  电  电  邮  的  工
境 境 境 境 软      的    表的  表的  话  话  件  管  作
常 创 创 的 环      意    原    方                    理
见 设 设 整 境      义    则    法                    与
的 的 的 理 的                                        使
问 原 方   安 营                                      用
题 则 法   全 造
           管
           理
```

案例分析

案例一

手忙脚乱的秘书朱玉

下午上班时间,生产部秘书朱玉正在计算机上查资料,这时电话响了,而办公室的公用话机在窗台上,所以朱玉站起身来走到窗前去接电话。电话是找主管的,但她这时不在办公室,对方要求留言,所以朱玉又走到办公桌旁在抽屉里翻找可以用来记录的纸张。记录完毕,朱玉把这张纸压到了主管的水杯下面。刚在计算机前坐下,经理进来要一份资料,朱玉又赶忙起身走到资料柜前找资料。不到10分钟,朱玉已经在屋里转了好几个圈,真是够辛苦的。

思考题:你认为朱玉的办公室布局和工作方法有哪些需要改进的地方?

案例二

令人遗憾的标书事件

宏达公司市场部秘书小夏正在计算机前按照讨论修改后的文稿修改公司的投标书。这时,来了三位外单位的未预约客人,小夏放下手头的工作忙着接待、询问、联络和端茶倒水,待将客人安排妥当后才回来接着操作计算机。

几天后开标,宏达公司奇怪地发现竞标成功的对手的标书中所列主要项目的价格都比自己的价格低,而且都只低1~2个百分点。竞标成功的公司恰好是小夏几天前接待的三位客人所在的单位。

思考题:面对不速之客,如果你是小夏,你会怎么做?

案例三

接电话不合格的大学毕业生

应届大学毕业生小林近日在宏达公司采购部实习,协助经理助理小刘的工作。小刘让小林先负责电话的接打工作。小林觉得这实在是太简单了。这不,电话铃响了。

小林拿起电话,声音圆润地说:"您好,宏达公司,请讲。"

"宏达吗?你们苏总在吗?我有要事找他。"电话里传来对方焦急的声音。

小林一看,苏总正在办公室里看文件,立即说:"苏总在,你稍等。"

小林将电话转过去:"苏总,您的电话。"

"谁打的电话?"苏总问。

"不知道,好像挺着急的,"小林答道。

只见苏总一皱眉,拿起了话筒。不一会儿,小林听到苏总在电话里和对方吵了起来。苏总挂了电话后,生气地对小林说,以后有找我的电话先问问清楚。小林脸红了,一副茫然样。

这时,电话铃又响了,小林拿起电话,没精打采地说:"你好,宏达公司,请讲。"

"请问刘助理在吗?"对方轻声地问道。

小林吸取刚才的教训,"请问你是哪位?"

"我是她的男朋友"。"哦,那请你稍等"。

小林想这个电话刘助理肯定会接的。她看刘助理正在对面的办公室复印资料,于是大声喊道:"刘助理,你男朋友的电话,快来接。"

只见刘助理一脸不高兴地匆匆赶来,边走边说:"轻点,轻点,别大声嚷嚷。"这时桌上的两部电话同时响了起来,小林拿起一部,没好气地说:"你好,宏达公司,请讲。"

"我是周洲,请转告刘助理,我明天9点下飞机,叫她派车来接,同时带上编号T5193的那份合同,我有急用。千万别忘了。"这个电话的声音有些含糊不清,显然是用手机从远距离打来的。

另一部电话仍然在响。小林拿起电话:"喂?"

"化工公司吗?我找李主任。"

"什么化工公司?"

"你们是生产肥料的嘉华化工公司吗?我找推销部李主任。"

"我们是宏达公司,你打错了。"说完把电话重重地一挂。

没想到,接电话这么烦,小林刚想喘一口气,这时刘助理走过来问。

"小林,周副总有没有来过电话?"

"是叫周洲吗?刚来过。"小林想起了要通知刘助理的那个电话。

"他说了些什么?"刘助理问。

"他说要你接机。好像还要带份文件。"

"哪个航班,几点,哪份文件?"刘助理问道。

"这个,我记不清了,"小林红着脸低下了头……

思考题:你认为小林的错误主要有哪些?

实践训练

1. 实训目标

通过场景模拟,训练学生接听和拨打电话的能力。

2. 实训内容

(1) 请将课后案例分析中的案例三按照原样演练出来。

(2) 请对课后案例分析中的案例三中的错误进行改正,将正确的接听电话的情景演练出来。

(3) 广州蓝天公司与美国艾地公司正在洽谈一个项目。美国艾地公司副总经理William准备与技术总监等一行5人,于11月20日到广州蓝天公司考察。广州蓝天公司总经理李伟让秘书张红给美国艾地公司打电话,询问相关事宜。

3. 实训要求

(1) 教师将班级的学生分成三组,按照实训内容的顺序,依次演练。

(2) 学生演练完毕后,教师总结接打电话的要点,以及学生演练中的优点与不足之处。

课后练习

1. 办公环境整理的要点是什么?
2. 安排领导日程的主要原则有哪些?
3. 接听电话的基本程序是什么?
4. 拨打电话的要点是什么?
5. 一般公司使用印章的程序是什么?
6. 做好保密工作要注意哪些事项?

第四章

沟通与协调工作

学习提示

（一）学习目标

1. 知识目标
   - ✓ 了解沟通与协调的意义
   - ✓ 理解造成沟通障碍的因素

2. 能力目标
   - ✓ 掌握基本的沟通与协调方法

3. 素养目标
   - ✓ 尊重对方，用心沟通
   - ✓ 擅长表达，积极倾听
   - ✓ 上下协调，大局为先
   - ✓ 依法办事，随机应变

第四章素养目标解读

（二）学习重点
- ✓ 沟通与协调的方法与技巧

（三）学习难点
- ✓ 上下级关系沟通和协调
- ✓ 灵活运用各种沟通与协调的方法和技巧

> 引导案例

该怎样与总经理沟通呢?

宏达公司总经理秘书孙婷正坐在办公桌前托着下巴发呆,这时办公室主任唐仁杰走了进来。他用手在孙婷的眼前晃了晃,说:"嗨!你胆子不小啊,早上就开始白日梦啦!"

孙婷向唐主任道出了她正在犯愁的一件事。原来,五分钟前,王总气冲冲地把她叫进办公室,让她写一封给大成公司总经理庞龙解除长期合作关系的信。原因是大成公司违背了与宏达公司的合约而与其他竞争对手合作。孙婷边说边把她写好的信递给了唐主任,"要不要按王总的意思将信马上发出去呢?大成公司可是我们大客户,每年的合同将近一个亿。如果信就这么寄走,那可是泼出去的水收不回了!现在市场竞争这么激烈,要再找一个像大成公司这样的客户,可不容易啊!可是,作为秘书,我不按王总的指示办,不太好吧?"

这时,市场部苏总过来找王总。孙婷赶快招手示意苏总过来,将事情的经过对他说了一遍。苏总听后,马上跟孙婷要过信,转身就要去找王总。"这事我得去跟王总说说,怎么能这么办事呢?上次庞总来上海,我就听他抱怨过几次,说我们经常发货不及时。这事我们也有责任嘛,怎能全怪他呢?为公司着想,我不怕得罪王总!"

唐主任赶快拦住苏总道:"苏总,我有个建议,您看可好?您先把信还给小孙,让她在下班前再去问一下王总。如果王总说还是要寄走,那就寄走。"

孙婷和苏总愣了一下,然后相视一笑,不约而同地向唐主任竖起了大拇指。

问题:请问孙婷和苏总为什么向唐主任竖起了大拇指?

第一节 沟 通 概 述

现代社会是开放交流的,我们不仅要把自己的思想、情感和信息传递给别人,而且还要解读他人的思想、情感和信息。这种沟通是我们在工作中取得成功和在生活中获得满足的一个不可或缺的途径。

对一个组织而言,有效的沟通是组织做出正确决策的必要前提;是协调好组织内部各种关系,使组织成为一个整体的凝聚剂;是领导职能得以履行的基本途径;是改善组织内部人际关系的重要条件;也是组织与外部环境建立联系的桥梁。

一、沟通的概念和种类

(一)沟通的概念

沟通是一种信息传递和交流的过程。它不仅包括公务信息的传递和交流,也包含着个人情感、思想和观点的交流。

秘书沟通工作的任务，就是要在公务活动中，有意识地运用各种方法和技巧，促进人与人、人与组织之间的有效沟通，以达到提高公务活动效率的目的。

一个信息虽然被传递出去了，但没有被对方接受和理解，这就是一次无效的沟通，而不是有效的沟通。例如，当经理向秘书布置一项任务时，秘书却由于注意力分散，表面上看似在听从安排，其实根本没有完整记下经理所讲的要点。这就意味着有效的沟通没有发生。

（二）沟通的种类

沟通贯穿于秘书工作的各个环节，以沟通的方式、方向、渠道和是否存在反馈为依据，可以将沟通分为不同的种类。

1. 按照沟通方式分类

（1）口头沟通。指的是通过口头表达的方式进行信息传递的沟通。包括交谈、讨论、会议、演讲、电话或走访联系等。

（2）书面沟通。指的是通过书面形式，以文字为媒介进行信息传递的沟通。包括文件、信件、便条、简报、书面汇报、备忘录等。

（3）非语言沟通。指的是通过口头语言和书面语言之外的非语言符号进行信息传递的沟通形式。包括语调、手势、表情、肢体动作、信号等。

（4）电子沟通。指的是通过运用各种电子设备进行信息传递的沟通。包括计算机网络、闭路电视、传真机等。这些电子设备将信息通过声音、图像或文字相结合的形式传播，有利于提高沟通的效率。

2. 按照组织内部信息沟通的方向分类

（1）上行沟通。指的是下级向上级传递信息，是由下而上的沟通方式。例如，下级向上级反映情况、提出建议、汇报工作等。上行沟通是领导了解基层情况和员工思想状态的有效渠道。只有上行沟通的渠道顺畅了，领导者才能准确地掌握基层工作的真实情况，体察员工的困难和需求，明确工作中问题的症结所在，才能想出有针对性的对策，从而不断地改善各项工作。

（2）下行沟通。指的是上级将信息传达给下级，是由上而下的沟通方式。通常的表现是上级发布命令、指示、规章、政策、规定等。下行沟通顺畅可以帮助下级明确工作任务、目标、程序以及具体要求，便于下级开展工作。

（3）平行沟通。指的是组织中处于同一层面的人员或职能部门之间的信息传递和交流的沟通方式。平行沟通顺畅能为组织内部各职能部门或员工之间构建一个信息交流的平台，有利于加强联系，促进协作与团结，减少矛盾和摩擦，改善人际关系。

（4）斜向沟通。指的是没有直接隶属关系的上下级单位和人员之间的信息沟通方式。斜向沟通有利于加速没有隶属关系的上下部门、人员之间、组织与外部之间的信息交流，为组织创造良好的内外部环境。

3. 按照信息沟通的渠道分类

（1）正式沟通。指的是通过组织明文规定的渠道进行信息的传递和交流。例如，上级向下级布置工作任务、专门的会议传达、正式文件、通知等。正式沟通的优点是沟通效果好，有较强的约束力，缺点是刻板、缺乏灵活性，传播速度慢。

（2）非正式沟通。指的是在非工作场合或时间进行的正式沟通渠道之外的信息传递和交流。例如，领导者在食堂吃饭时与同桌的员工交谈，员工之间私下交换意见等。非正式沟通的优点是沟通方便，内容广泛，传播速度快；缺点是随意性强，信息扭曲和失真的可能性大，容易传播流言而混淆视听。

4. 按照信息沟通是否存在反馈分类

（1）单向沟通。指的是没有反馈的信息传递的沟通方式，发送者单方面向接受者传递信息。例如，总经理在公司的年度总结大会上的发言，就属于单向沟通。单向沟通缺乏民主，易使接受方产生抵触情绪。

（2）双向沟通。指的是有反馈的信息传递的沟通方式，发送者与接受者就信息进行双向交流。双向沟通有助于增进彼此的了解，加深感情并建立良好的人际关系。

二、有效沟通的条件与原则

所谓有效的沟通，就是信息的发出者，通过合适的途径、方式和方法等，让信息的接受者完全理解了他所发出的信息。

（一）有效沟通的条件

有效沟通在人们的工作中，同家人、朋友的交往中，以及日常生活的方方面面，都扮演着极其重要的角色，但是沟通并不总是有效的，无效的沟通成为人们在工作中取得成功和生活中获得满足的障碍。

一次有效的沟通必须满足三个条件：一是表达者所发出的信息应该准确而完整；二是信息在传递的过程中没有损失；三是接受者必须真正理解了所接收到的信息。

> **微型案例**
>
> ### 铁杆与钥匙
>
> 一把坚实的大锁挂在铁门上，一根铁杆费了九牛二虎之力，却无法将它撬开。一个瘦小的钥匙来了，它把身子钻进锁孔，只轻轻一转，那大锁就"啪"的一声打开了。铁杆奇怪地问："为什么我费了那么大力气也打不开，而你却轻而易举地就把它打开了呢？"钥匙说："因为我最了解它的心。"
>
> 这个故事说明：打开锁其实很容易，只要你有钥匙。同理，人与人的沟通也不难，需要的是你是否了解对方，并能采用既准确又不失巧妙的方式与之沟通。

（二）有效沟通的原则

1. 一致性原则

沟通计划的实施，必须与本组织的发展目标相一致，必须使沟通更好地为组织发展服务，促进组织发展目标的实现。

2. 针对性原则

沟通的内容要考虑到对接受者的意义和价值，一般人仅对与自己相关的信息或能给自己带来价值的信息感兴趣。例如，给一个五岁的孩子谈论股市的涨跌，他肯定不会有兴趣。

3. 明确性原则

沟通要以简明的语言进行，所用词汇对沟通者和接受者都代表同一含义。复杂的内容要采用列出标题或分类的方法，使其明确、简单。信息传递所经过的中间环节越多，就越应该简单、明确。

4. 持续性原则

沟通是一个没有终点的过程，为了达到有效的目的，有时需要重复，但在重复中要不断补充新的内容。这一过程应该持续下去，直到取得预期的沟通效果。

5. 渠道恰当性原则

大多数的沟通都会涉及各种各样的沟通对象，所以沟通者需要通过大量不同的渠道来实现目标。例如，可以与同事谈话进行沟通，与其他部门通过会议进行沟通，给上司写一封建议信进行沟通，通过 E-mail 与朋友进行沟通，或者筹备一次对外公关活动与外界沟通，等等。一些重要的商务沟通要求使用不同的沟通渠道相互协作，以便达到有效沟通的目的。

> **微型案例**
>
> **请示与分歧**
>
> 宏达公司王总经理到外地出差了，公司的一件事急需三位副总经理协商解决。但在商量时，三位副总经理发生了严重的意见分歧，开了一上午的会议，还未达成统一意见，而事情又十分紧急，这可使具体经办人孙秘书苦恼万分。会后，好心的孙秘书分别再向三位领导请示，三人仍各抒己见，每位副总经理都要孙秘书传话给其他两位，听话的孙秘书均如此照办，但事情最终未办成。
>
> 王总经理回来后，再次召开会议，三位副总经理的情绪更坏，隔阂更深，而且都表明自己的原话或说话的真正意思不是传话的那样，是孙秘书在传话时加进了自己的意思，使原意走了样。这样一来，孙秘书真是：猪八戒照镜子——里外不是人。
>
> 问题：
> 1. 三位副总经理的隔阂是怎样形成的？
> 2. 秘书在遇到此类情况时，应该怎么做？

三、影响沟通的障碍因素

（一）信息发送方面的障碍

1. 表达能力不够

有效沟通的一个最基本条件是信息的发送者要有较强的口头表达能力、书面表达能力、逻辑表达能力。如果发送者不能清晰地发出自己所要表达的信息，势必造成信息在发送时就存在着不完整或扭曲性。很难想象一份逻辑混乱、语言不通的书面报告能够让人了解它所要表达的真实想法；一个含混不清、语无伦次的发言，能够让人明白发言者的意图。

由此可知，如果沟通的信息发送者不能准确地组织语言和文字，就不可能成功地把要表达的信息传递出去,这样在沟通的第一个环节就出现了问题。

2. 知识经验缺乏

很多人都无法很好地传递和接受自己不知道的东西。人们的个性及知识经验具有很大的差异性,如果信息的发送者在某些问题上掌握的知识或所拥有的经验有限,就有可能影响所传递的信息质量。如果信息发送者与信息接受者之间有共同的经历和经验,这样就比较容易实现沟通的目标。

3. 发送者被信任程度不够

沟通中人们经常会发现,在沟通方式、沟通内容及沟通对象相同的情况下,不同的信息发送者可能会收到不同的效果,这说明人们对信息发送者的信任程度会影响沟通效果。如果信息的发送者是一个被信任、尊重或敬仰的人,那么信息的沟通会顺畅得多。相反,信息的发送者如果是一个没有威信、人品差或不受人信任的人,那么接受者势必会对发送者的信息持怀疑态度,沟通的效果就会大打折扣。

(二) 信息传递渠道的障碍

1. 信息传递环节过多

信息在传递的过程中,所经过的环节越多,信息的损耗越大,使信息失真、曲解、丢失的可能性也相应增大。所以,如果组织结构设置不合理,存在过多的层次,信息传递的环节必然增多,对信息的有效流通造成了障碍。

2. 沟通的方式选择不当

沟通所使用的方式也会对沟通的效果产生影响。例如,对一些重要事情的传递,采用"口头沟通"方式,接受者可能没有听清或会忘记,或者认为这不是很重要的事,因为人们习惯地认为,只有用下发文件、通知等书面形式沟通的事情,才可能是重要的事情。

3. 外界环境的干扰

环境的干扰也会对沟通过程中信息的传递造成阻碍。例如,沟通时周围的噪声或通信信号的突然中断、第三者的干扰等,都会影响信息的传递效果。

(三) 信息接受者的障碍

1. 理解能力不够

这是与信息发送者的表达能力相对应的,发送者发送的信息无论怎样完整、清楚,如果接受者受自身理解能力的限制而不能够正确理解,那么也必然无法进行有效的沟通。

2. 信息量太大

过量的信息会使接受者无所适从,不知哪些是最重要的。过多的或无用的垃圾信息,必然会分散接受者的精力,导致一些重要的信息被忽略。

3. 认识上的障碍

由于人与人之间的认识水平、看问题的角度不同,所以对同一件事容易做出不同的理解和评价。另外,在平时生活中常见的一词多义,也是造成认识上障碍的一个原因。

4. 情绪的影响

情绪对信息沟通的影响也是十分明显的。例如,接受者在情绪低落时,可能会对与人沟通持抵触态度。在情绪过度兴奋时,则可能会头脑发昏。这两种情况下的沟通,都会因为接受者的非理性思维,而可能会歪曲地理解对方的意图,进而形成沟通的障碍。同样,接受者与自己喜欢的人沟通往往会比较顺利,反之,则可能会出现沟通障碍。

四、沟通的方法

1. 提高表达的能力

表达能力包括口头表达能力和书面表达能力,提高表达能力就是提高"说"和"写"的能力。提高"说"的能力,首先必须明确自己想要表达的是什么,而且使表达的信息能够引起听众的兴趣。秘书锻炼"说"的能力,可以多参加演讲,学习和借鉴表达能力强的人的交谈技巧,甚至将书上看来的笑话,用自己重新组织的语言讲给同事听,也是一种"说"的锻炼。

提高"写"的能力,就必须多实践,多写东西,练习使用最简洁的语言,表达明白自己的思想。只有通过长期不懈的锻炼,才能提高书面语言表达能力。

> **小提醒**
>
> **表达的基本技巧**
>
> (1) 多使用陈述语句,避免情绪化的评论和对方情感上不愿意接受的语言文字。
>
> (2) 语言文字的使用力求准确,不使用容易产生歧义的词汇和含混不清、模棱两可的语言。
>
> (3) 不要使用华而不实的辞藻来堆砌文章。
>
> (4) 与非专业人士交谈,避免使用专业术语,语言应该平实、通俗易懂。
>
> (5) 多使用短句,少使用长句。
>
> (6) 语言的逻辑和条理要清楚,人称指代要明确。

2. 认真倾听,做好记录

认真倾听对方讲话,正确理解讲话内容,是沟通的重要环节。很多的无效沟通就是因为不注意倾听而造成的。将听取的内容,清晰条理地用文字记录下来,是有效沟通的基本要求。

3. 有效地提问

在沟通过程中,选择适当的时机,进行恰如其分的提问,有利于沟通者与接受者之间深入地交换思想,提高沟通的有效性。

信息接受者提问的目的可以是为了证实自己的理解正确与否,可以是为了就自己不清楚的问题进行询问,也可以是为了提出建议或意见,还可以是为了控制谈话方向、制止别人滔滔不绝的谈话。

小技巧

有效提问的技巧

（1）要以理解的态度，认真、诚恳而准确地提出一些双方都能接受的问题。

（2）提问的时机既不要过早也不要太迟，就当前的事情提问，还要注意别打断对方正在进行的发言。

（3）提问的方式要考虑当时的环境和交谈对象的不同，有时可以单刀直入，有时可以迂回曲折，有时可以层层推进，有时可以声东击西。总之，不管以什么方式，目的都是促进沟通。

（4）注意提问时的话语速度、吐字的清晰程度。

（5）提问时要语句简洁、重点突出，使对方在最短的时间内了解你的意图，不要兜圈子，避免引起对方的反感。

4. 注重非语言沟通

根据有关研究，在面对面的沟通中，有65%的信息是通过非语言形式传递的。如果能够准确地把握并有意识地运用语调、手势、表情、肢体动作等非语言信息进行沟通，那么必然会起到减少信息损耗，提高沟通效率的作用。

5. 运用反馈手段

在很多情况下，沟通之所以不能顺利进行，就是因为缺乏反馈而产生不必要的曲解、误解而造成的。没有反馈，发送者无法知道接受者接受了多少正确的信息。

发送者可以通过直接或间接的发问，来确认接受者是否完全了解信息，以便及时调整陈述方式。例如，发送者可以问："你明白我的意思吗？"或"你能为我提供更多关于这件事的情况吗？"等等。

反馈不一定完全是语言形式的表述，也可以从对方的动作、表情等方面看出。有时，这种无意识的反馈更加可靠。例如，你正在做大会发言，而听众们窃窃私语，注意力不集中，说明你的发言没有引起听众的兴趣，你需要转移话题或改变谈话的方式，以便引起听众的注意。

6. 把握好沟通的时机

沟通的时间、地点、方式都会对沟通的效果产生直接影响。

在时间方面，如果接受者正处于情绪低落的状态或手头有紧要工作需要完成，一般信息不会引起他的注意，这时沟通效果就会很差。例如，上司因为家中有人生病住进了医院，秘书此时向他汇报工作，他可能会表示知道了，实际上，他记住了多少就很难说了。

沟通的场所不同，沟通的效果也会有很大的不同。例如，上司对下属工作中的失误进行批评，如果选择在上司的办公室私下交谈，即使语言较为严厉，下属一般也能接受。如果上司当着大家的面批评下属，就会损伤下属的自尊心，甚至可能当众顶撞，沟通的效果就会很差。

信息的沟通还要注意选择合适的方式，有的事情适合以公开的方式或正式渠道传递，有的则适合单独的方式或非正式渠道沟通。有的事情适合在办公场所沟通，有的事情则适合在非办公场所沟通。

> **小技巧**
>
> **提高倾听能力的技巧**
>
> （1）选择有利的倾听环境。
> （2）集中注意力倾听，适时做好记录。
> （3）用动作语言表现出你对谈话的兴趣，例如注视对方的眼睛、点头赞许、恰当的表情等。
> （4）保持平和的心态，抱着学习和交流的态度，不要产生与对方争论的念头。
> （5）不打断对方正进行的发言，避免做出干扰对方的行动、声音、手势等。
> （6）不主观臆测对方观点，不在对方结束发言前过早作出判断和结论。
> （7）在必要时，对含混或有歧义的表达，可以用提问的方式加以了解。
> （8）从对方的角度出发，进行"换位思考"，有利于正确理解对方所要表达的意思。

第二节 协调工作概述

秘书工作部门是机关、单位的综合性的办事部门。秘书的一项重要任务，就是要在自己的职能范围内，或在领导者的授权下，统筹各级组织、人员和各项工作之间的关系，促使各种公务活动趋向和谐化、秩序化与科学化，以便实现组织的整体目标，这个统筹的过程就是协调工作。协调是管理的一项重要职责，也是秘书部门的一项重要职责和经常性任务。秘书部门也可以说是协调部门。因此，每个秘书都应该了解协调的意义、协调的内容和原则、协调的方法和艺术，努力做好协调工作。

一、协调的含义与作用

协调，从字面上来说，就是同心协力、配合适当的意思。就一般意义而言，协调是一个系统内各个部分之间为了实现一个共同的目标而相互沟通，寻找共同点，从而实现某种平衡，达到某种默契的一种方式。从管理的角度来解释，管理只有从整体系统来把握，才能提高管理效率，而提高管理效率则主要靠协调。协调的过程就是管理的过程。

协调的作用就在于消除内耗，化解矛盾，把各方面的力量组成一个和谐统一的合力，以便取得最佳管理效果，实现共同的目标。因此，协调的核心是使围绕一个共同目标的有关部门和人员，和谐一致地进行工作，在各自的岗位上，朝着一个共同的目标努力。

二、协调工作的原则与要求

（一）协调工作的原则

1. 思想领先的原则

协调工作的类型很多，情况极为复杂。由于人们受所处职位、认识水平、文化素质的限制以及各种利益的限制，常常会滋生个人主义、本位主义和小团体主义，如只顾自己的利益，不顾别人的利益;只看眼前利益,不看长远利益;只纠缠具体问题,不触及实质问题;只指责对方的不是,不正视自己的过失。处理诸如此类的问题,必须坚持思想领先的原则。应该针对协调对象的现实表现,既要就事论事,解决实际问题,更要就事论理,解决协调对象的思想问题,用思想上的一致,带动工作行动上的一致。

2. 服从全局的原则

在实际协调工作中,各种类型的矛盾很多。但多数矛盾都属于局部利益与全局利益之间的矛盾。协调这类问题时,必须保持清醒的头脑,说服有关方面从全局着想,从长远着想,小道理应该服从大道理,使放弃局部利益的一方或数方明理晓义,积极配合,以便统一工作步伐。

3. 调查研究的原则

对任何大小问题的协调,都必须在调查研究、弄清情况之后,才能提出协调意见,做出协调的决定。一般来说,凡是需要协调解决的矛盾,都是比较复杂"难缠"的问题,必须弄清矛盾的来龙去脉,分析矛盾产生的原因,研究矛盾的性质、矛盾的症结所在以及矛盾对全局的影响,然后,在此基础上向领导提出协调意见,做出协调决定,进行协调工作。

4. 逐级负责的原则

必须坚持分级协调的原则,该哪一级协调的问题,就由哪一级负责,不得往下推,更不得往上交。一般来说,上级组织不要越级处理下级职权范围内的问题,同样,下级组织也不要把自己职责范围内能够解决的问题交给上级组织。只有这样,各级负责,认真办理,才能使问题及早得到满意的解决。

5. 协商处理的原则

协调工作的过程,就是让相关人员共同了解信息,共同理解信息,然后求得相互理解与谅解,以求协商解决问题。态度是影响协调效果的一个重要因素。因此,无论协调何种矛盾,都要尊重被协调的各方,以平等态度相待。要理解和帮助被协调的各方,设身处地为他们的利益着想。协调者要站在全局的高度,对被协调的各方平等相待,一视同仁,不偏不倚,要在沟通感情的基础上创造融洽、谅解的协调环境,以利于合作、协商,达到协调的最终目的。

(二) 对协调人员的要求

随着时代的发展,协调工作对协调人员提出了越来越高的要求。

1. 要有把握全局的综合素质

协调者不仅要了解各部门的工作性质、任务、特点和规律,懂得综合管理知识,对全局情况心中有数,还要有良好务实的工作作风,过硬的调研本领,敏捷而周密的思维能力,等等。

2. 要有承担责任的勇气

对工作敢抓、敢管、敢负责,对看准的问题要一抓到底,雷厉风行,令行禁止。如果过于谨小慎微,遇到难题犹豫不决,处理问题前怕狼后怕虎,那就难免会降低协调的效率或导致协调失败。

3. 要有良好的工作作风

要能够吃苦耐劳,做到眼勤、手勤、腿勤、脑勤,勤勤恳恳为领导、为部门、为人民群众服务。要能够正确对待名利,甘当无名英雄,有时还要经得起各种误解和委屈的考验。

4. 要有较强的判断能力

秘书要想协调准确,必须判断准确,有时候一步失误就可能给全局造成重大损失。因此,良好的判断能力对于做好协调工作是很重要的。

5. 要有健康的心理、良好的性格、和谐的人际关系

良好的个性修养、宽容谦和的处世态度以及融洽的人际关系可以使协调者面对复杂情况周旋自如、游刃有余。协调者应当善于团结人、关心人、支持人,使人感到可亲、可信、可敬。

此外,在协调时,还要有灵活多样的协调方法和技能,能够因势利导,因地、因时制宜,才能做好协调工作。

三、协调的内容

协调工作的内容是十分广泛的,大体可以分为事务协调、政策协调和关系协调三种。

(一) 事务协调

事务协调是指根据领导的意图,对各单位、各部门之间及单位内部就有关公文制发、会议安排、工作和生活保障以及行政管理等事宜的协调。在办公室的工作中,事务性协调是经常的、大量的。例如,科学地组织内部机构协调运转,做到权责分明,分工协作,就需要进行大量的协调。为了提高工作效率,根据事情的轻重缓急、经济效益,需要对工作部署进行协调。为了搞好服务,合理使用资金,开源节流,需要对事务管理工作进行协调,等等。

(二) 政策协调

政策协调是指政策制定中的协调工作和政策本身所具备的协调性。一项政策应该既具备全面性,又要有针对性;既要有原则性,又要有一定的灵活性。因此在制定政策的过程中,办公室必须协助领导人和有关职能部门对政策所规定的各项内容之间的关系,对政策所涉及的各种关系的处理,对该政策与其他政策之间的关系进行协调,并利用政策本身所具有的协调性有效地协调相关活动,从而避免先后制定的政策彼此矛盾和有关单位在执行同一政策的过程中发生矛盾,造成实际工作的混乱。

(三) 关系协调

关系协调是指在处理各种社会矛盾关系中所进行的协调,主要包括个人之间、单位之间、地区之间以及单位与个人之间的关系等。秘书在日常工作中必然会遇到并处理各种各样的关系。

1. 对上关系的协调

(1) 对上关系协调的含义。对上关系协调是指组织与其上级领导者和领导部门的关系协调。对待上级要树立全局观念,尊重和服从上级,融洽和上级的关系,主动为上级分忧解难。具体要做到以下几方面。

一是对上级的政策、指示、指令,要全面、正确地贯彻执行。

二是上级布置的各项工作任务要及时完成,并将完成情况向上级汇报。

三是遵守组织原则,下级服从上级,在工作中准确领会上级领导的意图。

四是局部利益与整体利益保持高度的一致性。

五是主动加强与上级部门的联系,及时沟通,做到上情下达、下情上报。

六是熟悉上级部门的职责分工,掌握处理和解决有关问题的程序。

七是工作中的困难,要周详地向领导或上级部门汇报,说明原因,争取上级领导和有关部门的理解和支持。

> **微型案例**
>
> **主任到底哪儿比我强？**
>
> 　　胡斌，宏达公司装配车间的技术能手，多次被评为公司的"技术尖兵"，他在技术岗位上，一干就是十年。有一段时间，他经常受到批评。那时，车间新调来一名汪主任，整天背着手在车间里晃来晃去，关于技术上的事情，他却是一问三不知，胡斌就很不服他，为什么没本事的人总能当领导呢？
>
> 　　没想到，过了一段时间，汪主任得到了上至领导、下至实习生的普遍爱戴，人人都喜欢与他交往，他到底有什么本领呢？细心一观察，原来汪主任尽管在业务上是外行，但他办事十分周密，待人接物宽厚而圆通，在人事管理上似乎有一套独特的方法，当月车间的业绩就有大幅度提高。
>
> 　　胡斌十分惭愧，自己只会技术，做了十年还是技工。自此，胡斌开始积极支持汪主任的工作，并在工作中有意识地观察和学习汪主任与人沟通的方法。随着对汪主任了解的加深，胡斌还真从他身上学到了不少东西。没过一年，胡斌就被提拔做了主管。

(2) 对上关系协调需要注意的事项。

第一，维护领导的威信和形象。秘书主要是从工作角度出发，维护领导的威信，即使秘书本人因此受些误解和委屈，也要泰然处之。在工作中，只能为领导补台，不可拆台。秘书一定要尊重领导，积极配合领导工作。当领导有某些疏漏和不足时，要积极采取补救措施，消除影响。

第二，维护领导层内部的团结。维护本单位领导层之间的团结，事关本单位内部的稳定和有效运转，这是每个秘书义不容辞的责任。秘书作为领导的参谋和助手，经常活动于领导成员之间，并在领导层和下属机构之间起着沟通枢纽的作用，因此掌握的情况比较多，也比较深入。反映情况、转达意见时要讲究方式方法，不利于团结的话、闲话、气话不能说。发现领导之间有误会，切不可从中搬弄是非，将问题复杂化。秘书请示或汇报工作，应该严格按照领导成员职责分工进行，有分管领导就找分管领导，不越级请示。涉及全局的问题，要请主要领导人裁定。

2. 对下关系的协调

对下关系协调是指上级部门在决策的过程中，充分考虑到下级部门的实际情况，倾听下级的意见和要求，科学地制定决策，并有效地将组织决策意图贯彻到下级各执行单位，使之自觉地协调运转，并为实现组织目标而努力工作。在对下关系的协调中，秘书应做到以下几个方面。

一要主动了解下级部门的情况，并定期向领导汇报。

二要向下级部门传达领导的决定、指示，要原原本本，不凭自己主观意志加以取舍，使下级能够正确领会领导意图。

三要建立与下级部门领导、群众之间良好的关系，保持谦虚谨慎的态度。

四要在与下级部门的沟通中，不自作主张，不轻率表态，不随声附和。

五要在领导形成决策之前，深入基层调查研究，征求各方面的意见和建议，使决策建立在全面了解情况、充分代表群众的根本利益的基础上。

六要在对下关系的协调中，采用平等的身份和语气，多听取下级部门的意见和困难，并及时向领导或相关部门反映，帮助下级解决实际困难。

3. 同级关系的协调

同级关系的协调，首先是指本部门与平级的相关部门之间的协调。同级部门的协调往往是处理某个问题，涉及几个相关部门的管理权限时，由秘书部门代表本单位向相关部门说明情况，沟通信息，征求意见和交换看法。认识基本一致后，一起会商，制定出大家认同的方案，相关部门联名向上行文请示或向下行文决议，充分运用各部门的管理职权协调统一地解决问题。其次是指秘书部门与本单位各职能管理部门之间的关系协调。

> **小提醒**
>
> **秘书部门与各职能管理部门协调时的注意事项**
>
> （1）秘书部门在办文、办会以及办理其他事务的过程中，要与各职能部门加强沟通，充分尊重各职能部门的意见和职权。
>
> （2）在各职能部门之间发生事权交叉或冲突时，秘书部门要发挥综合部门的职能作用，促进各相关方面的沟通，促进理解与合作，在局部服从整体、维护全面利益的原则指导下，制定出各方面都可以接受的方案，协商解决问题。

4. 群众关系的协调

秘书的工作性质决定了秘书要与各方面的群众打交道，协调好群众与群众的关系、群众与单位的关系，使群众之间关系融洽，使群众有向心力、凝聚力和归属感，这就是群众关系协调的方向和目标。

> **小提醒**
>
> **秘书在处理群众关系时的注意事项**
>
> （1）要热情接待群众，认真倾听群众的意见，重要事情及时向领导反映。
> （2）要在力所能及的情况下，耐心帮助群众解决实际困难和问题。
> （3）对群众中存在的一些一时难以解决的矛盾，一方面要缓解矛盾，另一方面要请示领导，创造条件逐步解决。
> （4）在制定规章制度时，要全面考虑群众利益，以免在群众中造成矛盾和纠纷。由于政策的原因，致使群众的利益受到损害时，要及时向领导反馈，并提出修改意见。
> （5）在领导和群众之间发生矛盾时，要站在公正的立场，积极化解矛盾。
> （6）在群众关系的协调中，不能以势压人，要以理服人。

5. 领导之间关系的协调

秘书是领导的近身助手，熟悉领导班子成员的性格，了解领导之间的关系，有利于秘书协调领导之间的关系，维护领导班子的和谐工作状态。如果领导之间出现了矛盾，秘书一般宜采取不介入的态度。

微型案例

"打抱不平"的孙秘书

孙秘书进入总经理办公室时,总经理和副总经理正在激烈争论,孙秘书听了一会儿后,当场附和了副总经理的意见,引起了总经理的不悦。

请问:如果你是孙秘书,你会怎么做?

小提醒

秘书协调领导间关系时的注意事项

（1）对领导不分远近,不论是主管领导还是非主管领导,都要做好服务工作。
（2）请示工作时,一定要按照领导的分工对口请示,不要多头请示,更不要越级请示。
（3）不参与领导成员之间的个人矛盾。
（4）参加领导班子办公会议时,要认真做好会议记录,并将会议记录送缺席的领导成员阅知,避免产生因信息不对称而出现的误会。
（5）当领导成员之间发生争执时,如果秘书在场,则最好赶快离开。

6. 秘书与领导之间关系的协调

领导是秘书公务服务的主要对象,正确有效地协调与领导的关系,建立起和谐、默契、相互信任的上下级关系,有利于秘书各项工作的顺利开展。

小提醒

秘书协调与领导之间关系的注意事项

（1）秘书要服从领导,认真领会领导意图,圆满完成领导交办的各项工作。
（2）尊重体谅领导,虚心接受领导批评,受到误解不在人前辩驳,如有必要,可找合适的机会私下解释。
（3）维护领导的威信,不在背后议论领导,给领导提意见和建议一定要注意场合与时机。
（4）领导工作中出现失误,秘书要积极采取弥补措施,消除影响。
（5）善于总结领导的活动规律,在工作上与领导步调一致,为领导提供高效率的服务。
（6）加强与领导思想上的沟通和交流,建立起秘书与领导的相互信任的和谐关系。
（7）不假借领导的名义以权谋私,损害领导的声誉。
（8）加强自身修养,树立服务意识,提高工作能力,当好领导的参谋和助手。

秘书与领导关系协调的基本原则可以归纳为以下四点。

（1）服从领导，保持一致。秘书与领导相处的首要原则就是尊重和服从领导，既不能代替领导，擅自做主，更不能越位越权。要同领导保持思想一致、工作步调一致。

（2）维护领导，忠诚工作。秘书必须自觉维护领导集体所代表的根本利益，忠于职守，精心服务，埋头苦干，任劳任怨，不计名利，通过自身的工作来维护领导所代表的组织的信誉。

（3）拾遗补漏，当好参谋。秘书对领导既要服务、服从，又要帮助、提醒，要敢于和善于为领导出主意、提建议。领导在工作中出现失误和疏漏时，秘书要从对工作负责的角度出发，拾遗补漏，帮助领导，提醒领导。

（4）顾全大局，维护团结。秘书是为领导集体服务，不是只为某一位领导服务，因此要协调处理好与领导集体中每位成员的关系，自觉维护领导集体的团结和威信，提高整体工作效率。

第三节　协调的步骤、方法与技巧

秘书在做协调工作时，要遵循协调的规律，按照一定的步骤与方法协调，才能够提高协调的效率，达到协调目标。

一、协调的步骤

秘书的协调工作有两种情况。一种是"计划性协调"，指由领导指派或授意的协调，政策协调和事务协调一般属于此类协调。另一种是由秘书自己决定进行的协调，即"随机性协调"，人际关系协调大多属于此类。人际关系协调只能由秘书凭经验和诚意进行，计划性协调则有一定的步骤。一般而言，协调过程可以分为"三步走"：找准问题、拟订方案和实施协调。

（一）找准问题

这是协调工作的开始，强调一要找、二要准。一要找，即秘书人员要主动深入实际，深入群众，通过调查，发现需要协调解决的矛盾。二要准，即先找准那些必须通过协调才能解决的问题，找出问题的关键在哪里，矛盾的焦点在哪里。也就是通常所说的，在众多矛盾中找出主要矛盾，在主要矛盾中找出矛盾的主要方面，然后报请领导同意，请领导直接出面协调，或受领导之托去行使协调之责。

（二）拟订方案

一般而言，方案的拟订，可以分为两个阶段。首先是方案的初拟阶段。在这个阶段，秘书可以提出较多的可行方案。其次是方案的精心设计阶段。在这个阶段，秘书要权衡利弊，挑选出3~5个较为可行的方案，呈报领导审批。

秘书提出的协调方案要切实可行，包括协调的时间、地点、参与人员、拟采用的协调工作方法及所要达到的目的，陈述其利弊，请领导定夺。正确的工作方案可以避免走弯路，但工作方案很难做到尽善尽美，还需要在协调工作实施过程中不断地修正。

（三）实施协调

实施协调方案既要有原则性，又要有灵活性，瞄准协调目标，随机应变。但对协调过程中出现的新情况、新问题要及时向领导反映汇报,以便得到领导的支持。秘书对每个步骤都要加以督促,并随时向双方通报情况,务求最终落实。

落实之后并非一劳永逸,可能会出现变卦、反复的情况,秘书仍应该听取双方的反馈意见,经常关心、检查结果,予以巩固。如果发生新的矛盾,秘书就应该进行下一轮的协调。在解决矛盾、处理问题的协调工作中,要有意识地从正、反两方面总结经验教训。对现实工作具有普遍意义或指导作用的,可以用编发简报的形式加以宣传。对具有特别重大意义的,还可以写成专题总结报告,加以推广。同时,要在总结经验的过程中,力求在各类平凡的、看似寻常而反复出现的日常协调工作中,发现规律性的东西,以便逐步实现协调工作的程序化、规范化与科学化。这样,就可以减少类似矛盾的再度发生,使协调工作出现新局面,推动整体工作的正常运转。

二、协调的方式

秘书要根据实际情况,具体地选择妥当的方式进行协调。最基本的协调方式有五种。

1. 个别协调

个别协调即单独与有矛盾的各方进行交谈,了解情况,做沟通工作,从而达到解决矛盾的协调方式。个别协调在所有的协调方式中,使用最为频繁。

一般而言,对于人际关系的矛盾,矛盾比较尖锐、复杂或矛盾涉及的方面比较多,往往宜采用个别协调的方式解决。

与此同时,个别协调往往是其他协调方式的前奏。协调者通过分别做矛盾各方的思想工作,对一些问题的认识基本达成一致意见后,再通过会议、文件等方式进行协调,最终解决矛盾。

2. 信息协调

因隔阂、误解而引起的矛盾,秘书应该以分别或同时向双方沟通信息为主要协调方式。当然应该注意有利于团结的话多讲,不利于团结的话少讲或不讲。为了解决矛盾,秘书暂时隐瞒一些不利于团结的细节也是必要的,日后自会取得对方的谅解。

3. 会议协调

在摸清情况、沟通双方有了解决矛盾的初步方案之后,秘书可以建议召开协调性会议,让相关方坐在一起,把问题和矛盾摆到桌面上来。会议可以由中间方主持,双方各抒己见,由中间方协调达成协议。

4. 计划协调

同一系统、同一单位的内部协调,可以将前次协调的经验或结果补充到本次修订的计划中。协调时应该充分考虑各方面的意见,照顾各方的困难,尽量满足总体目标和各方的利益要求,并且应该留有充分的余地,以便在执行过程中能再做适当的调整。

5. 文件协调

较重大、长远的协调,其结果可以用正式文件形式(如会议纪要、规章制度、通知、协议书等)下达,要求各方遵照执行。

三、协调的方法

（一）实施上下关系协调时常用的方法

1. 信息沟通法

现实生活中的很多矛盾是由于不了解情况,凭主观臆测,加上偏听偏信造成的。医治此症的良药,就是要沟通信息。将有关部门、单位和人员召集起来,如实介绍情况,才能解除误会,消除隔阂。

2. 政策对照法

对同一项工作,有的部门认为该办,有的部门认为不该办、不能办,往往众说纷纭,各持己见。在这种情况下,就要对照相关的方针、政策、法规,用政策统一思想,达成共识。

3. 宣传教育法

秘书应该掌握与协调对象、协调问题有关的政策、方针、法律、法规,以平等的态度,诚挚的语气,委婉、谦和的方式分别或同时向协调对象讲解、宣传,以便提高双方的认识并改变态度,达到在大方向、大原则下的逐步接近,最终统一到大目标中来。

4. 文字协调法

这是经常采用的协调方法,例如,通过拟订工作计划、活动部署、订立制度、集体审订文稿等形式统一认识,协调行动,使组织内部上下各相关方面的工作协调运转。用征求文稿意见、会签文件、会议备忘录、会谈协商纪要等形式,协调组织与外部各方面的关系。这种形式具有规范性、稳定性,是较长时间内保持协调关系的依据。

5. 求同存异法

秘书在听取、了解双方的意见、要求时,应该尽可能发现或寻找双方的共同点或接近点,这一点常常可能是打开僵局的关键。有了共同点或接近点,就有了共同的语言,有了讨论的基础。秘书应该引导、劝说双方以共同点作为突破口,重视并珍惜即使是小小的共同点,尤其是可能达成的初步协议。其他不同意见可以各自保留,不必企求一下子解决,留待以后时机、条件成熟时再进一步协商。

6. 中介法

如果双方矛盾较深,而秘书对双方都不熟悉,沟通对象又对秘书采取拒之门外或敷衍的态度,那么秘书应该寻找与双方都能沟通的第三方的帮助,请第三方出面、介绍、引荐,打开进一步协调的大门。

7. 冷处理法

当双方矛盾较深或正值冲突剧烈时,秘书不要急于求成,可以让双方终止会谈,各自冷静下来进行反思,待彼此比较理性时,再进行协调往往会起到事半功倍的效果。

8. 避虚就实法

当双方为了一些面子、提议或礼节等非实质性的问题而争执不下时,秘书应该引导或劝说双方避虚就实、增强理性、注重务实,以彼此的实际利益、根本利益、长远利益为重,多讨论和解决实际问题。

9. 先易后难法

当双方之间矛盾多而复杂时,秘书不应该企求马上解决或完全解决问题,而应该分析矛盾的主次、轻重、缓急，分析各种有利和不利的条件，尽可能采取先易后难的解决方法。先解决一两个容易解决的问题，让双方产生信心。俗话说，万事开头难，良好的开端是成功的一半，第一步迈开了，走对了，以后的路也就会容易得多。

10. 步步为营法

秘书协调、解决繁难复杂的问题，应该采取"稳扎稳打、步步为营"的策略，既不要企求全线出击、大获全胜，也不要幻想长驱直入、直捣黄龙。在先易后难的基础上，步步为营，即解决一个问题，就落实一个，巩固一个。前一个巩固下来，再谋求解决下一个。这样耐心地、扎实地去一个一个解决，一步一步前进，直到最后的完全解决。

11. 场景变换法

场景常常对人的心理、态度产生影响。讨论可以在会议室，显得正式、隆重，但也会令人感到拘束。如果换到会客室、餐厅或娱乐场所，就会有亲切、轻松之感。当然，场景的变换应该与讨论的内容、气氛相适应。

（二）对下关系协调时常用的方法

对下关系协调必须严守本分，不擅权越位。这是因为秘书部门是领导层的辅助机构，处理、协调问题的时候，只能依据领导的决定、决议和批示的精神办，而不能代替领导拍板。秘书虽然辅助领导研究各种问题，但只有参谋权，无表决权。秘书部门提出解决问题的预案，只有经过领导的研究形成决定后，才能生效。总而言之，一定要在领导授权的范围内行事，多请示，多报告，不自作主张。不能打着领导的旗号，越俎代庖，更不能利欲熏心，以权谋私。对下关系协调，除了上下关系协调时常用的方法以外，还有六种常用的协调方法。

1. 面商协调法

面商协调法是指协调者面对面地，采取商量的语气与被协调者沟通，以达到解决问题的目的。对不涉及多方，或者虽涉及多方但不宜或不必以会议方式协调的问题，可以用面商的形式。面商方式比较灵活，可以是代表组织意见的正式谈话，也可以是个人之间的谈心和交流。可以根据不同的需要灵活处理。

2. 商榷式协调法

商榷式协调法是指协调者以平等的身份、商量的态度、探讨的口气发表自己的意见，征求对方的看法，共同寻求解决问题的最佳办法，达到协调的目的。在重大事务未决策前，上下级之间、平行级之间、部门之间，为达成某种协议共同磋商，可以采用商榷式协调法。

3. 建议式协调法

建议式协调法是指协调者以平等的身份、建议的态度、谦逊的语言，将自己的意见转告给对方，提请对方选择采用，以达到协调的目的。而不是要求对方去做什么，更不是指示别人做什么和怎么做。平行关系、无隶属关系的单位之间及上级机关某部门与下级单位之间，可以采用建议式协调法。这种协调不具有强制性和约束力，但具有一定的影响力，有助于问题的解决。

4. 理论灌输法

协调工作不能以势压人，要以理服人，晓之以理，动之以情。通过向群众讲解与问题相关的理论，才有可能统一群众的思想和行动。

5. 权威利用法

权威利用法是当有关各方固执己见、互不让步，进而可能影响领导层决定事项的贯彻落实时,不得已而采取的方法。通过具有权威的领导出面干预,或由领导集体表态,而达到统一思想和步调一致的强制性方法。

6. 感情激励法

协调方法很多,以攻心之法为上。最能感动人心的,莫过于一片人间真情和一颗赤诚之心,晓之以理,还要加上动之以情。人是有感情的,一番肺腑之言或困境中的一次鼎力相助,就能起到联络感情、化解矛盾的作用。人与人之间如此,部门之间、单位之间也是如此。

四、协调工作的技巧

协调工作中的"明"与"暗""冷"与"热""硬"与"软"的六字口诀是许多有经验的协调者总结出来的很有效的协调技巧。

(一)"明"协调和"暗"协调

"明"协调和"暗"协调,主要是协调场合的选择不同。"明"协调就是利用各种会议形式和其他公开场合进行协商对话,把问题摆到桌面上来,当面协商解决。"明"协调的特点是"当面锣,对面鼓",把话说在明处,有利于沟通信息,消除误会,密切关系;有利于集思广益,求谋问策,齐心协力。"暗"协调是利用非正式场合进行协调。对矛盾比较尖锐复杂,不宜公开协调的问题,秘书应该采取"暗"协调的方式,暗中周旋,待条件成熟时再转入"明"协调。"暗"协调的特点是被协调各方背靠背,互不见面,靠秘书在中间穿针引线,传递信息,疏通关系,化解矛盾,最终促使矛盾各方"弃暗投明",握手言欢,和衷共济。这是"暗"协调特有的作用。在协调工作中,"明"和"暗"两种办法,也是互相联系,配合使用的。"暗"协调是"明"协调的准备,"明"协调是"暗"协调的结果。有时当"明"协调遇到障碍时,可以暂时转入"暗"协调,待条件成熟时再转入"明"协调。

> **小提醒**
>
> **"明"协调的注意事项**
>
> (1) 做好协调前的准备。做好协调计划,例如,是否成立协调小组,需要哪些单位、哪些人参加,协调的内容和目标是什么,在协调方案中均应该写明。对协调问题要进行分析研究,弄清矛盾的焦点,先个别征求意见,如果各方面意见分歧较大,就不要匆忙开会。
>
> (2) 搞好协调中的组织。在正式开会拍板定案时,建议领导要让各方面充分发表意见,畅所欲言,在大家意见基本统一时,再作出决定,并写成会议纪要,以便共同遵守。
>
> (3) 抓好协调后的落实。要进行跟踪检查,看各方是否按照会议纪要处理。对在执行过程中发生的新问题,要及时协调解决,直到完全落实。

(二)"冷"协调和"热"协调

"冷"协调和"热"协调,都是选择协调时机的问题。"冷"协调,指运用"冷"处理的办法解决矛盾。这种方法同样适用于人际关系的协调。"冷"协调的特点是避其锋芒,以柔克刚,"后发制人",达到协调目的。在矛盾双方比较冲动或冲突非常剧烈的情况下,要等冲突方情绪稳定,头脑冷静,恢复心理平衡之后,再出面协调,这时往往能打破僵局,协调成功。秘书在运用"冷"协调时,要学会控制自己的情绪,保持自身的心理协调,否则硬碰硬,谁也说服不了。"热"协调,指的是协调者在看到矛盾各方的态度有所转变,或协调时机非常适当的时候,一鼓作气,解决问题。用"热加工"的方法解决矛盾,达到协调目的。这种方法适用于人际关系协调。"热"协调的特点是掌握"火候",趁热打铁,一举成功。

在实践中究竟选择哪种方法,应当因人、因事、因时而异,不能照搬乱套。正所谓"冷冻""热炒"灵活用,"识时务者为俊杰"。

(三)"硬"协调和"软"协调

"硬"协调和"软"协调,都是协调手段问题。"硬"协调就是指运用行政规章制度,规范和约束各方的行为,使之步调一致,行动统一。其显著特点是具有强制性和约束力。"软"协调则指运用道德舆论的力量、思想工作的威力和协商处理的方法,说服各方顾全大局,发扬风格,团结互助,步调一致。"软"协调的特点是思想领先,启发自觉,也可以说是一种思想工作。

在协调工作中,这两种手段往往配合使用。"软"协调是"硬"协调的基础,"硬"协调是"软"协调的保障,二者相辅相成。

秘书在进行"硬"协调时,首先,必须"吃透两头",对上级的方针政策、法令条例和规章制度做到"烂熟于心",对下面的不协调因素和症结做到"了如指掌"。其次,必须坚持原则,一碗水端平,严格按照有关政策法规办事,不能感情用事、有亲有疏,以便维护政策法规的严肃性。最后,要"拾遗补漏",善于从重复出现的不协调问题中发现机构设置、职责分工、政策法规方面的弊端,适时向领导提出建议,改革不合理的机构,建立岗位责任制,修订和完善政策法规,堵塞各种漏洞,防止有人"钻空子"。

此外,秘书在运用"硬"协调时要特别注意:"硬"是指政策法规本身具有的强制性和权威性,绝不意味着秘书在协调时可以态度生硬、以势压人。

在实际工作中,有些问题比较复杂,仅仅用"硬"协调往往行不通。秘书在处理这类问题时就必须坚持思想优先,加强协调工作中的思想性。要建议领导大张旗鼓地宣传集体主义思想,强调树立整体观念,发扬协作精神,旗帜鲜明地批判极端个人主义、小团体主义等不良思想倾向,在单位内部造成良好的舆论环境。否则,协调工作就会处于被动状态。

五、协调过程中的注意事项

(一)协调过程中的情绪控制

在协调过程中碰到难以协调的事情或遇上难以合作的对象时,作为代表领导进行协调的秘书,必须为自身和领导树立良好的形象。在人际交往中,素质不同、情况不同,就会产生语言、态度上的差异。若遇到对方出言不逊、态度蛮横等行为,一旦协调者不够冷静,就很难达到协调目的,甚至会激化矛盾。无论遇到什么情况,秘书都必须冷静、沉着,不发怒,不动火,更不能甩手就走,要胸襟宽阔,善于把握自己的情绪,才能做好协调工作。

(二)协调过程中的语言运用

语言是人类敞开心扉的交流形式,是人类情感交际的抒发模式。妥当地运用语言这门艺术去做好沟通协调工作却是一种深内涵、高层次的学问。

语言运用得好,可以准确、完整地传达信息,尽量减少信息的失真或截留,那就有利于上下沟通和感情交流,有利于互相协调和团结合作,使工作能够顺利地展开,使管理水平和管理质量合乎既定的要求。

协调就是要消除纠纷,化解矛盾。而纠纷、矛盾、隔阂、分歧和冲突,往往易造成人际关系的紧张或不和谐的气氛。碰到难以协调的问题或遇上难以合作的对象时,作为代表领导机关进行协调的秘书,必须为领导和自身树立良好的形象。以情动人,如果有人在陈述某种意见时,用诚挚而令人感动的语气对你说出来,你的心就很容易被征服,而且不容易产生相反的意见。因此,说服别人的时候,有时激起对方的感情比激起对方的理性思考更为有效。

比如,委婉式批评一般都采用旁敲侧击的方法,声东击西,让被批评者有一个思考余地。其特点是含蓄蕴藉,不伤对方的自尊心。幽默的语言能缓和矛盾。幽默式批评就是在批评过程中,使用富有哲理的故事、双关语、形象的比喻等,缓解批评时的紧张情绪,启发对方的思考,增进相互间的感情交流,使批评不但达到教育对方的目的,同时也能创造一个轻松愉快的气氛。幽默式批评,在于启发、调动下属的积极思考,它以不太刺激的方式点到对方的要害之处,含而不露,令人体味无穷。

(三)协调过程中的换位思考

在实际工作中,由于协调各方所处的位置不同,看问题的角度也不一样,所以可能会产生较大分歧。在这种情况下,协调者不要简单地重申或强调自己的看法和意见。要理解对方,想办法使自己和有关方面人员都平静下来。试着将自己置于对方的位置,以对方的处境、情感及观点来考虑和解释共同的问题,以期求大同、存小异。

(四)协调过程中的时机把握

在协调工作中,时机把握得好,可以事半功倍。时机把握得不好,寸步难行。当协调对象精神愉快时,工作间歇时,心情平静时,恰逢喜事时,容易接受别人的意见或建议。当矛盾显现时,条件成熟时,是非分明时,上级政策、方针明确时,协调易于取得成功。各相关方面意识到需要协调时,感到共同利益、共同目标的实现必须协调时,协调能很快取得成效。这就需要秘书能敏锐地捕捉信息,要有观察问题、发现问题的能力,要善于发现偶然线索,抓住有利时机和条件,并加以利用,进行协调。

(五)协调过程中的大局意识

秘书必须有全局观念。全局或大局,是指事物的整体。局部服从整体,就是指协调处理全局与局部关系时,必须照顾全局。任何时候都必须做到职能部门的利益服从全单位的利益,全单位利益服从本地区的利益,本地区的利益服从全国利益。同时,在此基础上,应当尽可能地满足局部、属下的权益与合理要求。秘书在协调中如果不讲大局,就失去了协调的依据和方向。在实际工作中,许多部门、单位往往容易站在自身的立场上维护本部门、本单位的利益。因此,秘书在代表领导做协调沟通的工作中,要积极引导部门在工作目标、思想观念和实际步骤上达成共识,把本部门的利益、工作目标与全局的利益、目标结合起来,各部门之间互相协调和适应,不搞自我封闭,摒弃"各人自扫门前雪,休管他人瓦上霜"的自私狭隘心理,为全局的工作做出贡献。同时,身处协调岗位的秘书,也应该设身处地地为部门考虑,做好适当的利益平衡,方能稳定大局。

本章小结

沟通与协调工作是秘书的主要职能之一。本章首先介绍了沟通的概念、原则、方法和影响沟通的障碍因素。然后对协调工作的含义、作用等进行了概要的介绍,最后提出了协调工作的步骤、方式方法、工作技巧,以及协调过程中应该注意的事项。本章的知识结构如下图所示。

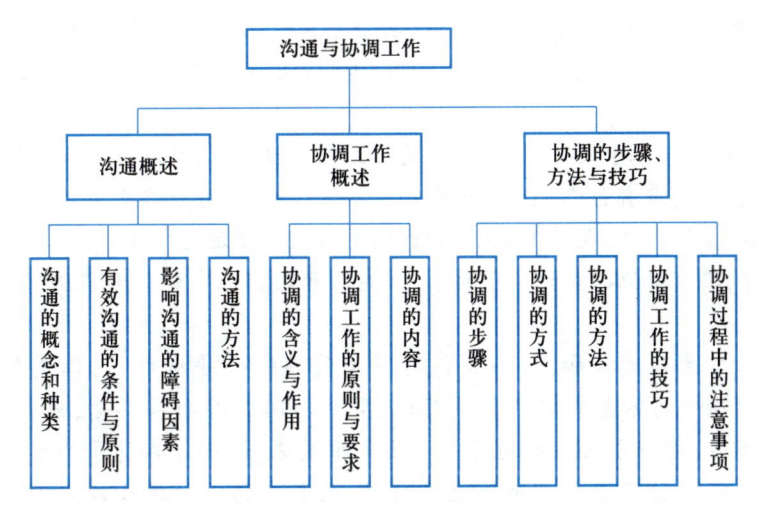

```
                        沟通与协调工作
         ┌──────────────────┼──────────────────┐
      沟通概述          协调工作概述       协调的步骤、方法与技巧
    ┌────┼────┬────┐   ┌────┼────┐    ┌────┬────┬────┬────┐
   沟通  有效  影响  沟通  协调  协调  协调  协调  协调  协调  协调
   的    沟通  沟通  的    的    工作  的    的    的    的    工作  过程
   概念  的    的    方法  含义  的    内容  步骤  方式  方法  的    中的
   和    条件  障碍        与    原则                          技巧  注意
   种类  与    因素        作用  与                                  事项
         原则              要求
```

案例分析

案例一

不会说话的打包机

李明是宏达公司产品包装车间的主任助理,马丽是车间里贴标签的工人。马丽刚犯了一个严重错误,包装流水线上的产品换了,却没有换上相应的标签,李明找马丽谈话。

李明:"你怎么可以让这种事发生?我早就跟你说过了,而且要你特别当心。"

马丽:"当时我以为换流水线上的产品,我会从打包者那里得到这个信息,可他什么也没对我说。"

李明:"这不是我当时的意思,我说'打包者',指的是打包机,当产品换线时,它的红灯就亮了。"

马丽:"我想我大概误解了你的意思。不管怎么说,那天你跟我说这件事时,我为母亲急得要命,她正在医院里动手术,我真没想到,标签贴错了会惹下那么大的麻烦。"

思考题:
(1) 李明传递信息时的错误有哪些?
(2) 马丽接受信息时的错误有哪些?
(3) 什么样的沟通方式更适合本次事项的沟通?

111

案例二

善于沟通的秘书吴伟

吴伟刚到宏达公司担任副总经理李志新的秘书,工作就比较出色,深得领导的赏识,许多的重要活动都由他组织,可谓对他委以重任。这就招来了一些人的嫉妒,尤其是单位的另一个秘书王红,她比吴伟早进单位,但是工作表现不出色,没有得到领导的重用。于是秘书王红就到处说吴伟的坏话,说他骄傲、轻狂,不把别的人放在眼里,甚至不把领导放在眼里,这些话传到了领导那里,领导信以为真,对吴伟渐渐疏远,有点儿把他晾在一边的味道。

秘书吴伟真是有一肚子的苦水,但是他没有立即表现出来,更没有逢人就替自己开脱。他一方面进行自我检讨,看看自己是不是确有做得不好的地方,另一方面对同事采取积极接近的态度,对待说他坏话的王红,也并不是冷眼相向,反而主动帮她完成任务,但是不把功劳放在自己的身上。这样,单位对他的舆论好了起来,一些人开始替他在领导面前讲好话,秘书王红也不再说什么了。

领导对他的态度有所缓和,秘书吴伟觉得是时候向领导申诉了,但是具体的时机呢?吴伟的领导喜欢在午间休息的时候打乒乓球,吴伟就陪领导打乒乓球,他一方面显示出自己打乒乓球的实力,另一方面又恰到好处地让领导赢球,让领导在竞争的感觉中赢球,领导很高兴,说:"吴伟,球技不错呀。"吴伟说:"哪里,还是李总您的球技好,是不是以前学过?"领导笑着说:"我可是全靠自学的,没事打着玩儿。"吴伟就说:"是吗?我看您都是专业水准了,我都拿出自己的看家本领了。"领导说:"是呀,吴伟,你打球还是比较厉害的。"秘书吴伟乘机就说:"我这个人就是实在,打球的时候我就想着好好打球,所以有的人说我打球的时候不给人留情面,说我工作的时候也这样,其实和打球一样,我没有想别的,就是想把事情做好。不过,我以后一定要注意,因为不是每个人都像领导一样了解我。"领导听完秘书的一席话,哈哈大笑:"这些话我也听到过,我当时就告诉他们,年轻人嘛,有干劲是好的,好好做工作,别管别人怎么想。我就喜欢你这样的实在劲儿。你不知道,公司好多人打球总是让着我,没劲,让我的球技总得不到提高。"从那以后,领导总喜欢叫上秘书吴伟一起打球。

思考题: 你认为吴伟与领导的沟通有哪些地方值得学习?

实践训练

训练一

1. **实训目标**

本次实践课的目的是帮助学生了解秘书在协调领导关系时应该发挥的作用,因此必须让学生通过切身的体会去理解在日常的工作中如何与领导相处,同时注意自己的言行所产生的影响。

2. **实训内容**

请根据下面的背景材料,将情节补充完整,分角色演练。

某公司会议室正在召开经理办公会,参加人员有孙总经理、赵副总经理、张副总经理、办公室李主任,秘书小李负责做会议记录。因为对人事安排上的分歧,赵副总经理与张副总经理当场吵了起来,秘书小李听了一会儿,附和了赵副总经理几句,孙总经理勃然大怒,这时办公室李主任站了起来……

3. 实训要求

(1) 每组的五人分别扮演场景中的五个角色,按完整的情节进行表演。

(2) 表演后,由各组同学推荐一人在班级发言,阐述情景设计的理由。

(3) 教师做最后的总结。

训练二

1. 实训目标

对于此训练的参与者而言,既是倾听与记忆者,同时又是复述转达者。当纷乱复杂的信息一次性地告诉聆听者时,重要的是善于删繁就简,掌握要点,并且准确地领会与复述。训练的目的是使学生能够提高沟通能力,准确地领会领导意图的能力、倾听能力、记忆能力及复述能力。

2. 实训内容

> 首先,按小组排成一列,教师扮演上司,在排头第一位的学生耳边轻声口述,或让第一位学生看纸条上的内容,口述指示时用正常讲话方式一口气讲完,中间没有停顿,也没有提示性的"第几点"之说,意思连贯可以啰唆,但不能重复,要求秘书清楚记忆并领会。口述或看纸条及记忆的时间限定为2分钟。

⬇

> 其次,第一位学生转过脸对另一边的第二位学生耳语,将上司口述指示传达下去,传达者的声音仅限于被传达者耳朵,被传达者如果未听清则可以轻声提问,但不能让自己的声音被其他人听见,限时2分钟,然后依此类推。

⬇

> 最后,在20分钟时,准时停止游戏进程,看该组传达指示到第几位,并且请这个人大声讲出其所接受的指示。如果有错误,就寻找其之前的传达者,看问题究竟出在谁身上,由什么原因所造成,并且象征性地进行惩罚。

3. 实训要求

(1) 训练前,教师编写好任务内容,并将口述内容写在纸上。教师布置的任务要完整,例如,"今天上午10点20分,多维克电子有限公司销售部经理要来向我公司推销其生产的最新款手机,你与办公室联系一下二楼的10人会议厅,并通知采购部冯经理及后勤部刘经理参加。"

(2)表演后,由各组同学推荐一人在班级发言,小结出错的原因。
(3)教师做最后的总结。

课后练习

1. 沟通的含义与意义是什么?
2. 影响沟通的障碍因素有哪些?
3. 有效沟通的三个基本条件是什么?
4. 协调的步骤是什么?
5. 协调工作中的注意事项有哪些?
6. 如何进行群众关系的协调?

第五章

会议组织与服务

学习提示

（一）学习目标

1. 知识目标
   - ✓ 了解会议的作用与要素

2. 能力目标
   - ✓ 掌握会议前期的准备工作
   - ✓ 掌握会议期间的服务工作
   - ✓ 熟悉会议结束的善后工作

3. 素养目标
   - ✓ 追求完美，不断进取
   - ✓ 审美高雅，仪态大方
   - ✓ 遵纪守法，节约办会
   - ✓ 周到服务，耐心细致

第五章素养目标解读

（二）学习重点
- ✓ 会议的前期准备工作
- ✓ 会议进行中的服务工作

（三）学习难点
- ✓ 会议开始前的准备工作
- ✓ 妥善处理会议进行中的突发情况

> **引导案例**

一片混乱的颁奖仪式

1月27日下午1点,宏达公司在公司大礼堂召开年度总结表彰大会。下午2点30分,颁奖仪式正在进行。盛装的礼仪小姐在热烈的乐曲声中依次出场,手捧证书交给在主席台的领导同志准备颁奖。不知是太紧张还是太疏忽,有一位礼仪小姐竟然没有紧跟上,把应交给前面的一位领导的证书,递给了下一个位置的领导。而排在队伍末尾的礼仪小姐却为送不出证书而惊慌失措,逃回后台。手上没有证书的领导左顾右盼,未见礼仪小姐再送证书,此时上台领奖的人又已登台。由于少了一个证书,领奖的人上台后,发觉没人给自己颁奖,只好尴尬地跑下台。而由于原定的颁奖顺序被打乱,一时间,你问我,我问他,你跟我换位置,他跟我换证书,主席台上一片混乱,表彰会应有的庄严、隆重、热烈的气氛大受影响。负责会议现场协调的总经理秘书孙婷呆住了。

问题:
1. 如果你是会务人员,应如何避免礼仪小姐出现这样的错误?
2. 面对会议现场出现的问题,总经理秘书孙婷应如何灵活处理?

第一节 会议概述

在社会生活中,各类会议活动更是随处可见,已经成为一种经常性的社会活动形式。无论是各种国际组织、国家机关,还是企事业单位,无论是国家之间建立外交关系、达成协议,还是组织内部开展政务、经济事务、文化教育及其他活动,都要通过召开会议来达到或集思广益、有效沟通,或传达信息、资源共享,或表彰先进、树立典范,或解决问题、推广经验等目的。

一、会议的含义

从字面意思看,"会议"一词中的"会"有聚集、见面、会合等意思,"议"是商议、讨论的意思。"会议"乃"会"而"议之","会"而"不议"则非会议。《韦氏新大学词典》关于"会议"的解释是:会议乃一种会晤的行为或过程,是为了一个共同目的的集会。《现代汉语词典》(修订本)对"会议"的释义是:会议是有组织、有领导地商议事情的集会。一些无领导、无组织、无目的的聚合议论、闲聊,则不能称为会议。

可见,会议是一种围绕特定目标进行的、以口头发言或书面交流为主要方式的、有组织有计划的商议活动。会议有广义和狭义之分:狭义的会议是指至少有三人参加的集体性商议活动,即传统的会议;广义的会议还包括两人或双方之间的会见与会谈以及各种仪式。形成会议的主要条件是:有明确的指导思想、预期目标、具体议题;有明确的时间、地点;有主持人和参加人员。

二、会议的作用

会议是人类在社会活动中形成的一种互动方式。随着社会不断发展和信息流量的迅速增加,会议这种形式所起到的作用越来越受到人们的重视。

1. 集思广益、科学决策的作用

组织基本上都会通过会议的形式对一些重大问题进行决策,经过深入的分析研究,群策群力,最后得出结论性的意见,这样就体现了会议的决策作用。

2. 发扬民主、动员群众、宣传教育的作用

会议可以说是领导机关和各级领导密切联系群众的纽带。会议经过对领导决策的讨论、领会,将领导意图转化为群众的思想和行动,起到了动员群众、组织群众的作用。也有一些会议旨在思想教育、鼓舞斗志或者介绍经验,传授知识和技能,达到某种宣传和教育的目的。例如,先进分子典型事迹报告、先进集体和先进个人的表彰、重大历史事件的通报、形势报告和情况传达等,都可以采用会议的形式,起到宣传典型人物、教育广大干部群众的作用。

3. 传达信息、资源共享、学习交流、开拓思路的作用

各级组织均担负着上情下达、下情上报的任务,需要召开各种会议,尽快地将信息上传下达。可以说会议是信息的"聚集地",也是信息的"发散地"。各类经验交流会、汇报会、电话会、座谈会、调查会,通过汇报、交流、学习、讨论,可以达到沟通信息、交流情况、统一思想、协调工作的目的,使上下左右各方能够互相理解与支持。

4. 协调矛盾、统一思想、促进生产、推动工作的作用

会前,人们往往会对某些问题的看法存在一些差异。在会议上,大家可以围绕一个共同的目标讨论、研究和论证,求同存异,最终达成共识,形成合力,从而起到推动工作的作用。

5. 国际交流、跨文化的沟通作用

随着全球化进程的加快,国际交往日益频繁,越来越多的会议发挥着国际交流和跨文化沟通的作用。

三、会议活动的基本要素

会议活动的基本要素主要包括会议人员、会议名称、会议议题、会议时间、会议地点、会议方式、会议结果。

1. 会议人员

会议人员是指参与会议整个过程的人员,可以具体分为会议主体、会议客体以及其他与会议有关的人员。

(1) 会议主体。指主要策划、组织会议的人员,包括主办者、承办者、支持单位、赞助单位、协办单位等。

实用范例

首届中国国际进口博览会的组织单位

2018年11月5日至10日,首届中国国际进口博览会在上海国家会展中心举行。会议的组织单位如下。

> 主办单位：中华人民共和国商务部、上海市人民政府。
> 合作单位：世界贸易组织、联合国贸易和发展会议、联合国工业发展组织等国际组织。
> 承办单位：中国国际进口博览局、国家会展中心(上海)有限责任公司。
> 特装施工服务商：上海灵硕会展服务有限公司等。

(2) 会议客体。即参加会议的对象，包括正式成员、列席成员、特邀成员、旁听成员。与会者的数量是决定会议规模的主要因素，一般而言，与会者的人数越多，会议的规模也就越大。

为了提高会议的效果，邀请与会者时，应该考虑以下要素。

第一，能够提供信息、提出意见、作出决定，直接有助于会议达到预期效果的人。

第二，对于一些重要的会议，与会者必须具有合法的身份和资格。比如，人民代表大会的与会者必须是依法选举产生的人民代表。公司的董事会或股东大会的与会者必须是按照公司章程正式确定的董事或股东。研讨会的与会者必须是对研讨的课题有深厚的专业知识背景，能够提出见解或解决方案的专家和有实际经验者。

(3) 其他与会议有关的人员。主要包括主持人、会议秘书和会议服务人员等。主持人往往可以被看作会议的召集人、组织者或引导者。对于一般的小型会议，主持人也可以是召集人。而对于一些大型的会议，主持人就有可能会充当更多的角色，既是会议的组织者，也是会议的引导者。主持人对会议的正常开展和取得预期效果起着领导和保证作用。

2. 会议名称

会议的名称要求能概括并能显示会议的内容、性质、参加对象、主办单位，以及会议的时间、届次、地点、范围、规模，等等。当然，具体的某一次会议不可能也没有必要将上述项目全部展示，应该视会议的具体要求而定。

> **微型案例**
>
> ### 会 议 名 称
>
> "2023年环境污染与大众健康学术会议"，此会议名称显示了时间、内容、性质。
>
> "可口可乐(中国)饮料有限公司2019年销售会议"的会议名称则显示了单位、时间、内容、性质。
>
> "四川长虹2018年度股东大会"则显示了单位、时间、范围、规模、性质、参加对象。

会议名称必须用确切、规范的文字表达，它既用于会议通知，使与会者心中有数，做好准备，又用于会议的宣传、扩大会议的效果。大中型会议的会议名称做成横幅大标语，置于会场主席台的前上方，或主席台后方的天幕上。会议名称作为会议的标志，简称"会标"。会标必须用全称，不能随意省略，以免语意不顺或文理不通，产生误会。

3. 会议议题

会议议题是根据会议目标来确定并付诸会议讨论或解决的具体问题，是会议活动的必备要素。会议议题的主要作用有以下两个方面。

(1) 准确、具体地体现会议的目标，为目标服务。

(2) 引导和制约会议的发言。举行会议首先要明确为什么而"议"和"议"什么。议题的产生通常有两种情况:一种是领导根据需要制订的;另一种是秘书经过调查研究、综合信息之后反馈给领导,再由领导审批决定的。而有些重大的代表会议,先由代表提出"提案",由大会秘书处汇总,再提交主席团审查通过,才能成为列入会议议程的会议议题。每一次会议的议题应该尽可能地集中,不宜过多,不宜太分散,尤其不宜把一些不相干的问题放在同一会议上讨论、研究。否则,就会分散与会者的注意力,不利于问题的解决。

4. 会议时间

会议时间是指会议的召开时间和会期两方面。会议的召开时间,指的是会议什么时候开始和结束的时间节点。会期通常是指会议期间聚会、活动一次以上的会议,从开始到结束之间所需的时间段。会议可短可长,少则几分钟、几十分钟,多则数小时、几天,甚至十几天。会议组织者应该尽可能准确地预计会议需要的时间,在会议通知中写明,及时通知与会者,方便与会者有计划地安排自己的工作。

5. 会议地点

会议地点是指会议召开的举办地和具体场所。为了使会议取得预期效果,应该根据会议的性质和规模,选择会议的地点。举办地的选择要考虑其是否与会议的主题有紧密的相关性或是否有政治影响或经济效果。考虑具体的会场时,要全面考察会场的大小、交通情况、环境与设备是否适合等因素。

微型案例

《2021 全球会议目的地竞争力指数报告》发布

2021 年 12 月 10 日,以全球国际会议产业合作创新与深化为主题的"2021 国际会议业 CEO 峰会暨全球会议目的地竞争力指数发布"活动在成都举行。峰会上发布了《2021 全球会议目的地竞争力指数报告》,据报告显示,在中国 37 个样本城市中香港、台北、上海、北京、成都、广州、澳门、深圳、杭州、青岛分列会议目的地城市竞争力指数前十位,排名前列的会议目的地城市均具有优良的会议目的地专业竞争力。

ICCA(国际大会及会议协会)国际会议研究及培训中心(CIMERT)主任诸丹在解读报告时表示,今年的报告从影响全球会议目的地竞争力的目的地整体环境竞争力、目的地会议配套支撑竞争力、目的地会议专业竞争力与目的地会议形象感知竞争力四大方面入手,分析研究中国 37 个样本城市的全球会议目的地竞争力发展状况与发展潜力,"从而为各城市持续发展会议经济提供理论支撑与指标依据。"

值得关注的是,这次排名成都位列第五。"在构成'国际会展之都'的三个要素——会议、展览与节庆中,会议是最具能动性的,通过积极努力可以在两到五年内取得比较好的成绩,为成都实现'国际会展之都'的战略目标做出了重要贡献。"成都市博览局相关负责人表示,举办重要国际会议有利于扩大目的地的影响力,提升会议发展整体水平,优化完善会展产业链。

6. 会议方式

会议方式是指为了提高会议效率,实现会议目标而采取的各种形式或手段,如现场办公会、座谈会、观摩会、报告会、调查会、电话会等。随着电信媒体的广泛运用,有些企业已经采用"虚拟实境会议",也就是"视频会议",使企业在开会方式上面临空前的发展,这些手段的运用除了注重人性的考虑,更重要的是使远距离沟通变得容易,不仅免除了舟车劳顿之苦及车费的开销,而且还使各分公司能与总公司紧密结合。

7. 会议结果

会议结果,即会议结束时实现目标的情况。会议结果可能会与预想的目标一致,也可能与预想目标有一定的差距。会议最好能达到会前预设的目标,如果不能,至少也要有会议结果,即使只是一个初步的决议或协议。会议结果通常是以会议决议、合同、条约、协定、声明等文件的形式记载下来,并归档保存,也可以直接传达。

四、会议的种类

会议作为人们从事社会活动或从事各项工作的一种重要手段和方法,其应用十分广泛,因此可以从不同的角度划分其所属的类型。

1. 按照会议的规模划分

会议的规模是相对的,通常依据出席会议的人数分为四类。

(1) 小型会议。一般是指少则几人,多则几十人参加的会议,但往往不少于三人,如各种办公会、座谈会、现场会。小型会议一般安排在工作现场或小型会议室召开。

(2) 中型会议。一般指人数在几十人至数百人参加的会议,如节日慰问会、表彰会、学术交流会和大型企事业单位的职代会。中型会议根据与会人数,可以安排在会议厅或礼堂召开。

(3) 大型会议。一般是指人数在千人至数千人参加的会议,如全国人民代表大会、博览会、交易会。大型会议一般在礼堂、会堂或剧场、会议中心召开。

(4) 特大型会议。一般是指人数在万人以上的集会,如大型节日集会、庆祝大会等。特大型会议一般可以在体育场、露天广场召开。

2. 按照会议的内容划分

(1) 综合性会议。一次会议要讨论或研究多方面的问题,如各级人民代表大会、政府常务会议等。

(2) 专题性会议。这类会议一次只集中解决某一方面的问题,讨论研究某一方面的事情或工作,如专题讨论会、年度销售会议等。

3. 按照会议的性质划分

(1) 决策性会议。指拥有立法权或决策权的领导机关或领导层,为了制定和颁布方针、政策、法规或就某些问题进行商讨,对重大事项作出决策而召开的会议。代表性会议、领导工作会议一般属于决策性会议。

第一,代表性会议。是指按照法定的程序,为了制定、颁布法律、法规,选举产生新一届领导班子等重大事项而召开的会议。例如,各级人民代表大会等。

第二,领导工作会议。是指由各级机关、企事业单位的领导班子内部定期或临时召开的,研究工作中的重要事项,并作出决策的会议。例如,各级领导机关的领导办公会议、董事会会议等。

(2) 非决策性会议。指不产生需要贯彻执行的政策、法规或不作出决策的会议。非决策性会议又可以分为以下几种。

第一,日常办公会议。通常是指根据本单位、本部门的工作职能,具体研究、讨论日常工作的会议。例如,工作例会、办公会议等。

第二,咨询性会议。通常是指在作出重大决策、具体开展工作之前,邀请有关专家对决策目标和方案进行可行性的咨询、论证的会议。例如,投资咨询会等。

第三,总结交流会议。通常是指在工作任务完成之后,对工作中的情况和问题、经验和教训进行总结交流的会议。例如,经验交流大会、工作总结大会等。

第四,谈判商洽会议。通常是指围绕商业活动达成合作事宜,签订合同协议的会议。例如,订货会、商务洽谈会等。

第五,进修培训会议。通常是指为了提高员工业务水平,强化理论知识,加强专业技能而召开的会议。例如,公文写作培训会议等。

第六,庆典性会议。通常是指为了庆祝重要节日、重大事件或工作取得重大成果而召开的会议。例如,联欢会、庆祝大会、周年庆等。

第七,商品展示和推介性会议。通常是指由商品生产单位举办的,在某一场所和一定期限内,用展示的形式,向专业群体和消费者介绍和推广自己的新产品。例如,新产品发布会等。

4. 按照会议所跨的地域范围划分

(1) 国际性会议。指会议的内容涉及其他国家或地区,并且与会者来自不同的国家和地区的会议。例如,联合国大会、国际经济发展会议、亚太经济合作组织领导人会议等。

(2) 全国性会议。指会议的内容涉及全国性问题,参加会议的人来自全国各个地区的会议。例如,全国人民代表大会。

(3) 地区性会议。指省、市、县或其他地区性的会议。例如,省市代表会议等。

(4) 个体性会议。组织单位根据自己的需要而召开的会议。例如,职工大会、业务洽谈会、新产品推介会、销售会议、培训会议、客户咨询会、奖励会议等。

5. 按照会议的职级划分

根据参加会议的最高职级划分,可以有元首级会议、部长级会议、厅局级会议等类型。股份制企业内部的会议按照职级可分以下六种会议类型。

(1) 股东会议。股东大会是公司最高权力机构。股东会议就是由公司的出资者(股东)出席的定期或临时召开的会议。会议主要审议批准公司年度财务预算、利润分配或弥补亏损方案,决定公司经营方针和投资计划,选举更换董事,修订公司章程等。

(2) 董事会会议。董事会是公司的执行机构。董事会会议是由全体董事出席的定期或临时召开的会议。会议主要决定和批准总经理提出的计划、年度经营、资金使用等方面的报告,批准财务报表、收支预算、年度利润分配方案,制定公司的规章制度,决定聘用总经理等高级管理人员等。

(3) 高级管理人员会议。是由公司高级管理人员参加的会议,在总经理的主持下重点讨论公司的生产经营管理工作,组织实施董事会决议,组织实施公司年度经营计划和投资方案等工作。

(4) 中层管理人员会议。是由部门领导等中层管理人员参加的会议,是公司进行生产、经营活动的正式会议。

(5) 职工大会。由企业全体职工参加的会议。主要有动员大会和总结评比大会。前者是鼓舞士气,调动职工积极性和工作热情。后者意在总结经验,展望未来,向全体职工提出新的希望和要求。

（6）部门会议。这种会议是在部门内部所举行的，以解决问题及传递信息为目的，以工作场所为会议地点。

第二节　会议筹备阶段的工作

会议筹备阶段的会务工作主要包括拟订会议计划、准备会议材料与物品、制发会议证件、安排会议生活、布置会场五大部分，每个部分又由许多具体的工作构成，详见"会议筹备工作框架图。"

小知识

- 一、拟订会议计划
  - 确定会议名称、议题等基本要素
  - 成立会务工作机构
  - 制订会议预算
  - 拟订会议议程、日程、程序
  - 制发会议通知
- 二、准备会议材料与物品
  - 准备领导发言稿
  - 起草会议报告、决议草案
  - 准备其他相关材料（如公司简介、产品介绍等）
- 三、制发会议证件
  - 出席证（或代表证）、列席证、嘉宾证或入场券、记者证、工作证等证件
  - 桌签、座签、名牌
  - 会场路线指示牌或会场周边设施图
- 四、安排会议生活
  - 预订交通工具
  - 安排食宿
  - 联系与安排参观、访问活动
  - 确定医疗、保卫人员
- 五、布置会场
  - 布置环境
  - 选定会场形式、排定会议座次
  - 布置主席台
  - 配齐、调试会议设备

会议筹备工作框架图

一、拟订会议计划

（一）确定会议名称、议题等基本要素

根据会议预期达到的目的与目标，确定会议的名称、议题、参会人员、时间与地点等诸要素，确定方法详见本章第一节相关内容。

（二）成立会务工作机构

大中型会议的筹备和服务工作，不可能靠一两个人完成，这就需要组建会议筹备机构。一般来讲，会务筹备机构包括几个小组，各组分工明确，互相协调，既要熟记本岗位职责，又要胸有全局。

不同单位对会务组的分工也是不同的。一般而言，重要的会议，单位会委派一个领导担任会议的总协调，由会务组负责向主管领导汇报，其他小组配合各会务组负责人的安排，如果有异议，那么可以向主管领导申诉。在会议召开前，主管领导一般至少要召开三次筹备会，会议筹备伊始召开第一次会议进行动员及给各小组分配任务；第二次会议检查进度，解决问题；第三次会议即会前对各项准备工作总检查，以便确保会议圆满举行。

实用范例

问题不过夜、细节不放过、改进不停步！
——市领导检查进博会筹备工作并现场办公
上海发布　2018年10月30日

首届中国国际进口博览会开幕在即，上海市市长30日下午赴国家会展中心实地检查进口博览会筹备工作并召开现场办公会。

上海市市长强调，越是临近开幕，越是要全神贯注、全力以赴。要按照实战要求、实战标准，坚持问题导向、需求导向，聚焦重大活动组织和各个关键环节，不断排查汇总问题，及时研究解决问题，切实做到问题不过夜、细节不放过、改进不停步，坚决打好这场硬仗，为把进口博览会办成国际一流的博览会作出更大贡献。

下午，市领导首先来到国家会展中心南广场，察看景观布置情况。立体花墙上，进口博览会吉祥物"进宝"热情迎客，迎风飘扬的旗林、两侧矗立的花柱，营造出迎接盛会的浓厚氛围。随后，市领导又检查了主会场、停车场等设施，详细了解安检流程、入场和散场路线等情况，询问还存在哪些问题。市长指出，要切实以提高中外宾客参加进口博览会的便利度和感受度为出发点，进行全流程推演和预演，更加注重细节，更加强化衔接，不断查漏补缺，把各项服务保障工作想得更周全，做得更到位。

"不要一般性汇报工作，而要聚焦研究解决问题。"在现场办公会上，市长开门见山，就城市保障领导小组办公室梳理汇总的问题，与相关部门负责人研究讨论，当场推动解决。

市长指出，越是临近进口博览会开幕，就越是要以百倍的干劲，抓实抓好城市服务保障工作。相关部门要主动跨前一步，加强统筹协调，形成推进合力，确保各项工作有效衔接，确保措施方案落实落地。有问题并不可怕，发现不了问题才是最大的问题。要锲而不舍、不厌其烦、精益求精,对各项工作再排摸、再梳理、再对接,对各项方案再细化、再打磨、再完善,切实做到心中有数、措施有力,以高质量的服务保障迎接进口博览会召开。

分析:虽然一般性的会议与博览会是有区别的,但是在会议的筹备检查方面是相通的。从案例内容易知,市领导在现场不仅就重大活动组织和各个关键环节进行排查,还对会场外部的景观布置情况、主会场、停车场等设施进行了检查,详细了解安检流程、入场和散场路线等情况;要求相关负责部门进行全流程推演和预演,尤其注重细节、强化衔接,不断查漏补缺,把各项服务保障工作想得更周全,做得更到位。市领导还召开了现场办公会,就城市保障领导小组办公室梳理汇总的问题,与相关部门负责人研究讨论,当场推动解决。

一般的小型会议只设立会务组负责全部事宜。有些单位,会务工作由办公室全部负责。

小提醒

会务工作组的分工

一般而言,会务工作组的分工如下。

1. 会务组
负责会务组织、会场布置、会议接待、签到等会议的组织、协调工作。
2. 秘书组
负责撰写会议方案,准备各种会议文件、资料和发言稿,做好会议记录,编写会议纪要、简报等工作。
3. 接待组
负责生活服务、交通疏导、医疗服务等工作。
4. 宣传组
负责会议的录音录像、娱乐活动、照相服务和对外宣传报道。
5. 财务组
负责会议经费的统筹使用和收费、付账工作。
6. 保卫组
负责防火、防盗、人身安全和财产安全、保密工作。

（三）制订会议预算

会议活动是一项消费活动,举行任何会议都要消耗一定的人力、物力与财力。因此,会务工作机构及会务人员应当本着勤俭办会的原则,对会议的经费及各项支出做出预算,并提出筹集会议经费的方法、渠道,报领导者审批。根据中央提出的"八项规定""六项禁令",各部门和相关企事业单位在制定会议预算时应以节俭办会作为基本宗旨。

1. 会议经费的构成

（1）交通费用。首先,包括出发地至会务地的交通费用,包括航班、铁路、公路、客轮,以及目的地车站、机场、码头至住宿地的交通费用。其次,是会议期间的交通费用,主要包括住宿地至会场的交通、会场到餐饮地点的交通、会场到商务活动场地的交通、商务考察交通以及其他与会人员可能使用的预定交通费用。最后,送别会议代表,包括航班、铁路、公路、客轮及住宿地至机场、车站、港口的交通费用。以上费用除了参会人员自己负担的部分以外,其余均应该列入会议经费之中。

(2) 会议室费用。如果会议室属于本单位所有,则不会产生此项费用。如果是租用的场地,则可能产生包括会议场地租金、会议设施租赁费用、会议布置费用以及其他支持等费用。

第一,会议场地租金。通常而言,场地的租赁已经包含某些常用设施,譬如音响系统、桌椅、主席台、白板或者黑板、油性笔、粉笔等,但一些非常规设施并不涵盖在内,比如投影设备、临时性的装饰物、展架等,需要加装非主席台发言线路时也可能需要另外的预算。

第二,会议设施租赁费用。此部分费用主要是租赁一些特殊设备,如投影仪、笔记本电脑、同声翻译系统、会场展示系统、多媒体系统、摄录设备等,租赁时通常需要支付一定的使用保证金,租赁费用中包括设备的技术支持与维护费用。值得注意的是,在租赁时应该对设备的各类功效参数提出具体要求(通常可以向专业的会议服务公司咨询,以便获得最适宜的性价比),否则可能影响会议的进行。另外,这些会议设施由于品牌、产地及新旧不同,租赁的价格可能相差很大。

第三,会场布置费用。如果不是特殊要求,那么通常而言此部分费用包含在会场租赁费用中。如果有特殊要求,那么可以与相关单位协商安排。

第四,其他支持费用。这些支持通常包括广告及印刷、礼仪、秘书服务、运输与仓储、娱乐保健、媒介、公共关系等。基于这些支持均为临时性质,如果会议主办方分别寻找这些行业支持的话,那么其成本费用可能比市场价格要高。如果让专业会议服务商代理,那么将获得价格相对比较低廉的服务,支持也比较专业。对于这些单项服务支持,主办方应该尽可能细化各项要求,并单独签订服务协议。

(3) 住宿费用。如果住宿费由主办方承担,则需列入会议经费。

(4) 餐饮费用。会议的餐饮费用可以很简单,也可以很复杂,这取决于会议议程的需要及会议目的。会议的餐饮包括早餐、午餐、晚餐、会场茶点、联谊酒会等费用。

(5) 参观考察费用。会议主办方通常在会议期间或结束以后,安排与会代表参观与会议主题相关的项目,或者参加具有地方特色的考察活动。一般来说可以请旅行社来安排会议考察,费用由旅行社根据会议人数和天数报价。

(6) 培训费、讲演费及演出费用。这项费用主要包括请专家、学者讲课或发言的酬金等。演出费用的预算金额通常与节目表演难度及参与人数呈正相关。

(7) 预算外支出。该项费用是指会议过程中一些临时性安排产生的费用,包括各类文秘、礼仪、司仪、勤杂、临时采购、临时司乘、向导打印、纪念品、临时道具、传真及其他通信、快递服务、临时保健、翻译、临时商务用车,等等。这些费用的预算很难计划,在预算时通常按照类别笼统计算,不再细分。如果通过代理公司操作,那么告诉代理公司做好随时服务的准备很有必要。代理公司与主办方之间的最后服务费用核算将通过双方指定的联络人互相签单认可,由双方财务或者相关人员核定。

制作会议经费预算一方面要本着勤俭办会、节约办会的原则,尽量降低会议的成本,另一方面又要有一定的弹性,注意留有余地。

> 💡 **小提醒**
>
> **会议经费预算的原则**
>
> 1. 科学合理
>
> 会议经费的预算要严格遵循勤俭办会的宗旨,根据实际需要科学合理地分配各项开支。
>
> 2. 总量控制
>
> 一次会议的经费应当有一定的限度,不能无限制地增加,因此必须加强总量控制。所有的支出都应当控制在适度的范围之内,不得突破总量。
>
> 3. 确保重点
>
> 在实行总量控制的前提下,或当经费不足时,要确保重点,把有限的经费用在刀刃上。
>
> 4. 精打细算
>
> 对会议的每一项支出都要严格审核,在做到科学合理的同时,尽可能节省经费。
>
> 5. 留有余地
>
> 由于会议活动的过程会产生一些事先无法预料的情况,需要临时支出一些经费,因此,在预算时要适当留有余地。

2. 会议经费的筹措渠道

会议的性质、类型不同,经费来源的渠道也不同。有的会议经费渠道虽然单一,却有保障,有的则需要组织者多方筹集。

(1)行政事业经费划拨。党、政府、人大、政协等机关以及其他事业单位召开的会议一般从行政事业经费中开支。

(2)主办者分担。如果会议由几个单位共同发起与主办,那么可以通过协商分担经费。

(3)与会者分担个人费用。即与会者参加会议的交通、食宿等费用,由与会者个人或其所在的单位承担。

(4)社会赞助。通过有效的会议公关,从社会上获得资金赞助。

(5)转让无形资产使用权。一些大型的会议活动由于意义重大,影响深远,所以其本身就是优质的无形资产,如会议的名称、会徽、吉祥物等,具有很高的潜在价值。充分利用会议本身的无形资产,使其转化为合法的有偿转让行为,不仅可以为会议活动筹得可观的资金,而且还使商家因获得这种无形资产而受益。

> 💡 **小提醒**
>
> **关于改进工作作风、密切联系群众的八项规定**
>
> 2012年12月4日,习近平总书记主持召开中共中央政治局会议,审议通过了中央政治局关于改进工作作风、密切联系群众的八项规定。

要改进调查研究,到基层调研要深入了解真实情况,总结经验、研究问题、解决困难、指导工作,向群众学习、向实践学习,多同群众座谈,多同干部谈心,多商量讨论,多解剖典型,多到困难和矛盾集中、群众意见多的地方去,切忌走过场、搞形式主义;要轻车简从、减少陪同、简化接待,不张贴悬挂标语横幅,不安排群众迎送,不铺设迎宾地毯,不摆放花草,不安排宴请。

要精简会议活动,切实改进会风,严格控制以中央名义召开的各类全国性会议和举行的重大活动,不开泛泛部署工作和提要求的会,未经中央批准一律不出席各类剪彩、奠基活动和庆祝会、纪念会、表彰会、博览会、研讨会及各类论坛;提高会议实效,开短会、讲短话,力戒空话、套话。

要精简文件简报,切实改进文风,没有实质内容、可发可不发的文件、简报一律不发。

要规范出访活动,从外交工作大局需要出发合理安排出访活动,严格控制出访随行人员,严格按照规定乘坐交通工具,一般不安排中资机构、华侨华人、留学生代表等到机场迎送。

要改进警卫工作,坚持有利于联系群众的原则,减少交通管制,一般情况下不得封路、不清场闭馆。

要改进新闻报道,中央政治局同志出席会议和活动应根据工作需要、新闻价值、社会效果决定是否报道,进一步压缩报道的数量、字数、时长。

要严格文稿发表,除中央统一安排外,个人不公开出版著作、讲话单行本,不发贺信、贺电,不题词、题字。

要厉行勤俭节约,严格遵守廉洁从政有关规定,严格执行住房、车辆配备等有关工作和生活待遇的规定。

六 项 禁 令

严禁用公款搞相互走访、送礼、宴请等拜年活动。各地各部门要大力精简各种茶话会、联欢会,严格控制年终评比达标表彰活动,单位之间不搞节日慰问活动,未经批准不得举办各类节日庆典活动。上下级之间、部门之间、单位之间、单位内部一律不准用公款送礼、宴请。各地都不准到省、区、市机关所在地举办乡情恳谈会、茶话会、团拜会等活动,已有安排的,必须取消。各级党政干部一律不准接受下属单位安排的宴请,未经批准不准参与下属单位的节日庆典活动。

严禁向上级部门赠送土特产。各地各部门各单位一律不准以任何理由和形式向上级部门赠送土特产,包括各种提货券。各级党政干部不得以任何理由,包括下基层调研等收受下属单位赠送的土特产和提货券。各级党政机关要严格纪律要求,加强管理,杜绝在机关收受和分发土特产的情况发生。

严禁违反规定收送礼品、礼金、有价证券、支付凭证和商业预付卡。各级领导干部一定要严格把关,严于律己,要坚决拒收可能影响公正执行公务的礼品、礼金、有价证券、支付凭证和商业预付卡,严禁利用婚丧嫁娶等事宜借机敛财。

> 严禁滥发钱物,讲排场、比阔气,搞铺张浪费。各地各部门不准以各种名义年终突击花钱和滥发津贴、补贴、奖金和实物;不准违反规定印制、发售、购买和使用各种代币购物券(卡);不准借用各种名义组织和参与用公款支付的高消费娱乐、健身活动;不准用公款组织游山玩水、安排私人度假旅游、出国(境)旅游等活动;不准违反规定使用公车、在节日期间公车私用。
>
> 严禁超标准接待。领导干部下基层调研、参加会议、检查工作等,要严格按照中央和省委的有关要求执行。
>
> 严禁组织和参与赌博活动。各级党员干部一定要充分认识赌博的严重危害性,决不组织和参与任何形式的赌博活动。

(四)拟订会议议程、日程、程序

1. 会议议程、日程、程序的含义与联系

(1)会议议程。会议议程是会议主要活动的安排顺序,它主要是对议题性活动的程序化,将会议的议题按照讨论、审议或表决的次序编排并固定下来,反映议题的主次、轻重、先后。会议议程起着维持会议秩序的作用。会议议程对会议的顺利进行关系重大。如果由领导预定议事程序和执行方法以及时间分配等,那么秘书必须配合议程,准备、检查会议的各项工作。如果会议议程由秘书起草,则秘书应该根据议题的内在联系、主次和先后排列次序,并用序号将其清晰地表达出来,领导审定后,会前发给相关人员。

实用范例

会议议程安排表

日期:××年12月8日(星期二) 会场:东京三田共用会所3F会议室

时间	议程	发言人	发言人职务
10:30	开幕式	池内××	国土交通省河川计划课课长
10:35	日方代表团团长致辞	佐藤××	国土交通省河川局局长
	中方代表团团长致辞	刘××	中国水利水电科学研究院副院长
10:50	双方团长介绍团员	佐藤××	国土交通省河川局局长
		刘××	中国水利水电科学研究院副院长
10:55	议事进行确认	池内××	国土交通省河川计划课课长
交流议题1:应对气候变化的措施				
11:00	(中方)气候变化对中国水资源的影响	王××	中国水利水电科学研究院
11:30	答疑和讨论		
11:45	(日方)适应气候变化的水危害和风险评估	池内××	国土交通省河川计划课课长
12:15	答疑和讨论		
12:30	午餐		
13:45	合影		

（2）会议日程。会议日程是把一天中会议议程规定的各项活动按照单位时间具体落实安排,它不仅细化围绕会议议题的全部活动,还包括会议过程中的其他辅助活动,如聚餐、参观、考察、娱乐,等等。日程是表明会议发展的进程,同时也是对完成各项议程需要时间的预测和必要的限制,有助于会议效率的提高。

（3）会议程序。会议程序是指在一次具体的会议中按照时间先后排列的详细的活动步骤。会议程序可以让与会者了解每次具体的会议活动的内容及时间顺序,同时也是会议主持人掌握会议操作的依据。以举行颁奖、选举、揭牌等仪式为主的会议活动,一般只制定会议程序。

微型案例

××大学授予徐××、钱××教授"终身成就奖"大会程序

（20××年10月20日）

一、请主席台就座的领导和颁奖对象入席

二、介绍出席会议的领导及主要来宾

三、主持人宣布:××大学授予徐××、钱××教授"终身成就奖"大会开始

四、校党委书记××作主题讲话

五、校长××宣读××大学授予徐××、钱××教授"终身成就奖"的决定

六、校党委书记和校长向徐××、钱××教授颁发"终身成就奖"证书和奖金

七、学生代表向徐××、钱××教授献花

八、徐××教授讲话

九、钱××教授讲话

十、市教委领导讲话

十一、主持人宣布:××大学授予徐××、钱××教授"终身成就奖"大会结束

会议议程、会议日程和会议程序都是关于会议活动先后顺序的安排。它们之间的区别在于:会议议程是整个会议活动顺序的总体安排,但不包括会议期间的辅助活动,其特点是概括、明了,一旦确定,就不允许任意改动。凡是有两项以上议题的会议,都应当事先制定议程。会议日程是将各项会议活动(包括辅助活动)落实到单位时间,凡是会期满一天的会议都应当制定会议日程,以便与会者和会议工作人员了解会议的具体进程。会议程序则是一次具体会议活动的详细顺序和步骤,是会议议程的具体化和明细化,可以供会议主持人直接操作。规模较大、活动较多、会期较长的会议,往往同时制定会议的议程、日程和程序,以便适应不同的需要。会期较短、议题较少并且较为灵活的会议只需制定一份会议议程即可。以举行颁奖、选举、揭牌等仪式为主的会议活动,一般只制定会议程序。

2. 会议议程制作要点

会议议程是会议文件的组成部分。它是对讨论议题的步骤和次序所做的安排,经过会议讨论通过后生效,成为议事程序的根据和制定会议日程的根据。撰写时要求做到用语简洁,条

理清晰。简单的会议议程只需将会议的步骤逐一分条列出即可,详细的会议议程应该包括各种程序(讲话、审议、选举、表决等),而且应该逐日(按照时刻)精心编排。

小知识

会议议程的要点

通常,会议的议程可包括下列各项中的几项或全部。

标题:会议名称加"议程"二字。

正文:时间、内容、责任者(讲话人、主持人等)、会址、方式、注意事项等。

会议议程顺序一般如下。

(1) 宣布议程。
(2) 宣读并通过上次会议的备忘录。
(3) 财务主管报告。
(4) 其他报告。
(5) 复议旧的议题。
(6) 讨论新的议题。
(7) 有关人事任命。
(8) 提名并选举新的负责人。
(9) 通知有关事项。
(10) 宣布休会。

实用范例

×××公司董事会会议议程

××××年8月7日

例行会议,10:00~12:00。

董事会总部:宾夕法尼亚州豪尔街4号。

邮编:19076。

雷诺·舒尔兹董事长主持。

1. 宣布议程(雷诺·舒尔兹)10:00
2. 点名(各董事应声答"到")10:00
3. 宣布 10:05
   (1) 法定人数(有变化)。
   (2) 来宾(雷诺介绍并致欢迎词)。
4. 会议记录(琼安·麦金塔:宣读上次会议记录,10:10读完或修改后,动议通过)10:15
5. 负责人报告 10:15

(1) 财务主管报告(肯扬·艾金斯:动议通过)。
(2) 副董事长(乔纳森·费曼:关于设立海外办事处的报告)。
6. 委员会报告 10:30
(1) 新的项目委员会(乔治·拉诺斯:关于劳工部研究的报告)。
(2) 公共关系委员会(乔安娜·博克风:关于电视采访的报告)。
7. 旧的事务 10:45
公司人员的重组(雷诺:过去情况的回顾与目前的选择)。
8. 新的事务 11:00
董事的特别工作组(雷诺:讨论并推荐董事会代表)。
9. 通告 11:30
(1) 例会安排(玛丽·布莱顿:宣布9月份董事会会议计划)。
(2) 资源周(雷诺:宣布资源周活动计划)。
10. 休会(请求动议,休会)12:00

对于正式的会议,秘书可以先查看一下档案记载的以前的会议议程,并按照领导或法律顾问提示的顺序安排。

小提醒

设计会议议程表的注意事项

(1) 编制会议议程表时,首先应该注意议题所涉及的各种事务的习惯性顺序和本公司章程有无对会议议程顺序的明确规定。

(2) 议程表中,第一项是宣布议程,再安排讨论的问题,尽量将同类性质的议题集中排列在一起。

(3) 保密性较强的议题,一般放在后面。这样有利于安排无关人员退场及有关人员到场。

(4) 各项报告中,财务报告放在最前面,与会人员比较敏感的议题,如人事报告,放在最后面。

(五) 制发会议通知

会议通知是向与会者传递召开会议信息的载体,是会议组织者同与会者之间会前沟通的重要渠道。制发会议通知是会前准备的重要环节。

一般来说,规模较大、较为重要的会议都应该发书面通知。在特殊情况下还可以采用公告的方式,如果参加人数不明,那么可以在报纸上、网络上刊登公告。除了公告通知以外,必须确认送达被通知人并取得一定的证明(如签收、收据、挂号信单据等),以免事后相互推卸责任。如果应该接到通知而没有接到通知,参会人员可以提出这次会议没有按照法定程序办理,而否认会议的效力。在西方国家,有一些公司的股东会议有常常因此而发生诉讼的。接到通知的人不参加会议,是他自己放弃权利。但是组织者不发通知或通知有误,这是组织者的责任。

1. 会议通知的种类与方式

会议通知的种类与方式多种多样,如当面告知、打电话、发传真和电子邮件、发信件、招贴、广播、登报,等等。每一种通知的方式各有特点,可以根据会议的性质、参加的范围、时间的缓急和保密要求选择适当的通知方式,必要时可以同时使用两种以上的方法,以便确保有效性。

(1) 按照通知的形式可以分为口头通知和书面通知。口头通知具有方便、快捷、即时的优点,但容易遗忘,如当面通知、电话通知。书面通知尽管需要打印、分发或者邮寄,手续较多,时间较慢,但显得严肃、庄重,而且具有备忘的作用。重要会议应当使用书面通知。

(2) 按照通知的性质可以分为预备性通知和正式通知。预备性通知先于正式通知发出,其作用主要是请与会者事先做好参加会议的准备。凡是需要事先征求与会者的意见,或者需要与会者事先提交论文、报告或材料,或者先报名,然后确定与会资格的会议,应当先发预备性通知。待议程、时间、地点以及与会资格正式确定后,再发正式通知。

(3) 按照通知的名称分为会议通知、邀请信(函)、请柬、海报、公告等。根据会议的主题、参会者的身份等,通知可以表现为不同的形式。有时,举行一次会议需要根据不同的接收对象分别使用"会议通知""邀请信""请柬"或"海报"等形式。

"会议通知"用于研究工作、进行决策的会议,发送对象是会议的当然成员或法定成员、本机关或本单位内部的工作人员、下级机关或所属单位、受本机关或本单位职权所制约的单位。

"邀请信"一般用于横向性的会议,具有礼节性,接收对象是不受本机关职权所制约的单位以及个人。如果召开学术性会议或者技术鉴定会,那么以发邀请信为宜。

"请柬"主要用于举行仪式类的活动,如开幕式、竣工仪式、签字仪式,等等。发送对象一般都是上级领导、社会人士、兄弟单位领导等,多使用书面语,语言恭敬儒雅。

"海报"是一种公开性的会议通知形式,通常采用招贴的方式,对参会者身份限定较少或不规定参会者的身份,只要对会议主题感兴趣的人士都可以参加。比如,学校公告栏张贴的"学术性报告会海报"。

"公告"是一种专门用于股份公司召开股东大会时,在中国证监会指定的证券报和网站上刊登的会议通知的形式。对股份公司而言,它不可能将召开股东大会的消息,通过书面或电话的形式直接通知公司成千上万的小股东本人。所以只能采用这种广而告之的形式。

2. 会议通知的内容

会议通知应该按照法律和公司章程的规定办理,法律章程没有规定时,应该依照惯例和具体情况办理。会议内容、时间、地点和与会人员一经确定,就要制发会议通知,以便与会单位和人员提前做好准备。会议通知的内容要尽可能详尽、明确。这是在会议准备工作中对秘书的一项基本要求。

会议通知包括标题、通知对象、正文、落款与日期四大项。正文主要包括会议的背景、议题、时间、地点、参加对象等事项。

> **小知识**
>
> **会议通知的样式**
>
> 关于召开××××××会议的通知
>
> ××××(主送单位):
>
> 　　为了××××××(目的),根据××××××(依据),××××(主办单位)定于××××年×月×日在××××(地点)召开××××××会议。现将有关事项通知如下。
>
> 　　一、会议内容:××××××
>
> 　　二、参会人员:××××××
>
> 　　三、会议时间、地点:××××××
>
> 　　四、其他事项
>
> (一)请与会人员持会议通知到××××××报到,××××××(食宿费用安排)。
>
> (二)请将会议回执于××××年×月×日前传真至××××(会议主办或承办单位)。
>
> (三)××××××(其他需要提示的事项,如会议材料的准备等)。
>
> (四)联系人及电话:×××　××××
>
> 　　附件:1.××××××
>
> 　　　　　2.××××××
>
> 　　　　　　　　　　　　　　　　　　　　　　　　单位名称(印章)
>
> 　　　　　　　　　　　　　　　　　　　　　　　　日期
>
> 会议回执

（1）标题。第一种,就是标准的公文写作的标题形式。即"机关名称"+"会议名称"+"通知"。这种写法应用最多,一般用于正式的、重要的会议。例如,"宏达公司关于召开第十届职工代表会议的通知"。第二种,只写"会议通知"或"通知"。这种写法比较简洁随意,一般用于公司内部事务性或例行性的会议。

（2）通知对象。通知对象是单位的,写单位名称时可以写全称,例如,"×××公司";也可以写统称,例如,"各直属院校"。通知对象如果是个人,一般直接写与会者姓名。应当注意的是,通知对象有时未必是参加会议的对象。

（3）正文。会议通知的正文一般包括以下内容。

① 会议的目的、名称和主题。有时可以列出会议的具体议题或讨论的提纲,报告会应当写明报告人姓名、身份和报告内容。

② 会议的时间。包括开始时间、报到时间、结束时间等。

③ 会议的地点。应该具体写明会场所在的地名、路名、门牌号码、楼号、房间号码、会场名称,必要时画出交通简图,标明地理方位及抵达的公交线路,以方便与会者顺利到达会场。

④ 参加对象。如果通知对象是单位,那么应当在正文中说明参加会议的人员的具体职务、级别以及参加会议的性质(出席、列席等)。有的会议为了达到或控制一定的规模,通知中还规定每个单位参加会议的人数。

⑤ 其他事项。例如,参加会议的费用、报名的方式和截止日期、有关论文撰写和提交的要

求、入场凭证(如"凭入场券入场""凭本通知入场")、联络信息(如主办单位的地址、邮编、银行账号、电话和传真号码、网址、联系人姓名),等等。

(4) 落款与日期。写明主办单位的全称,并注明发出通知的日期。

(5) 会议回执。许多国内外会议的通知或邀请信都附有会议回执。内容非常简单,请出席对象填写姓名、性别、年龄、职务、职称、预订回程票的具体要求等项目,然后寄回。主要是表明是否参加会议,以便做好接站与住宿等的安排工作。一般性会议回执的正文制成表格形式,其填写项目可以根据会议的具体要求设计。签收性回执要写明通知的标题和随寄文件的名称,要求对方填写是否能按时参加会议并签字。现在面向外部的会议,往往是将会议回执做成二维码,放在会议通知上。有意参加者通过扫描会议通知上的二维码,直接填写报名信息。这种方式适用于会议、活动、课程、招聘等场景,可以方便地收集意向客户的信息,提高报名效率。

小知识

常用回执格式

1. 表格式回执

回　　执

姓名		性别		职务	
工作单位		通信地址			
邮政编码		联系电话		传真	
E-mail		手机			
能否与会		发言题目			
是否需要预订返程车票、机票	是□　否□				
	车票(机票)日期:				
	车次(航班)与起止地点:				

注:请于×月×日前寄××协会秘书处×××收

2. 签收性回执

×××会议通知回执

×××办公室:

你处发来的《×××会议通知》及会议文件《××××××》《××××××》各 1 份已收到,经检查无误。

我将(在下列选项的方框中打√)

□按时参加会议。

□＿＿＿人参加会议。

签名或盖章
年　月　日

实用范例

高等职业教育文秘类专业基础课程骨干教师培训班通知

有关高等学校：

根据×××函[20××]××号文件的精神，现将高等职业教育文秘类专业基础课程骨干教师培训班的具体事宜通知如下。

一、培训内容

1. ××部××司有关领导作高等职业教育改革与发展的形势报告。
2. 文秘专业试点专业负责人介绍文秘试点专业的改革进展。
3. 秘书写作、秘书实务、秘书学、秘书实训的课程培训。
4. 教学改革经验交流。

二、培训时间

20××年××月××日～××月××日。××月××日报到，××月××日晚可离会。

三、培训地点

××××××培训中心，××市××路×号。

乘车路线：

由××火车站出口（站前广场），乘××路、××路到×××站下车，右拐前行50米即到。

由机场乘机场班车到民航售票处（××大酒店）乘公交车×××路至本中心。

四、培训费用

培训班向每位学员收取×××元培训费。学员的差旅费、食宿费等自理。

五、其他事项

1. 本培训班已经纳入××部骨干教师培训计划，培训合格后由××组织联合颁发高等学校骨干教师培训证书。对参加培训并获得证书的教师，学校承认其接受继续教育的经历，并且可以作为教师职务评聘的参考。请参加培训班的有关专业和课程的骨干教师或骨干教学管理人员认真填写"高等职业教育骨干教师培训推荐表"（收到预通知后已经填写的不必再填），并于×月××日前寄至培训班承办单位（××市××街×号××××出版社，×××收，邮编××××××），以便制作培训证书。

2. 为了更好地交流各校的教学改革经验，参加培训班的教师可以围绕本校的教改实践，就"高等职业教育文秘专业课程设置与教学内容改革"这一主题提交有关论文（及电子版），培训班结束后，××××出版社将根据有关专家的意见从其中选取较为优秀的论文结集出版。

3. 为了便于安排住宿及订购返程票，请参加培训的教师于×月××日前将下列回执发E-mail给会务协办单位。

会务协办单位：××××××培训中心

联系人：×××

电话：××××-×××××××

E-mail:×××××@163.com

4. 由于住宿床位有限,所以培训期间不安排家属食宿,敬请谅解。

附件:日程安排(初稿)。

高等职业教育人才培养工作委员会秘书处
××××年×月××日

回　　执

姓名		性别	
单位		职务、职称	
电话、手机		传真	
地址		邮编	
到达时间		离开时间	

如果预订返程票,请详列离开或到达时间、目的地、车次或航班号及座位要求

3. 会议通知的发出

会议通知定稿后,应该及时发出,以便让与会者做好充分的准备。重要会议的通知发出以后,还要及时用电话与对方联系,询问对方是否收到和是否赴会。

会议通知的发送时间要恰当把握。如果发送过早,就容易被人忘记;如果发送过晚,与会人员准备不足,就会影响会议效果。会议通知的发送,应该让与会者在接到通知后,能够从容做好赴会准备,并能准时到达会议场所为宜。

例如,需要回复的会议通知或预备通知还可以夹入一张明信片,上面注明本公司地址、邮编、电话、发信人姓名,以便对方有时间考虑并能及时回复。如果以邮寄的方式发送,那么信封上最好注明"会议通知"字样。

二、准备会议材料与物品

准备会议材料是会议筹备工作的一项重要内容,与会议能否圆满成功关系极大。秘书应该认真、细致地准备。

(一)需要准备的会议材料与物品的内容

1. 需要准备的会议材料

准备会议材料主要包括准备领导发言稿,如开幕词、闭幕词或讲话稿等;起草会议报告、决议草案;收集并备妥会议材料及发言稿等方面的内容。会议的文件主要包括以下内容。

(1)会议的指导文件。即明确会议的指导思想和主题,提出会议目标和任务的会议文件。例如,上级下发的政策性和工作部署性文件、上级指示文书、本次开会起因文书等。

(2)会议的主题文件。例如,领导人讲话稿、代表发言材料、经验介绍材料等。包括开幕

式讲话、主题报告、专题报告、专门文件、大会发言、选举结果、正式决议、闭幕式讲话等。

（3）会议程序文件。包括议程文书、日程安排、选举程序、表决程序等。

（4）会议参考文件。例如,统计报表、技术资料、代表提案、公务书信、群众来信、与会代表来信和各类来访的书面材料。

（5）会议管理文件。包括会议通知、开会须知、议事规则、证件、保密制度、作息时间、生活管理等。

2. 需要准备的会议物品与设施

需要准备的会议物品和设施通常包括常用文具、印刷设备、会场基本设施、会场装饰用品、视听器材、通信设施、交通工具、生活卫生用品、专门用品等。

(二) 准备领导发言稿

秘书首先向发言人确认发言稿由谁来写,如果是本人或由本人指定的他人(如其秘书)来写,则会务组就不需要为其准备发言稿。

1. 开幕词

开幕词是各级党政机关、社会团体、企事业单位在会议开始时,由会议主持人或主要领导人向大会所做的重要讲话。这种讲话,说明开会宗旨,简介会议情况。一些重要的开幕词具有较强的指导作用或深远意义。要求语言简短有力,富有鼓动性和说服力。

开幕词的内容包括以下几个方面。

（1）标题。会议名称加"开幕词",或只写"开幕词"。

（2）日期。用圆括号标于标题正下方。

（3）称谓。"同志们""各位来宾""女士们,先生们"等。

（4）正文。宣布会议开幕,简述会议的背景、目的、主要任务等,提出对与会者的希望与要求,最后是祝词。

开幕词的特点如下。

（1）宣传性。宣传性就是在开幕词中郑重宣告会议正式开幕,给会议营造隆重的气氛。

（2）提示性。提示性就是在开幕词中明确交代会议的议程,简要说明会议的开法、原则,交代会议的主要精神,起到点题作用。这样的提法使与会人员明确会议主题,做到心中有数,便于积极参与。

（3）指导性。指导性就是在开幕词中阐明会议宗旨,提出会议任务,说明会议目的及指导思想和重要意义,要求把整个会议的基本精神概括出来,这对开好会议将起到重要的指导作用。

（4）简短性。简短性是指开幕词篇幅要求简短,内容切忌重复、啰唆,语言要求口语化、富有感情色彩,又要求生动活泼,语气要热情、友好。

实用范例

在中国国际××展览会开幕式上的讲话

(×年×月×日)

女士们、先生们、各位来宾：

早上好！由新加坡××有限公司主办、中国××协会与我分会所属的上海市国际贸易信息和展览公司承办的"中国国际××展览会"今天在这里开幕了。我谨代表中国国际贸易促进委员会上海市分会、中国国际商会上海分会表示热烈祝贺！向前来上海参展的英国、法国、日本、西班牙、比利时等国，以及中国台湾、中国香港及内地各省份的厂商们表示热烈的欢迎！

本届展览会将集中展示具有国际水准的各类××产品及生产设备，为来自全国各地的科技人员提供一次不出国的技术考察机会，同时，也为海内外同行共同切磋技艺创造了条件。

朋友们，同志们！上海是中国最重要的工业基地之一，也是经济、金融、贸易、科技和信息中心。上海作为长江流域乃至全国对外开放的重要窗口，一直以来实行全方位开放。未来，上海将进一步改善投资环境，扩大与各国各地区的合作领域。我真诚地欢迎各位展商到上海的开发区和浦东新区参观，寻求贸易和投资机会，寻找合作伙伴，作为上海市的对外商会——中国国际贸易促进会上海市分会将为各位朋友提供卓有成效的服务。

最后，预祝"中国国际××展览会"圆满成功！感谢大家！

2. 祝酒词

祝酒词是在重大庆典、友好往来的宴会上发表的讲话。宴会上祝酒，是招待宾客的礼仪。一般来说，主宾均要致祝酒词。主方的祝酒词主要是表示对来宾的欢迎，客方的祝酒词主要是表示对主方的谢意。如果出于某种需要，那么也可以在祝酒词中做出符合宴会氛围的深沉、委婉或幽默的表达。祝酒词因以酒为媒介，加之以热烈的语言，会为酒会平添友好的气氛。

(1) 祝酒词的特点。首先是祝愿性，祝愿事情的成功或祝愿美好、幸福。其次是简洁性，祝酒词因其场合比较隆重或热闹，因此不宜太长，言词要简洁而有吸引力。

(2) 祝酒词的写法。首先，开头部分或表示欢迎、问候或表示感谢。其次，主体部分根据宴请的对象、宴会的性质，简略地表述主人必要的想法、观点、立场和意见，既可以追述已经获得的成绩，也可以畅叙友情发展的历史，还可以展望未来。最后，结尾可以用"让我们为……干杯"或以"为了……让我们干杯"表达礼节性的祝愿。写作上的要求大致与欢迎词、欢送词相同。

实用范例

祝 酒 词

女士们、先生们、各位来宾：

　　晚上好！"中国国际汽车展览会"今天开幕了。今晚，我们有机会同各界朋友欢聚，感到很高兴。我谨代表中国国际贸易促进委员会上海市分会，对各位朋友光临我们的招待会，表示热烈欢迎！

　　"中国国际汽车展览会"自上午开幕以来，已经引起了我市及各地科技人员的浓厚兴趣。这次展览会在上海举行，为来自全国各地的科技人员提供了经济、技术交流的好机会。我相信，展览会在推动这一领域的技术进步以及经济贸易的发展方面将起到积极作用。

　　今晚，各国朋友欢聚一堂，我希望中外同行广交朋友，寻求合作，共同度过一个愉快的夜晚。

　　最后，请大家举杯

　　为"中国国际汽车展览会"的圆满成功

　　为朋友们的健康

　　干杯！

3. 讲话稿

讲话稿是领导人在开会中所作的讲话的稿件，表现领导人对会议的指示和关心。它往往是会议的补充报告。

讲话稿的写法，就内容来讲，应该注意以下几点。

（1）肯定会议的重要性。

（2）评价过去的工作。

（3）点出当前值得注意的问题。

（4）指明今后的方向和目标。

（5）评价会议的中心议题。

（6）提出原则性的意见，向大会提出希望。

讲话稿从形式上分为标题、正文、结尾三个部分。

4. 闭幕词

闭幕词是党政机关、群众团体、企事业单位举行隆重会议闭幕时，由有关领导向会议所作的总结性讲话。

（1）闭幕词的特点。一是评估性。评估性就是在闭幕词中，要求对整个会议作出总的评价，恰当肯定会议的重大成果，正确评估会议的深远影响，从而激励与会人员的斗志，增强其贯彻会议精神的信心与决心。二是总结性。总结性就是在闭幕词中，要对会议的主要内容和基本精神进行简要总结。通常要概括会议的进程，例如，完成了哪些议题，做了哪几件事情，每项议题以及今后的任务是什么，会后怎样贯彻会议精神等，使与会人员对会议有更加全面、深刻的了解和掌握，以便会后更加全面、正确、充满信心地贯彻会议的主要内容和基本精神。

（2）闭幕词的基本写法。

闭幕词的写法相对开幕词而言形式可以更灵活一些,没有固定的形式。一般来说,闭幕词主要包括以下内容:对会议完成任务的概括,对会议的评价,对服务部门及人员的感谢。

（3）写闭幕词应该注意的问题。要求跟踪会议进程,掌握会议的全面情况,搜集会议的主要文字材料。

作者从会议开始就要做好写作准备,尽早构思,适时动笔,不一定等到闭幕前夕撰写,那样一般都会仓促潦草,影响撰写质量。

从会议实际情况出发,紧密结合中心议题进行阐述,不能偏离主题妄加议论。

要针对会议的主要内容,予以阐述和肯定。同时,要注意与会议开幕词前后呼应。

补充会议内容,适当深化和发挥,但必须是与会议议题有关的事情。闭幕词既可以是对会议的总结和评价,又可以是对会议精神的延伸和补充,对于会议虽未展开但已经认识到的重要问题,应当在闭幕词中提到,适当强调,作必要发挥。

闭幕词需要对会议高度综合概括,富有鼓动性和号召力。会议已近尾声,不必重复议论。无论是总结成果,还是提出要求,都应该简洁明了,点到为止,不要拖泥带水,切忌画蛇添足。同时,行文要灌注热情,号召有力,语调昂扬,使会议在高潮中圆满结束。

（三）起草会议报告、决议草案

会议报告是会议文件的一种。会议报告一般指领导人代表机关或组织依法律规定或惯例向权力机构或有关代表会议所做的工作汇报。一经会议讨论通过,会议报告便由陈述性文件转化为领导指导性文件,成为指导和保证会议成功的主要文件,成为引导代表展开讨论的重要基础,会后将成为有关方面工作的纲领。秘书需要对在会议中讨论的决议进行起草,并经领导审核后,提交大会讨论通过,形成正式决议。

会议报告的内容主要包括标题、成文日期、称谓和正文四个部分。

1. 标题

标题可以采用正、副标题的形式（正标题概括报告的中心内容,副标题标出会议名称,作者名称置于其下）,或者写为"×××在××工作会议上所作的报告"。

2. 成文日期

成文日期用圆括号标于标题之下（如果作者单列,则标于作者之下）。

3. 称谓

称谓如"各位代表""同志们""女士们、先生们"等。

4. 正文

正文阐述会议的性质、任务、意义,总结过去的工作,提出当前及今后的任务与方法措施,以及提请会议讨论的问题并附自己的初步意见,通常以发出号召结束全文。

另外,根据单位特点及会议性质确定随会议发送的其他材料,例如公司简介、年度报告、产品介绍、办公用品等。

（四）准备会议材料的要求

（1）秘书草拟会议所需要的文件目录,向领导确认后,开始准备。

（2）按照与会人员名单,为每人准备好一个文件袋。如有必要区分发放,可在文件袋上填上与会者的姓名,并注明"会议文件"等字样。

（3）认真校对会议文件。文件校对工作实际上是文件印制前的一个重要环节。文件的校对是一件非常细致的工作，要求杜绝差错，切实保证文件文字准确。校对时还应该同时检查文件结构的各个组成部分、各种标记及文件的格式。因此，要求秘书在校对文件时严肃认真、耐心细致、一丝不苟。只有如此，才能把住会议文件的文字关，确保文件的质量。

（4）做好会议文件的分发工作。有些会议文件需要在会议召开之前发给与会者，有些则需要在会议召开时分发。但无论何时分发，都应该尽量提前做好文件分发的准备工作。

（5）分发重要文件一般要编号、登记。文件编号通常印在文件首页的左上角处。字体字号应该有别于文件正文。具有保密内容的文件，还要注明密级。

（6）一些征求意见稿，或保密性文件，需要在会后退回的，应该附上一份文件清退目录或清退要求的说明。

（7）秘书应该将所有的会议资料，如讲话稿、会议报告、决议草案等相关资料进行系统整理，编制文件资料目录，统一放在文件袋中，发放给与会人员。

（8）分装文件要认真、细致，不能出现漏装或重装的情况。对于需要提前发出的文件，要在封皮上仔细填写好收件人的姓名、地址与邮政编码，按照会议的时限要求与保密程度选择适当的文件传递方式。

（五）准备会议物品和设施

会务组人员在准备会议文字材料的同时，还要准备会议所必需的物品与设施。

1. 会议物品与设施的主要内容

（1）常用文具。例如，笔、纸等常用文具。

（2）会场装饰用品。例如，花卉、旗帜、会标、会徽、宣传画、标语、口号。

（3）印刷设备。例如，打印机、扫描仪、复印机等。

（4）会场基本设施。例如，桌椅、照明电器、卫生用具、安全通道、消防设施等。

（5）视听器材。例如，麦克风、幻灯机、投影仪、黑（白）板、电子书写板、摄像机、电脑、光盘、同声翻译系统等。

（6）通信设施。例如，传真机、电话机、电视机以及相应的通信网络设施。

（7）交通工具。例如，小轿车、大巴车等接送与会者的车辆。

（8）生活用品。例如，茶水、茶杯、纸巾以及其他生活用品。

（9）特殊用品。即特殊会议上所使用的物品，例如，颁奖的奖品与证书，选举的选票、投票箱，开幕式剪彩时用的彩带和剪刀等。

2. 准备会议用品与设备的要求

会议用品与设备应在会前完成配齐与调试工作。

（1）制订计划。会务工作机构或会务工作人员应该根据会议的日程、议程与预算等制订详细的有关物品和设备的使用计划。计划应当写明所需物品和设备的清单，包括名称、型号、数量；物品和设备的来源，如租借、调用、采购等以及所需的费用。会议用品和设备的使用计划应该作为会议预案的附件，报请会议的领导机构审定。

（2）落实专人负责。会议物品的购买可以由会议负责机构或人员购置，也可以列出清单交由公司规定的部门例如采购部等购置。设备的准备、安装、调试和使用是一项技术性很强的工作，准备是否充分，安装调试是否到位，对会议能否顺利进行影响很大，不能有半点差错。因此,一定要落实专人负责此项工作,必要时应该配备一定数量的技术人员。

(3) 实用节约为本。实用和节约是准备会议物品和设备的重要原则。要严格按照会议的经费预算执行,提倡节约办会,反对追求豪华、奢侈。

三、制发会议证件

会议证件是表明与会议直接有关的人员身份权利和义务的证据,供会议有关人员在开会期间佩戴。一般来说,制发证件只限于大型会议或重要会议,而通常的小型会议不必制发证件。

(一) 会议证件的作用与种类

1. 会议证件的作用

(1) 表明会议期间各种人员的身份,便于接待和会场的管理。

(2) 便于代表之间的相互辨认和联系、交流。

(3) 凭证出入会场,保证会议安全。

(4) 便于统计出席人数。

(5) 给与会者留作纪念。

2. 会议证件的种类

会议证件包括出席证、列席证、旁听证、来宾证(或嘉宾证)、记者证、工作证、随从证、保安证、配偶证、签到证等。

制发证件,应该视具体条件因地制宜,不可只追求一种模式。有些会议不排座次,就不必排座号。有些大型会议,可以搞普通入场券性质的证件。特别应该注意,对于一些重要的、保密性强的、需要开几天的大型会议,不但要有正规的证件,而且要在证件上贴本人照片,加盖钢印。

(二) 会议证件上的内容

会议证件上的内容通常包括会议名称、姓名、照片、证件种类等。具体制作会议证件时,可以根据会议实际情况进行取舍。

1. 会议名称

会议名称必须写全称。法定性会议通常使用比较严谨的字体,例如黑体、宋体等。如果是学术会议、庆祝会议等一些非法定性会议,那么可以使用具有艺术性的字体。

2. 会徽

会议如果有会徽,就可以将其印在会议证件上,如党徽、国徽。纪念会可以用画像代替。

3. 姓名

姓名应该写现名,不写曾用名。

4. 照片

照片应该是半身免冠照片。

5. 证件种类

会议证件上还应标明证件种类,如"出席证"或"列席证"等。要用较大的字号、醒目的标志。

6. 组别或代表团名称

会议证件上还可根据实际需要标明组别或代表团名称。

7. 证件编号

如果与签到证合制,那么可以用一组数码代表与会者的姓名、性别、身份、来自地区、组别等信息,便于用自动签到机签到。

8. 会议日期

在会议证件上还应标明会议日期。

有特殊要求的会议证件还可以设计一些特殊的标记。

（三）会议证件的样式与制作

不同的会议可以根据实际需要选择不同类型的证件样式。

1. 佩戴在与会者身上的证件

（1）系带的卡片。比较经济,戴取方便,但可能在衣服上晃动。这是国内外各种会议场合应用最多的一种佩戴在参会人员身上的证件。

（2）黏性标签。比较经济、方便,但它们可能由于粘贴在衣服上而留下痕迹。

（3）有夹子的卡片。成本略高,它们能更换塑料封里面的标签而重复使用,并能移动夹在衣服的不同部位。

2. 台签式的姓名卡片("桌签")及座签式的姓名卡片("座签")

（1）桌签。它是开会时放在桌子上使用的,用以标明桌号和就座人身份的标签。

桌签可以通过标明桌号,即桌签上用阿拉伯数字标出,也可以在桌签之上标明在此桌就座人员的身份,如"记者席""演员席"等。

（2）座签。就是会务人员在会议的各席位上标明就座人姓名的标签。会议座签一般是在一些有较高级别的领导人员参加的会议及各种宴会、招待会上,为主席台就座人员标明座次及引导与会人员就座时使用的。常见的座签形式有以下几种。

① 插入型。硬质透明塑料做成的三棱柱体或中间可夹住纸片的倒 T 形,只要在中间插入写有就座人姓名的纸片即可。

② 卡片型或折叠型。多在一些宴会和招待会上使用。这种座签是用卡片纸做材料,按照适当的规格剪成长方形,然后再将一端剪成锥形,将锥形部分向后折 90°,平放于桌上,写上就座人姓名即可。也可以从中间折起,直接放在桌子上,如图 5-1 所示。

（四）会场路线指示牌或会场周边设施图

如果是日常的工作会议,与会人员对会议地点很清楚,就没有必要放置方向标志了。如果是对外的会议,那么组织者在发会议通知时,要为参加者提供具体的地点示意图,使与会人员能够以最便捷的路线抵达会场,而不至于在陌生的环境中不知所措。

1. 制作会场指示牌

会务人员在发送通知、请柬或邀请函时,可以附带到达会场的地图或路线示意图。待与会人员到会场后,再发放具体的会场示意图或会场周边设施图。在会场门前最好竖立指示标牌,指引与会人员进入会场或安排专门的人员在会场门前引导。

2. 制作会场指示牌的注意事项

庆典性的会议和招待性的会议,指示方向的标志的内容大多是"会议室请往这边走",然

图 5-1 座签

后再加一个箭头指明方向。

如果是商品展销性的会议,由于展台的种类和数量很多,不容易找到,这种情况下应该首先把同类的展台安排在一起,在门口处放置一个大的展台分布图,然后在一些容易走错的地方放置一些小的标志,内容是"××展台请往右走",这样就让人很容易找到想去的展台。

(五)证件设计的注意事项

(1)应该注意根据公司不同的文化理念设计会议证件或姓名卡片。有的公司强调区分开不同职务、地位人员的身份,有的公司则强调所有员工的平等。

(2)姓名卡片的大小式样应该注意经济适用、美观大方。

(3)姓名卡片在会议的接待区向与会人员发放,并在主席台等必要的地方放置台签式姓名卡片。

(4)会议证件的设计格调要与会议的性质和气氛相适应。例如,庆祝会、代表大会的代表证可以采用红色衬底,以体现喜庆的气氛,学术性会议可以采用蓝色衬底。

(5)涉外会议证件可以用中文和外文两种文字,外文排在中文下方。

四、安排会议生活

安排会议生活主要包括预订交通工具,安排食宿,联系与安排参观、访问活动,确定医疗、保卫人员。秘书要严格按照会议的议程和日程进行安排。秘书必须提前预订,会前确认,掌握相关联络人员的通信方式,以便随时联系。如果会议期间,日程临时发生变动,那么秘书要及时做好会议生活的协调工作。

五、布置会场

布置会场是会议前期重要的准备工作,会场布置得是否合理,对于会议的成功与否具有很大的影响。尤其是对于一些重大的会议,更是应当拿出很长一段时间做准备。会场的地点和大小是否合适,设施是否齐全,会场的布局是否合理,会场营造的气氛是否与会议主题内容一致,对会议效果都会产生直接的影响。所以,组织会议的秘书人员必须重视会场的布置。布置会场主要包括布置会场的形式、安排会议座次、布置环境、布置主席台等内容。

(一)会场形式的布置

会场形式的安排,要根据会议的规模、性质和需要来确定。不同的会场布置形式,体现不同的意义、气氛和效果,适用于不同的会议目的。根据参会人员座次安排,整体上可以分为相对式、全围式、半围式、分散式四种。

1. 相对式

这种会场布置形式的主要特征是主席台和代表席采取上下面对面的形式,从而突出了主席台的地位(见图5-2)。由于专门设立了主席台,所以整个会场气氛显得比较严肃和庄重。但这种座位形式容易给在主席台上的发言者造成一种心理压力。如果事先准备得不充分,或现场发挥不好,或缺乏控制会议的经验和能力,就会造成会场秩序的混乱。

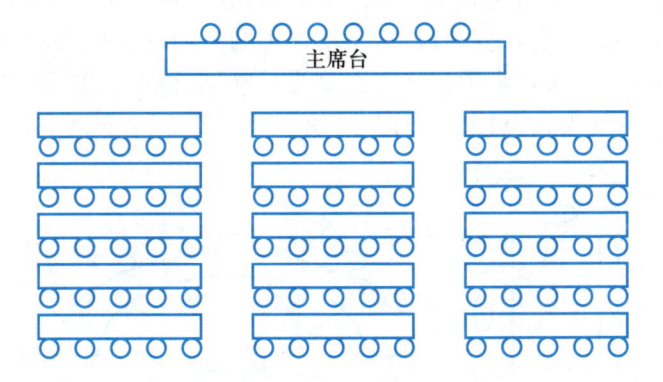

图 5-2 相对式会场布置图

根据参加会议的人数,相对式可以布置成"而"字形,也可以布置成倒"山"字形,即在"而"字形中去掉一列代表席。还可以在"而"字形中去掉两列代表席。相对式的布置场面开阔,较有气势,适合召开大中型的报告会、总结表彰会、代表大会等。

2. 全围式

全围式会场布置形式的主要特征是不设专门的主席台,会议的领导和主持人同其他与会者围坐在一起(见图5-3)。

全围式格局适用于召开小型和特小型会议以及座谈性、协商性等类型的会议。全围式又可以分为圆形、椭圆形、多边形、长方形等。

这种布置形式的优点是容易形成融洽与合作的气氛,体现平等和相互尊重的精神,有助于与会者之间相互熟悉、了解和不拘形式的发言与插话,使与会者畅所欲言,充分交流思想、沟通

(全围式:圆形)　　　　　(全围式:椭圆形)

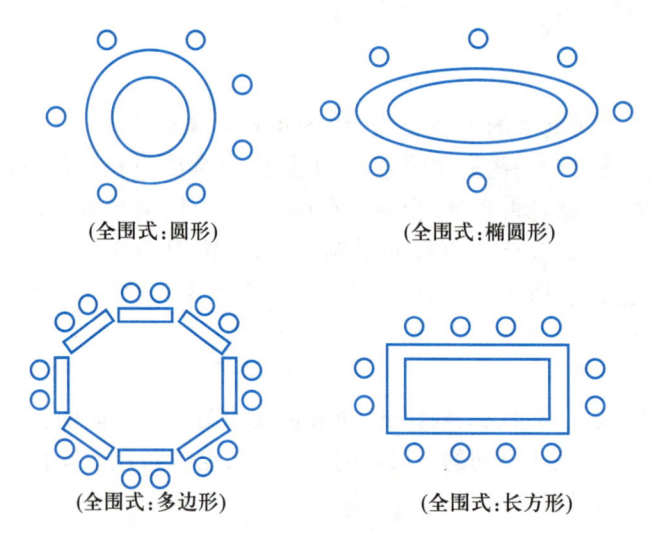

(全围式:多边形)　　　　(全围式:长方形)

图 5-3　全围式会场布置图

信息,同时也便于会议主持者细致观察每位与会者的意向、表情,及时、准确地把握与会者的心理状态,从而保证会议取得预期的成果。

3. 半围式

半围式的布置形式介于相对式和全围式之间,即在主席台的正面和两侧安排代表席,形成半围的形状,既突出了主席台的地位,又增加了融洽的气氛(见图 5-4)。这种布置形式适用于中小型的工作会议。半围式又可以分为马蹄形、桥形、"T"形,等等。桥形格局较特殊,桥面是主席台或评委席,对面是咨询、述职、考评、听证、面试对象的座位,给讲话者的心理压力较大。

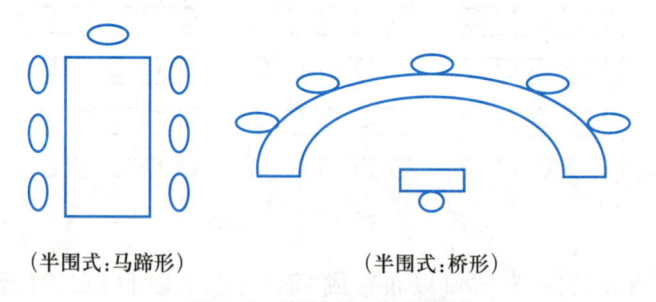

(半围式:马蹄形)　　　　(半围式:桥形)

图 5-4　半围式会场布置图

4. 分散式

这种会场布置的形式,就是将会场分成若干个中心,每个中心设一桌席,与会者根据一定的规则安排就座,其中领导人和会议主席就座的桌席称作"主桌"。这种座位格局既在一定程度上突出主桌的地位和作用,同时又给与会者提供了多个谈话、交流的中心,使会议气氛更为轻松、和谐。

这种布置适合召开规模较大的联欢会、茶话会、团拜会等。当然,这种会场座位格局要求会议主持人具有较强的组织和控制会议的能力。分散式又可以分为方桌形、"V"形、圆桌形等(见图 5-5)。

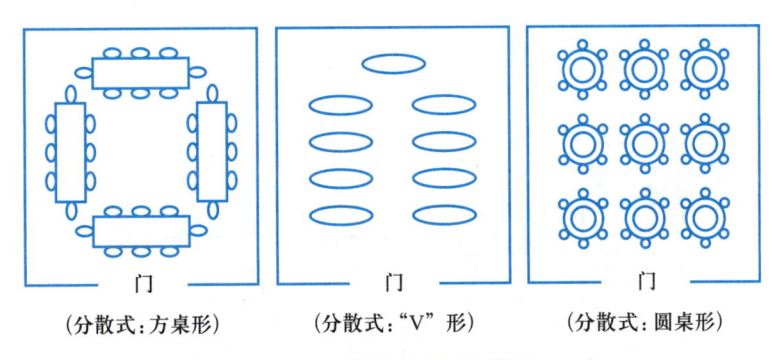

（分散式：方桌形）　　（分散式："V"形）　　（分散式：圆桌形）

图 5-5　分散式会场布置图

（二）会场座位安排

有些会议不需要排列会场内其他人员的座次，但有的会议需要或必须排列座次，如代表会议或中型以上比较严肃的工作会议、报告会议等。为了保证会议和活动能够井然有序地进行，按照一定的规律和科学的原则给与会者安排座位，以便对号入座，这是秘书在会议组织工作中的一项重要内容。排列座次有多种方法，可以根据需要选择合适的方法。

会议座次

1. 横排法

这种排列方法的要领是，把每个代表团、小组、单位的座席从前向后排成纵向的列，按组别顺序以参会者就座的朝向为准，从右向左（国际排法）或从左至右（中国传统排法）横向依次排列座次（见图5-6）。可以按照参加会议人员的名单以其姓氏笔画、单位名称笔画、汉语拼音字母为序，国际性会议往往按与会国家英文名称的第一个字母顺序。选择这种方法时，应该注意先排出会议的正式代表或成员，后排出列席代表或成员。

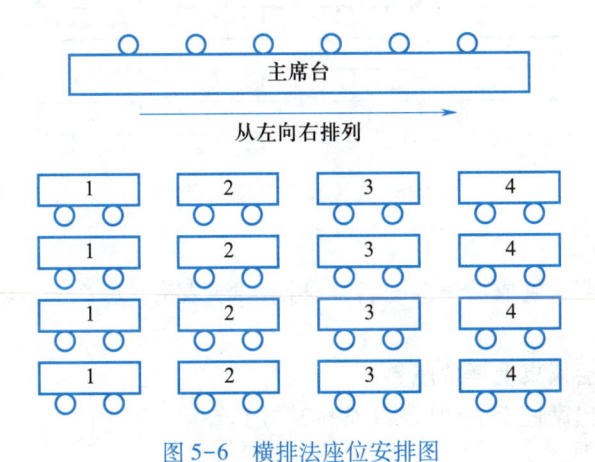

图 5-6　横排法座位安排图

2. 竖排法

这种排列方法的要领是，按照既定的次序把参会的每个代表团、小组、单位的座席排成横向的行，再按代表团顺序从前向后依次纵向排列（见图5-7）。选择这种方法应该注意将正式代表或成员排在前面，职务高者排在前面，列席成员、职务低者排在后面。

147

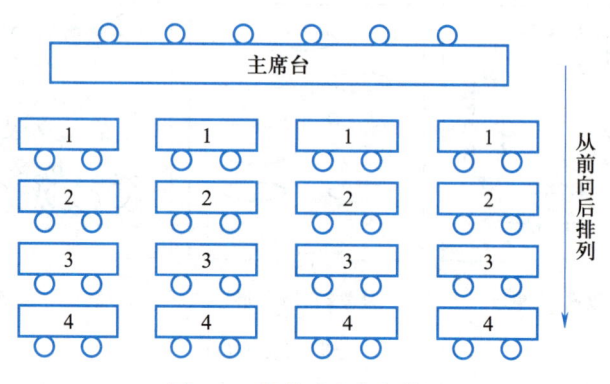

图 5-7　竖排法座位安排图

大型代表大会采取竖排法比较好,党的全国代表大会的座次排列一般都采用这种方法。

3. 左右排列法

这种排列方法的要领是,把每个参会的代表团、小组、单位的座席安排成纵向的列,再以会场的中心为基点,将顺序在前的排在中间位置,然后先右后左(国际排法)或先左后右(中国传统排法),从中间向两侧横向交错扩展排列座次(见图5-8)。

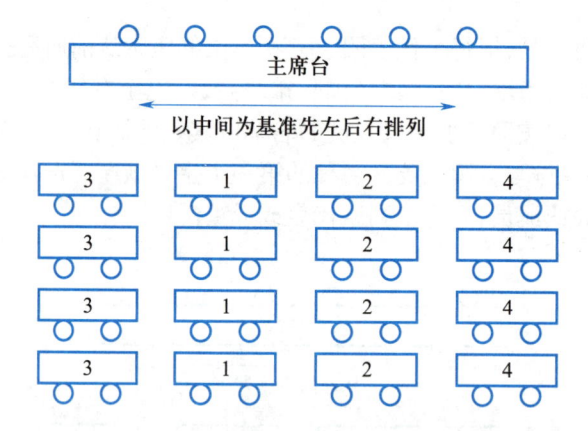

图 5-8　左右排列法座位安排图

(三)座次标志方法

座次标志是指标明会议成员座次的名签、指示牌或表格。座次一旦确定,就要选择好标志座次的方法。

(1) 在主席台或会议桌上摆放座签。

(2) 在与会人员出席证上注明座次(某排某号)。

(3) 印制座次图表。

以上三种方法可以取其中一种,也可以结合使用。可以在与会成员入场之前为其发一份座次图表,或张贴在会场门前醒目处,或在出席证和签到证上注明座号,或者在会议桌上摆放名签。与会人员第一次入场时,会议工作人员应该进行适当的引导。

（四）环境布置

不同的会议要求有不同的环境。党的代表大会会场要求朴素大方，人民代表大会会场要求庄严隆重，庆祝大会会场要求喜庆热烈，追悼会会场要求庄重肃穆，座谈会会场要求和谐融洽，纪念性会议会场要求隆重典雅，日常工作会议会场要求简单实用。

对会场所进行的装饰性布置并不是会议活动的必要条件，但是对会议的效果可以起到非常好的促进作用。对会场的装饰性布置通常是指使用旗帜、花卉、灯饰、工艺品陈设等，一般多用于对会议的现场气氛有特别要求的会议，如庆祝会、表彰会、联欢会、纪念会等。会场的装饰是指根据会议的内容，选择适当的背景色调或摆放、悬挂突出会议主题的装饰物等。会场的装饰要讲究艺术性。

1. 主席台的装饰

设有主席台的会场，主席台是装饰的重点。因为主席台是整个会场的中心。一般应该在主席台上方或背景处悬挂红色的会标（亦称横幅），会标上用美术字标明会议的名称。主席台背景处（亦称天幕）可以悬挂会徽或红旗以及其他艺术造型等，主席台上或台下可以摆放花卉和绿色植物。

2. 会场背景的装饰

会场背景的装饰除了主席台的装饰之外，主要指会场四周和会场的门口，这些地方可以悬挂横幅标语、宣传画、广告、彩色气球等，还可以摆放鲜花等装饰物，一些礼节性会见，可以多摆些鲜花，同时还可以在会客室四周墙壁上悬挂几幅名人字画及有特色的工艺品等作为点缀，这样更能增添会场典雅的气氛。

3. 色调的选择

色调在这里主要是指会场内色彩的搭配与整体基调，应当选择与会议内容相协调的色调，这样可以对与会者的感官形成一定的刺激，在其心理上产生积极的影响。可以通过对主席台、背景板、台布、场内桌椅及其装饰物色彩的调节而烘托整体的色调。

> **小知识**
>
> **色彩的妙用**
>
> （1）色彩的冷暖与明暗。红、橙、黄等颜色为明色，也是暖色；青、紫、蓝等颜色为暗色，也是冷色；黑、白、金、银、灰等颜色为中性色。
>
> （2）色彩的远近与轻重。红、橙、黄等颜色让人觉得近而重；青、紫、蓝等颜色让人觉得远而轻。
>
> （3）色彩的兴奋与沉静。暖色有兴奋之感，冷色有沉静之感。
>
> （4）色彩的宽广与狭隘。明色给人以宽广的感觉，暗色给人以狭隘的感觉。一般来讲，红色、粉色、黄色、橙色等色调比较亮丽明快，可以表现出热烈、辉煌的气氛，使人感到兴奋，因此比较适合庆典性会议。
>
> （5）天蓝、墨绿、米黄等色调庄重、典雅、比较适合严肃的工作会议。

4. 花卉的布置

花卉的布置对人的情绪会产生一定的影响。比如,铁树、棕榈代表庄严;万年青、君子兰表示友谊长存,万事如意;菊花表示高洁;月季、玫瑰表示喜庆;牡丹表示富贵等。根据会议内容,恰当地配置花卉,可以使人心情愉快。根据不同的花卉所表示的不同的感情色彩,对不同的会议摆放不同的花。一般性会议选择月季、扶桑等花卉,可以使人心情愉快,气氛轻松。比较庄重的会议,最好摆放君子兰、棕榈、万年青等,可以使人情感镇静,不易冲动。对花卉的选择,也可以根据会议种类的不同而定,以简朴、明快为宜。

日常工作会议由于开会时间较长,且又是处理本部门的重大问题,与会者头脑一直处于紧张的状态,容易疲劳,因此,在会场中可以将窗帘、四壁布置成冷色或中性色,摆放棕榈、苏铁等绿色植物,以减轻与会者的疲劳,使他们的情绪较长时间处于冷静状态。另外,绿色植物还能净化空气。

座谈会等一般性质的会议,要布置成柔和、轻松的色调,可以摆放月季、扶桑等观赏性花卉和米兰、白玉兰、茉莉等赏香型花卉,以便增加团结和谐的气氛。

庆祝大会的会场,可以利用暖色调布置得醒目一些。例如,悬挂旗帜、会标等,摆放鲜花,渲染出热烈喜庆的气氛。

> **微型案例**
>
> "俗气"优于"素雅"?
>
> 万向集团与宏达公司在深圳香格里拉酒店举行合作签约仪式。酒店服务人员按照酒店例行规定,在主席台摆放了几盆以红色为主的色彩绚丽的鲜花。宏达公司办公室文员王小姐提前来检查会场的布置,她觉得这几盆颜色鲜艳的鲜花有些俗气,就让服务人员换成几盆素雅的鲜花,摆上后,办公室主任认为此花与会场的气氛不配,只好请服务员将原来的鲜花摆上。

5. 会场的气味效应

会场内的气味对与会人员情绪和会议效率具有特殊的作用。实验表明,在会场内施以淡淡的清香,可以使人的心情变得舒畅,加快头脑反应速度。反之,如果会场内有其他异味弥漫,就会使人心情变得烦躁,产生焦虑情绪,急于离开会场。改善会场的气味环境的方法主要有三种。

第一,提前打开门窗或打开空调,通风透气。

第二,在会议室里放置有清香气味的鲜花(如米兰、茉莉、月季或兰花等)。

第三,在会议室提前喷洒少量的具有清香气味的空气清新剂(以柠檬和薰衣草香型为好),但不可过于浓郁。

(五)主席台布置技巧

主席台是会场的中心,众人瞩目,是整个会场布置工作中的重点之一。是否设置主席台,取决于会议的大小和隆重的程度。大中型会议的会场一般都应该设置主席台,以体现会场的气氛,也有利于会议主持者主持会议。

1. 主席台座次的排列

主席台的座次安排,实际上就是参加会议的领导人和贵宾的次序安排,秘书必须极其认真地对待。要做好这项工作,首先要请领导人确定主席台上就座人员的准确名单,然后严格按照名单安排座次。重大会议主席台的座次排列名单一般由秘书部门负责人来亲自安排,并送有关领导审定。有的会议,领导人对座次问题有专门关照,则应该按照领导的意见办。

（1）国内会议主席台座次排列。通常的做法是:身份最高的领导人(有时也可以是声望较高的来宾)就座于主席台前排中央,其他领导人则按照先左后右(以主席台就座人的朝向为准)、一左一右的顺序排列,即名单上第二位领导人坐在第一位领导人(居中)的左侧,第三位领导人则坐在右侧,依次类推。如果主席台上就座的人数为偶数,则以主席台中间为基点,第一位领导人坐在基点左侧,第二位领导人坐在基点的右侧,即第二位领导人坐在第一位领导人的右侧。如图 5-9 所示。

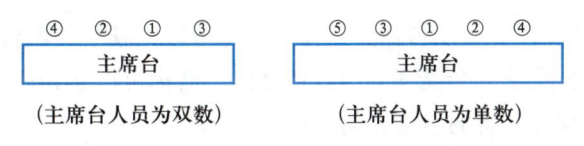

图 5-9　主席台单排座次排列图(国内)

（2）国际性会议主席台的座次的排列。一般为主办方身份最高的出席者居中,其他来宾按身份高低先右后左向两边排开。这一点与国内会议先左后右的排列顺序正好相反。

（3）主席台多排座次的排列。同会场座位布置相比,主席台的座次布置可以选择的形式较少,一般都采取横式。

一般根据主席台上就座的人数多少来确定主席台的长短和排数。可以是一排,也可以是多排。除前排必须通栏外,后排有时也可以分成两栏,中间留出过道。主席台上每排桌椅之间要空开适当的距离,以方便领导人入席与退席,如图 5-10 所示。

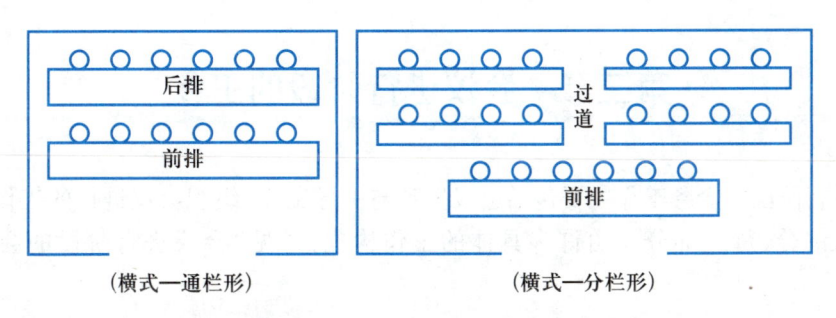

图 5-10　主席台多排座次排列图

2. 讲台

设置专门的讲台,有助于突出报告人的地位,显示报告的重要性,也体现出会议气氛的庄严和隆重。因此,重要的代表大会、报告会等均需要设置专门的讲台。一般情况下,讲台只设一个，可以设在中央，也可以设在右侧（以主席台的朝向为准），如图5-11所示。设在中央的，位置应该低于主席台，以免报告人挡住主席台上领导人的视线。较大的会场也可以在主席台的两侧设置讲台，以方便代表上台发言。一些特殊的会议（如辩论会、联合记者招待会等）可以不设主席台，只设两个讲台。

图 5-11　主席台讲台图

3. 揭幕架

会议活动如果穿插揭幕仪式（如揭牌、揭像等），那么可以在主席台的左侧设揭幕架，与讲台对称。揭幕架上事先放置好所要揭幕的牌、像等，上面用合适的丝绒布罩住。

4. 会标

会标，即大会的标志，写有会议名称的条幅。会标可以悬挂于主席台前沿上方或主席台后面的背景天幕上。正式、隆重的会议都应当悬挂会标。会标可以起到体现会议的庄重性、提示会议的主题和性质、激发与会者的参与感的作用。

会标的制作要注意格调与会议的主题相一致，会标应当醒目，具有视觉冲击力，会标主要表现会议的名称。

5. 会徽

会徽是体现或象征会议精神的图案性标志，一般悬挂在主席台的天幕中央，形成会场的视觉中心，具有较强的感染和激励作用。

会徽一般有两种来源：一种是以本组织的徽志作为会徽，如党徽、国徽、团徽、警徽等；另一种是向社会公开征集，选择最能体现或象征会议精神的图案作为会徽。

6. 天幕、台布与花卉

主席台的天幕与台布颜色、装饰以及花卉的选择要与会议主题的气氛相吻合。

第三节　会议进行阶段的工作

会议进行阶段的会务工作主要包括会议报到与引导工作、组织会议进行的工作和搞好生活服务三大部分，每个部分又由许多具体的工作构成，详见"会议进行阶段的会务工作框架图。"

小知识

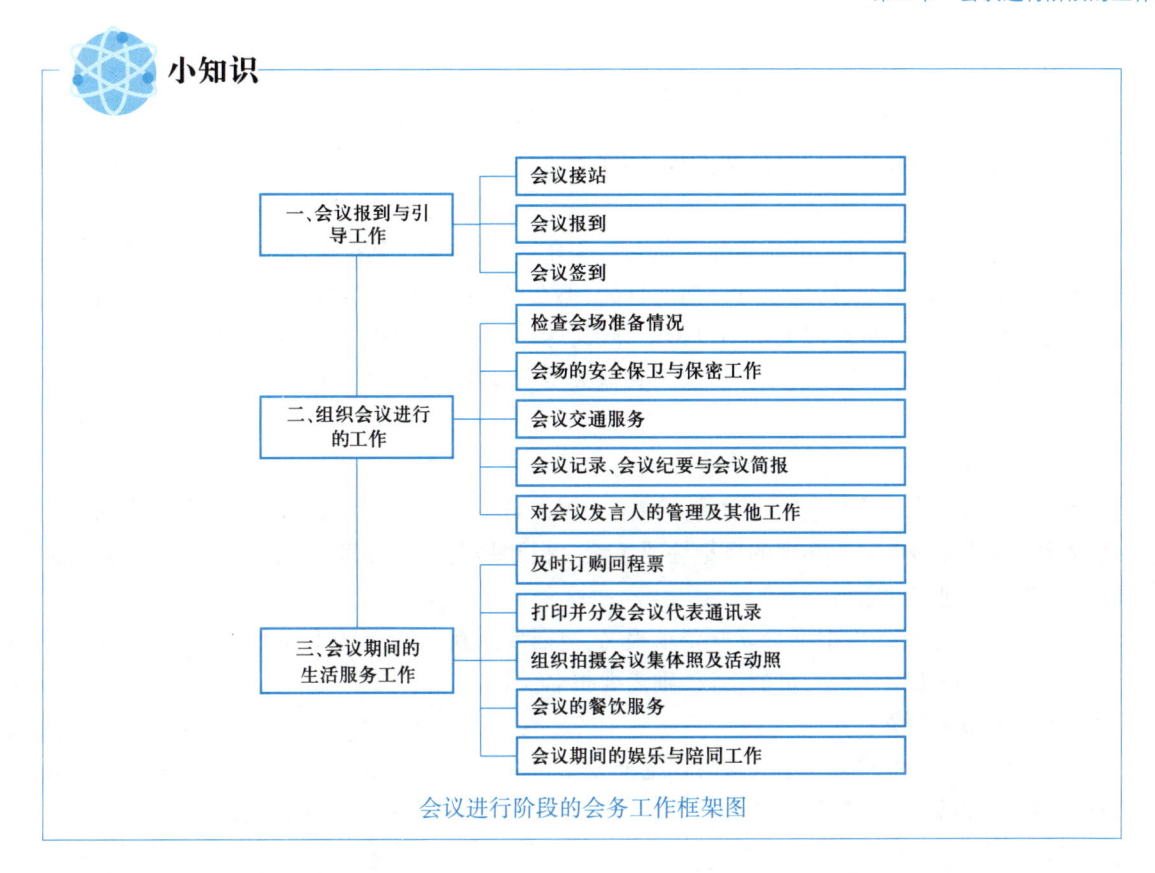

```
一、会议报到与引导工作
  ├─ 会议接站
  ├─ 会议报到
  └─ 会议签到

二、组织会议进行的工作
  ├─ 检查会场准备情况
  ├─ 会场的安全保卫与保密工作
  ├─ 会议交通服务
  ├─ 会议记录、会议纪要与会议简报
  └─ 对会议发言人的管理及其他工作

三、会议期间的生活服务工作
  ├─ 及时订购回程票
  ├─ 打印并分发会议代表通讯录
  ├─ 组织拍摄会议集体照及活动照
  ├─ 会议的餐饮服务
  └─ 会议期间的娱乐与陪同工作
```

会议进行阶段的会务工作框架图

一、会议报到与引导工作

（一）会议接站

接站是跨地区、全国性和国际性会议活动接待工作的第一道环节。会议活动的接站同一般接待活动的接站在许多方面具有共同之处，但由于会议活动的接待对象人多面广，因此需要注意的事项较多。

1. 确定迎接规格

重要领导或外宾前来参加会议，要事先确定迎接的规格，主办方应当派有一定身份的人士前往机场、车站或码头迎接。

2. 做好接站准备

会议接待部门接收到会议领导部门下达的接待任务后，要通过汇总回执、报名表以及打电话等渠道，尽快充分掌握接待与会人员的人数、身份，包括姓名、性别、年龄、职务、级别等，对于外地与会人员，要弄清楚他们所乘飞机、火车、汽车或轮船等交通工具的班次、抵达日期和具体时间，及早安排接待人员、车辆，并安全、准时接站。同时还要做好各项生活服务准备工作，迎接与会人员的到来。

3. 竖立接待标志

与会者集中抵达时，在接站处以及交通工具上要有醒目的接待标志。可以用牌子或横幅，上面要标明"×××会议接待处"的字样，以便与会者辨识。个别接站，接站人员可以手举欢迎标

153

志,上书"欢迎×××先生(女士)"。

4. 掌握抵达情况

随时掌握并统计抵达的名单和人数,特别要留意晚点抵达的与会者,避免发生漏接现象。

5. 介绍宾主双方

与会者到达时,迎接人员应该迎上前去自我介绍,并主动与其握手以示欢迎。如果领导亲自前去迎接重要的与会者,且双方是初次见面,那么可以由接待人员或翻译人员进行介绍。通常先向来宾介绍主办方欢迎人员中身份最高者,然后再介绍来宾。主客双方身份最高者相互介绍后,再按照先主后客的顺序介绍双方其他人员。这种介绍有时也可以由主方身份最高者出面。

(二) 会议报到

会议报到是针对需要集中住宿的大中型会议而言的,是与会者从自己的工作单位或住地到达指定的开会地点时所办理的登记注册手续。报到是会议秘书部门掌握与会人员准确到会的情况并实施组织的重要一环。

一般说来,重要的大中型会议既要求报名,也需要报到,普通的会议只履行报到手续即可。由下级单位自己确定参会人员的会议,则需要报名。

1. 会议报到的方式

会议报到可以由与会者本人持会议通知或单位介绍信亲自报到,也可以由本单位与会人员代为报到,例如,一个单位参加同一个会议人员较多时,可以采用这种方式,由一人,如秘书,代为报到。

2. 与会者报到时,秘书要做好的工作

(1) 查验证件,确认与会者的参会资格。一般情况下,与会人员应该持会议通知或本单位介绍信亲自来报到。会议秘书要根据手中掌握的材料查实报到人员确是与会人员,特别是对委托他人代为报到的与会人员,更要核实无误。

(2) 在确认报到人身份后,请与会者在登记表上填写个人姓名、性别、年龄、单位、职务、联系地址、电话等有关信息。

(3) 统一接收与会者随身带来的需要在会上分发的资料,经过审查后再统一分发,以免由于与会者在会场上自行分发而影响会议秩序,同时也可以防止自行分发资料可能造成的其他不良后果。

(4) 分发会议文件、证件、文件袋等会议用品。重要文件必须履行签收手续,保密和需要清退的会议文件还要发给与会者文件清退目录,请其妥善保存,会后退回。在分发文件、证件、餐券时,会务组成员应该协同工作,在住地或适当位置集体办公,将所有手续一次办完,将所需分发物品一次性全部发给与会人员。

如果会议要赠送礼品,那么会务组一般将礼品装入资料袋,同资料一起发放。如果并不是所有与会人员都有礼品,或不同的参会者有不同的礼品,接待人员就要细心区分,切忌出错。

(5) 预收会务费、食宿费、资料费等费用,当场开具发票或收据。

(6) 安排与会者住宿。

> **微型案例**
>
> **分发不同礼品的方法**
>
> 在某国际学术会议上,正式代表有手提电脑包礼品,列席代表有精美的水杯礼品,旁听人员没有礼品,而上述三者均需要有会议资料,如何操作呢?会务人员采用的方法是不同的参会人员在不同的接待处登记,分别发放内含不同礼品的会议资料袋,这样既不容易出错,也避免了与会人员因为礼品的原因而引起不愉快。

(三)会议签到

1. 会议签到的作用

签到是为了及时了解该到会的人是否都已经到会,并准确地统计出到会的实际人数。会期较长、具体活动较多、内容较重要、需要集中接待的会议活动,与会者除了办理报到手续以外,还要在每一场会议活动的签到簿上签名,表明其参加了这一次会议。尤其是各级党代会和人大会,签到可以确切掌握出席人数是否达到法定的人数,这对于表决和选举结果是否有效将是至关重要的。

简言之,会议签到的作用主要有以下几方面。

(1)便于统计实到人数,以便确定会议的有效性。

(2)检查缺席情况,以便及时通知有关人员到会,或通知缺席对象另行补会。

(3)庆典仪式、纪念性等会议活动的签到簿可以珍藏,留作永久的纪念。

(4)与会者的亲笔签名是第一手签到记录,是其参加会议活动的书面证明,可以为日后的查考提供历史凭据。在一些法定性会议上,签到还是一种法律行为。

2. 会议签到的形式

(1)会议签到表。同一个单位或同一类会议的签到表应当统一格式。会务人员可以根据需要设计签到表。如果列数较多,那么可以将版面设计为横向排列,这样才有足够的空间填写内容。

> **小知识**
>
> **会议签到表常用格式**
>
> ×××会议签到表
>
> 地点:×××　　　　时间:___年___月___日___时
>
> | 序号 | 姓名 | 单位 | 职务 | 单位地址、邮编 | 固定电话、手机 | 电子邮箱 | 签名 |
> |---|---|---|---|---|---|---|---|
> | | | | | | | | |
> | | | | | | | | |
> | | | | | | | | |
> | | | | | | | | |
> | | | | | | | | |
>
> 　　　　　　　　　　　　　　　　　　　　　　主办单位:×××
> 　　　　　　　　　　　　　　　　　　　　　___年___月___日

会议报到与引导

（2）使用智能会议签到系统签到。常用的智能会议签到系统包括：二维码签到、身份证签到、人脸识别签到、手环签到、机器人签到等。如果使用身份证或人脸识别、手环签到等方式时，需要购买相应的设备，与传统签到表及二维码签到的方式相比，成本较高。因此，一般的会议往往会选择使用传统签到表或二维码签到的形式。参会者通过扫描二维码，填写相关信息，省去了排队填写签到信息、身份验证等过程，方便快捷，有效提高签到效率。

> **小知识**
>
> **二维码在会议中的妙用**
>
> 1. 预约报名
>
> 通过将二维码设计在海报或会议通知上，客户扫码就能查看详细的活动介绍、时间及规则等内容，有意参加者还能直接填写报名信息。这种方式适用于会议、活动、课程、招聘等场景，可以方便地收集意向客户的信息，提高报名效率。
>
> 2. 会议签到
>
> 在会议签到过程中，参会者通过手机扫描会议主办方提供的二维码进行签到，通过二维码签到，可以收集参会者的签到数据，进行统计和分析，帮助主办方更好地了解参会者的信息和需求，为今后的会议策划提供参考。
>
> 3. 出入登记
>
> 二维码签到也可以用于会议的出入登记，实现对参会人员的快速核验和监管。通过扫描二维码，可以自动填写表单信息，免去了手工填写的不便和错误。
>
> 4. 资料获取
>
> 参会者扫描签到后的页面上的二维码，可以链接到会务手册等资料的二维码，方便地获取会议资料，免去了烦琐的资料准备和分发过程。
>
> 5. 实时通知
>
> 通过二维码签到，可以向参会者发送会议相关的实时通知和信息，包括座位号、用餐安排、分组讨论会等，方便参会者及时了解会议的最新动态和安排。

3. 会议签到的要求

签到是一项重要的会务工作。签到工作要求做到以下几方面。

（1）认真准备。要求会前要将有关签到文具、表格或设备准备好。

（2）有序组织。签到的组织活动要有条不紊地进行。要事先安排好签到处，安排会务人员等候。如果在签到的同时发放文件，那么特别要将有关材料装好袋，避免与会者签到时等候，显得手忙脚乱。

（3）及时统计。要求组织签到时，要以最快的速度统计出到会人数和缺席人数，并在会议正式召开之前报告大会主席或会议主持人，以便使其根据签到结果，宣布会议是否符合法定人数，从而决定会议是否能够如期召开。

（4）准确无误。签到的结果必须以准确的数字来体现，既不允许人数不符，也不允许出现

"大约""左右"一类的模糊字眼。

（四）会议引导

引导是指会议活动期间会务工作人员为与会者指引会场、座位、展区、餐厅、住宿的房间以及指示与会者问询的路线、方向和具体的位置。引导虽然看似小事，但却能给与会者提供许多方便，使他们感到亲切，也有利于会场内外正常秩序的建立。

引导工作贯穿于整个会议期间，每一位会务工作人员都应当履行为与会者引导的义务。但在大型的或重要会议报到以及进入会场时应当派专人负责引导，这类专职引导人员常常称为礼仪人员。负责引导的礼仪人员要统一着装，熟悉会场的布局以及各种配套设施的情况。大型会议活动的礼仪人员还要了解本地的交通、旅游、购物等情况，以备与会者随时咨询。国际性会议的礼仪人员还需具备外语会话能力。

日常的小型会议，与会者一般都有自己的习惯座位。但多数会议需要与会者按照会前安排好的座位或区域就座。

有些小型会议也需要与会者有固定的座次，应该在出席证或签到证上注明座号，也可以在每个会议桌上摆放名签，并同时印制"座次表"发给与会者，与会者第一次入场的时候，引导人员应该做必要的引导，以便与会者找到座次。所以，引导人员要做好引导工作，以便保证会议的顺利进行。

召开大型会议，为了方便与会者尽快就座和保持会场安静，都需要会议工作人员采取某种方式引导座位。比如，在会议厅召开的大中型会议，一般都采用对号入座的方式或者将会场划分为若干区域，以地区或部门行业为单位集中就座。根据不同的情况，有的也可以采取随便入座的方式。无论采取对号入座，还是随便入座，或者划分区域入座，都可以设立指示座位的标志或者由会议工作人员引座。

二、组织会议进行的工作

作为一名出色的秘书，在组织一次会议活动的过程中，要在会前做好充足的准备工作，在会议进行的当天，仍要细心地做好每一项具体工作的检查。其中第一项就是检查会议室的准备情况。千万不要小看这个看似简单的工作，它是一个会议能否顺利召开和高质量召开的基础。同时它也是一名秘书工作态度、职业素质的最直接体现。

（一）检查会场准备情况

会议当天对会议准备情况的检查主要包括设备安全工作情况，桌椅数量是否足够，水和水杯的准备，会标、花卉的准备等细节。

（二）会场的安全保卫与保密工作

如果是公司内部的会议，那么会场安全保卫基本不用作特别安排。如果是对外的会议，尤其是一些大中型会议需要确保与会人员的人身与财产安全，就应该做好保卫工作。对一些大中型会议，会场要专门配有服务人员，秘书应当督导和协助服务人员做好以下工作。

（1）与会人员入场时的验证与收票工作。

（2）保持会场内的秩序，维护场内设备。

（3）关注会场内各种设备的使用情况。

(4) 做好会场内的安全保卫工作。防止与会议无关的人随便进入会场。关注会场内的设备运行情况,消除火灾隐患,防止意外事故的发生。保证会场内人员的安全与健康,如果发现有身体不适或突发疾病者,要及时请保健医生或送往附近医院或联系急救中心。

另外,还要做好会议的保密工作。会议期间,一方面,应该有相应的值班制度与要求;另一方面,对保密文件的分发、收回以及会议内容的保密要制定一套严格的程序与制度。

(三) 会议交通服务

会议交通服务是对会议车辆进行科学调配以便保证会议用车的工作。它直接关系到与会人员的集体活动、会议组织的工作需要、特殊用车的批准使用,应该引起会议工作人员的高度重视,否则就不能保证重点,满足需要,可能贻误会议的正常活动,甚至造成无法开会的严重后果。要根据会期长短、与会人员数量多少等实际情况,本着既保证工作又勤俭节约的原则,做好交通安排。

1. 筹齐会议用车

如果会议主办单位车辆不够,就必须调用其他单位车辆或租用车辆。会议车辆的调用(租用)应该严格遵循必要和合理的原则,按照国家的规定,大轿车的调用(租用)按照参加会议人员平均40人一辆计算,小轿车根据会议的规格和实际需要从严掌握。做到既保证会议用车,又符合节俭的原则。

2. 拟定会议用车制度和纪律

大会用车或大会工作机构用车要提前预订,并履行必要的审批手续。参加会议人员办理与会议无关的公务和私事会议不供车,与会议无关的参观、游览,其交通费由个人自理。

3. 合理调度会议用车,确保会议进程按计划实施

要根据人员多少安排车辆,一般应该配备轿车。如果人员较多,则应当换乘适合规模的旅行车,既要避免人员过挤,也要防止车辆过多。对所配车辆应该严格检查。

会议的秘书部门要会同行政后勤部门安排好会议交通用车,用车能固定的尽可能予以固定,防止差错。交通车辆的安排应该以节俭、方便为原则,既要保证与会人员按时到会,又要注意节约和保证行车安全。会议要印发车辆通行证,并且应该指定专人负责会场周围的交通指挥和管理工作,做到秩序井然,防止交通事故。行政后勤部门要注意听取与会人员对交通安排的意见,及时研究改进。

4. 对驾驶人员的管理

要把调度一览表发给每一位司机,并且调度人员应该在每天刚上班的时候向司机再宣布一次当日的用车情况,特别是在原有的安排出现变化的时候,一定要当面向司机交代清楚。

如果车上配备了接待人员,那么司机一般应该听从接待人员的安排。当然,有经验的司机也可以向接待人员提供一些好的建议。只有双方相互配合、相互尊重,才可能圆满完成任务。

另外,要注意合理安排司机的时间,不要让其疲劳驾驶,以免发生事故。

如果是接待外宾,那么对未接待过外宾的司机还应该进行适当的培训。

(四) 会议记录、会议纪要与会议简报

会议进行中,需要进行会议记录。在会议过程中,由专门记录人员把会议的组织情况和具

体内容如实地记录下来,就形成了会议记录。

会议记录有"记"与"录"之分。"记"又有略记与详记之别。略记是记会议上的重要或主要言论。详记则要求记录的项目必须完备,记录的言论必须详细完整。对会议记录而言,录音、录像通常只是手段,最终还要将录下的内容还原成文字。

微型案例

秘书小刘为何被更换了?

宏达公司总经理办公室的小刘由于字迹清秀而被安排承担会议记录工作。小刘很高兴,她觉得自己受领导信任才被委以如此重任。但是办公室主任在检查了几次会议的记录后就很直截了当地批评了她,因为她的记录不完整,有许多重要的话没记上,会议中跑题的内容却记上了。办公室主任告诉她可以采用速记方法,会后再作整理。可是小刘从未学过速记,就想了个自以为聪明的方法:用录音笔录下来,然后再依据录音整理会议记录。没想到第一次用就闯了祸。那次会议是董事会研究部门负责人的职务调整,董事长一见小刘带着个录音笔,就让办公室主任立即换人记录。小刘弄不明白:为什么自己被更换了呢?

1. 会议记录

秘书要熟练掌握会议记录的格式、要求与记录的重点。

(1) 会议记录的格式。分为记录头、记录主体、审阅签名三个部分。

记录头的内容有会议名称、会议时间、会议地点、会议主席(主持人)、会议出席、列席和缺席情况、会议记录人员签名。

(2) 会议记录的要求。归纳起来主要有两个方面:一是速度要求,快速是对记录的基本要求;二是真实性要求,纪实性是会议记录的重要特征,确保真实是对记录稿的必然要求。

真实性要求的具体含义是:准确——不添加,不遗漏,依实而记;清楚——首先是书写要清楚,其次是记录要有条理,突出重点。

(3) 会议记录的重点。在会议的进行中,经常要进行许多讨论。会议记录并不是要逐字记录会议内容,一般只要记录讨论的要点即可。

会议记录应该突出的重点有:会议中心议题以及围绕中心议题展开的有关活动,会议讨论、争论的焦点及各方的主要见解,权威人士或代表人物的言论,会议开始时的定调性言论和结束前的总结性言论,会议已经议决的或议而未决的事项,对会议产生较大影响的其他言论或活动。

如果有必要,在会议进行中,可以借助录音设备对会议内容进行录音,特别是决议或修正案,一定要一字不漏地进行录音,这样在会后整理记录时,可以有充分的依据,便于逐字修改。

要注意录音笔摆放的位置,不要离发言人太远,以免录出的声音太小。也不要离发言人太近,避免声音过大而不清楚。

会议录音需要在满足以下两个条件之后才可以进行:一是具有专用的设备,例如,录音笔或摄像机;二是得到会议组织者的允许。

实用范例

某台资企业工作例会会议记录表格

会 议 记 录
××部第[　　]号

会议日期：	会议时间：		会议地点：
主席：	列席：	上级指导：	记录整理：
主题：			
出席人员：		缺席人员：	

项目	内容	执行单位	预计完成日期	实际完成日期
一、上期追踪				
二、决议事项				
三、协调事项				
四、宣布				
五、上级指示				
六、临时动议				
与会人员会签				
备注	本会议记录已电邮至贵邮箱，如果需要留底，请自行复印。			

文件归档人：	文件归档日期：	会议主席签字：

实用范例

××公司会议记录

时间：××年9月1日9时
地点：公司办公楼五楼大会议室
出席人：公司各部门经理
缺席人：王××(出差)
主持人：马××(公司副总经理)
记录人：祁××(办公室主任)
一、主持人讲话：今天主要讨论一下"中国办公室"软件是否投入开发及如何开展前期工作的问题。

二、与会者发言
　　技术部朱经理：类似的办公软件已经有不少，如微软公司的 Word、金山公司的 WPS 系列，以及众多的财务、税务、管理方面的软件。我认为首要的问题是确定选题方向，如果没有特点，那么千万不能动手。
　　资料部祁经理：应该看到的是，办公软件虽然很多，但从专业角度而言，大都很不规范。我指的是编辑方面的问题。例如，Word 中对于行政公文这部分就干脆忽略了，而书信这一部分也大多是英文习惯，中国人使用起来不太方便。WPS 是中国人开发的软件，在技术上很有特点，在编辑功能方面也具有专业水准。我认为我们定位在这个方面是很有市场的。
　　市场部唐经理：这是在众多航空母舰中间寻求突破，我认为有成功的希望，关键的问题就是必须小巧，并且速度极快。因为我们建造的不是航空母舰，这就必须考虑到兼容问题。
　　三、决议
　　各部门都同意立项，初步的技术方案将在 10 天内完成，资料部预计需要 3 个月完成资料编辑工作，系统集成大约需要 20 天，该软件预定于元旦投放市场。
　　散会。

主持人：(签名)
记录人：(签名)

2. 会议纪要

　　会议纪要是根据会议的主旨，用准确而精练的语言综合记述其要点的书面材料。它是在会议记录的基础上，分析、综合、提炼而成，用来概括反映会议精神和会议成果的文件。并非所有会议都要产生会议纪要。会议纪要有两个目的：一是让与会者带回去作为传达贯彻会议精神的依据；二是上报，使上级主管部门和有关单位了解会议的情况或予以转发。

　　(1) 会议纪要的类型有两种。一种是例行会议纪要，例如，经理办公会议纪要、厂长办公会议纪要。这种类型的会议纪要是将会议形成的决议下发，或让上级了解会议的精神，因此要求简明扼要。另一种是工作会议纪要。是指各机关、部门或地区就重大工作问题召开专门会议，交流情况，统一认识，研究政策措施之后，需要整理出会议纪要，上报下发，或请求上级批转。

　　(2) 会议纪要的内容包括两方面。一方面是会议情况简述，包括召开会议的根据、目的、时间、地点、参加会议的人员、会议讨论的问题以及会议的成果。另一方面是对会议主要精神的阐发，这是会议纪要的主体部分。

　　(3) 会议纪要的撰写应该做到"纪实、纪要"。既忠实于会议实际，又内容集中、概括、精练、逻辑严密、条理清楚。

3. 会议简报

　　会议期间的重要文书工作就是编写会议简报。会议简报是会议的交流性和指导性文件，要求及时、准确编写。简报经过领导审定后才可以发稿。

　　编写会议简报的基本要求可以用四个字概括：快、精、实、短。

　　"快"，是由会议的时限性决定的。只有迅速、及时地把会议情况报道出来，才能达到传递信息、促进工作的作用。

　　"精"，即材料要精。简报内容要紧紧围绕会议的中心议题，突出重点，抓住典型，提炼概括。

"实",是对一切公文的起码要求。这就是简报所反映的情况和问题要真实、准确,不能随意夸大或缩小。

"短",简报本身从字面上解释就是简短的报道。言简意赅是会议简报的一个显著特点。因此,会议简报的行文特色应当是:开门见山,直接叙事,一语中的,尽可能一事一议,少做综合报道。简报一般字数在几百字,至多不过千字。

4. 新闻报道

根据会议的性质与目的,如果需要将会议的内容或精神宣传出去,秘书在会前就应该与新闻媒体记者联系好,邀请他们到会报道。

(五)对会议发言人的管理及其他工作

会议期间为了保证会议的顺利进行,除了以上工作以外,还有其他的工作,例如,确定会议发言人及解决其他事务或突发事件,也是保障会议顺利进行所必需的。

会议组织者要安排好会议发言人的人选及发言顺序,要注意每个人的发言时间及内容的合理性。当确定发言人后,要对发言人作出邀请,当发言人到会后,根据计划安排发言人的发言顺序,确认每个人的大致发言时间,要保证每个发言人的发言时间和顺序不发生冲突,保证每个人的发言时间充裕,且要给与会的其他人员(如记者等)留出发言的时间。

会务人员还需要准备一些常用药品,如腹泻、感冒、咳嗽等药品,以备与会人员急用。在会议进行中,会务人员要做好与会人员需要的传真或复印等工作。

三、会议期间的生活服务工作

(一)及时订购回程票

与会人员是否订购回程票,会务组可以在会议通知的回执中列明,也可以在会议签到时列明或确认,收费后帮其订票。

(二)打印并分发会议代表通讯录

会务人员根据会议签到表制作通讯录,向与会人员确认后,复印发给与会代表。

(三)组织拍摄会议集体照及活动照

如果拍摄会议集体照,那么要将会议的主题含在照片中,即把会标等作为背景。集体活动照也要照出特色,以作纪念或宣传之用。

(四)会议期间的娱乐与陪同工作

1. 会议期间的娱乐服务

会议期间为了丰富与会者文化生活及调节与会者情绪,可以开展一些娱乐活动。例如,观看文艺表演,组织舞会或文艺晚会,安排参观、考察,等等,可以丰富会议活动期间的业余生活,做到劳逸结合,同时也有助于提高会议效率。

会议期间的娱乐活动一般作为固定日程安排在会议日程表中,通常放在下午或晚上。

(1)确定娱乐活动的内容和形式。

第一,配合会议活动的主题。娱乐活动可以分为两类,一类是带有教育性的,另一类是纯娱乐性的。但具体安排时应该配合会议活动的主题,以教育性的为主,例如,纪检监察工作会议期间可以安排观看反腐倡廉题材的节目和影片。召开安全生产工作会议,可以组织参观学习安全生产方面的典型企业。

第二,适当照顾与会者的兴趣。从某种意义上说,娱乐活动是对与会者的一种慰劳,适当照顾他们的兴趣和要求也是理所当然的。要根据与会者的兴趣确定娱乐活动的形式,如文艺演出等。

第三,尊重与会者的宗教信仰和风俗习惯。要特别注意审查节目和影片的内容,避免因政治内容或宗教信仰、风俗习惯等问题而引起与会者的不快。

第四,体现民族特色和传统文化。国际性会议活动的文艺招待要尽可能选择能够体现主办国民族特色的节目。双边会议活动的文艺招待可以适当安排客方国家的民族传统节目,以体现对客方的尊重和友好。

(2)做好各项组织工作。

第一,参观游览活动的计划确定之后,应该及时与接待单位取得联系,以便提前做好接待、介绍工作的准备。组织观看电影、文艺表演活动,要预订座位。自娱自乐的活动要准备好场地、器材等。

第二,组织外出的娱乐活动属于集体行动,因此要事先统计好人数,安排好来回接送的车辆,并注意上车后清点人数,避免漏接、漏送。

第三,时间较长的参观游览活动,要安排好食宿。

第四,准备必要的资金和物品,如摄像机、手提扩音机、对讲机、团队标志、卫生急救药品等。

第五,参观游览活动的人数较多时,要事先编组并确定组长,也可以为每个小组配备一名会务工作人员,负责具体的事务工作和安全工作。

第六,组织外出考察、参观、游览,应当由有一定身份的主方人员陪同。必要时应该配备导游和翻译。

(3)安排娱乐活动的注意事项。

第一,要统筹安排,避免重复。

第二,避免格调低下的娱乐活动。

第三,在观看文艺演出前,要做简要介绍。演出若有剧情,则可以简单介绍情节,演出结束后可以帮助与会者回顾并回答他们的问题。

第四,注意安全。在大型娱乐场所,应该提醒与会者不要走散并注意他们的动向和周围环境的变化,以防不测。

2. 会议期间的陪同服务

(1)陪同的意义和作用。

第一,表达尊重和友好。陪同是一种常见的交往礼仪。在接待过程中,客人外出演讲、观摩、游览、购物、就餐以及参加各种事先安排的活动,由主方人员出面陪同,是主人对客人礼貌尊重和热情友好的体现。

第二,便于沟通和交流。陪同客人外出活动时,宾主双方的心情比较轻松。气氛也不像会见或会谈时那样紧张,更加容易沟通和交流,正式谈判时的那种紧张气氛和矛盾往往可以在陪同的过程中得到缓解。

第三,提供方便和保障。陪同也是一种接待服务。通过陪同工作,使客人在外出活动期间处处有人照应,事事有人安排,让客人感到放心、称心和舒心。

(2)确定陪同规格。陪同的规格是指出面陪同的主陪人员的身份高低。

第一,客人身份高于本单位领导身份的,一般应当由本单位领导亲自主陪。本单位领导人另有公务时,可以由副职领导出面代表正职陪同。

第二,客人身份与本单位领导身份相同的,本单位领导可以陪同客人出席一些重要的接待活动,其他一般活动则可以由副职领导出面陪同。

第三,对于客人身份较低的,或者是工作事务性来访,或者是客人外出进行私人活动,可以派与其身份大体相当或稍低的人员(如秘书)陪同。

(3)陪同工作的主要内容。

第一,了解客人出行的意图、方式、线路、目的地和日程安排。

第二,通知有关方面做好各项接待准备,必要时进行事先检查。

第三,对陪同过程中可能会出现的问题进行分析预测,制定相应的预案。

(五)会议的餐饮服务

餐饮服务是会议进行阶段服务中不可或缺的组成部分。就餐形式的合理安排有利于促进整个会议的顺利进行,有利于达到会议目标。会议期间的每一次宴会都为与会者提供了增加认识和了解的机会,所以会议餐饮就成为会议期间人们交往不可缺少的活动。

会议组织者在策划就餐形式时从会议自助餐到大型宴会都必须考虑最初的预算。在同酒店洽谈中,应该注意到餐饮服务的每一个环节,甚至包括选择菜单的定价,而且要与酒店餐饮部门反复磋商。例如,对餐厅的选用、场面气氛的控制、时间节奏的掌握、空间布局的安排、音乐的烘托、餐桌的摆放、台面的布置、餐具的配套、菜肴的搭配、菜肴的名称、服务员的服饰等都要紧紧围绕宴会主题来进行。

1. 会议餐饮服务的种类

会议进行过程中的餐饮服务主要有以下两种。

(1)会议一般用餐。有外单位人员参加的、时间在一天或一天以上的会议,一般要安排会议的用餐。会议用餐的伙食标准和收费标准应该按照有关规定确定。会议秘书部门应该将会议就餐人数及时告诉行政后勤部门,事先安排用餐的场所和就餐的办法。

如果是会中的休息午餐,那么午餐地点应该安排在会场附近,可以让与会者有时间往返于会场所在地。餐饮最好中西餐结合,可以是自助餐,也可以是工作餐,以便满足各种人员的需要及要求。

如果是一天会议结束后的晚餐,那么可以较午餐丰盛一些,让与会者有充分的时间去享用食物。如果会议时间在两天以上,那么还要注意安排早餐。早餐应该注重营养舒适,形式可以较中餐和晚餐简单一些,通常采取配餐或自助餐的形式。

(2)会议特殊用餐。除了会议统一配餐之外,另外需要特别做出安排的用餐。通常是指符合少数民族饮食习惯的用餐和个别与会者因身体原因而特别要求的用餐,属于会议的特别服务项目之一。接待与会者前,组织者应该及时了解与会者的饮食习惯与宗教信仰、特殊要求(如清真、素食、软食、忌食、病号餐等),注意与会者的饮食禁忌,事先安排好部分特殊用餐者的餐饮食谱。

会议进行的第二天,主办方可以随机抽样,或向重要会议代表征询住房设施及膳食意见,对于与会者的合理要求,尽量给予满足。

2. 会议的宴请服务

宴会是一种特殊的会议形式。宴会除了以聚餐为活动载体之外,还必须具备以下条件。

一是以口头的形式发布特定信息。

二是事先确定程序(例如,何时开始、何时致辞、何时祝酒、何时答谢、致辞的先后顺序等)。只有满足上述条件的宴请活动才可以称为宴会。

(1)宴会的作用。

第一,礼仪作用。在国内外双边或多边活动中,东道主举行欢迎宴会,为客人接风、洗尘,或在客人离别前举行欢送宴会,为其饯行。而客人则以答谢宴会感谢主人的盛情款待。在宴会上,主客双方相互致辞、祝酒,共叙友谊。可见,宴请活动也是迎来送往常见的接待礼仪。

第二,沟通作用。宾主双方利用宴会的场合和机会,沟通信息、交换意见、商谈工作、发表演讲,是当前宴会活动的一个重要特点。宴会的气氛比较轻松,利用宴会来沟通信息,可以对会见、会谈和会议的正式沟通起到一定的补充作用。正因为如此,宴请活动常常被大量引入接待活动中,出现了诸如早餐会、午餐会、晚餐会等形式,使宾主以及参与活动的来宾之间的交流和沟通更随意、更轻松、更灵活。

第三,招待庆贺作用。宴会也可以作为一种单独的接待形式。比如,遇有重要节日或盛大喜事,无论是官方还是民间,都要举行各种形式的宴会进行招待庆贺,相互勉励,振奋精神。

第四,融洽感情作用。成功的宴会活动可以起到增进彼此感情、建立相互信任、缓和矛盾、化解危机的作用,从而为达成共识、取得共赢创造条件。

微型案例

客户的座位在哪里?

宏达公司年底为表示对客户的谢意,召开了客户联谊会,会后共进晚餐。负责接待工作的秘书王大海根据上司的指示和宴会惯例,安排桌次座位。这次宴会共设3桌(圆桌),餐厅正面靠墙为主桌,编1号,靠入口处为2、3号,摆成三角形,突出主桌。重要客户在主桌。为方便来宾入席,王大海特意做了座位卡,并摆放在桌上。但由于这次联谊会时间紧,与会人员确定得晚,王大海在抄写时遗漏了应该编在主桌的一位重要客户,结果致使该客户入席时找不到座位,出现了十分尴尬的场面。

问题:如何避免出现这种尴尬的场面?如何妥善解决?

(2)宴会程序。

第一,迎宾。小型宴会开始前,主人一般会在宴会厅或休息室门口迎接客人。大型宴会,主人只需迎候主要客人,其他客人由工作人员迎候。

第二,入场。小型宴会客人到齐后,由主人陪同客人从休息室进入宴会厅,主人和主宾应该走在前面,其他人按照身份高低的次序依次进入。参加大型宴会的普通客人应该提前进入宴会厅。主要客人到齐后,由主人陪同按照礼宾次序排列先后进入宴会厅。这时全场起立,鼓掌表示欢迎。主人与主宾入席后,其他人方能坐下,宴会即可开始。

第三,宣布宴会开始。举行大型招待会一般先由主持人宣布:"×××宴会(或酒会、冷餐会)开始。"

第四,介绍主要来宾。宴会开始后,主持人介绍主人、主宾和其他重要来宾。如果相互熟识,那么可以免去此项。

第五,致辞。通常在国内,致辞一般都放在宴会一开始,先致辞、后用餐。国外举行宴会,致辞一般是在热菜之后、甜食之前。冷餐会和酒会的讲话时间则比较灵活。致辞前,主持人应该介绍致辞人的身份。欢迎或欢送宴会宾主双方都要致辞,顺序为先主后宾。这里所讲的主人是举行宴会的主人,而不是东道主。如中方举行欢迎宴会,中方为主人,外方为客人。而外方在中国举行答谢宴会,则外方为主人,中方为客人。讲稿可以事先交换,由主方先提供。

第六,祝酒。宴会中宾主双方相互祝酒(又称敬酒),以表达美好的祝愿。宴会祝酒有以下方式:一是致辞人宣读事先准备好的祝酒词,然后提议共同干杯;二是在一些便宴中,经主持人同意,参加对象可以即兴致辞,然后提议共同干杯;三是主人与客人、客人与客人之间相互碰杯,相互祝愿。

第七,散宴和送别。小型宴会,吃完水果,宴会自然结束。主要客人起身告辞,主人送至门口或车前。大型宴会,可以由主持人在发表一番热情洋溢的祝词之后,宣布宴会结束。先请主要客人和领导退席,然后其他客人相互告别离去。

第四节 会议结束阶段的工作

会议结束阶段的会务工作主要包括送别会议代表、会场的善后工作、整理会议文件、会务工作的总结与反馈四大部分,每个部分又由许多具体的工作构成,详见"会议结束阶段的工作框架图。"

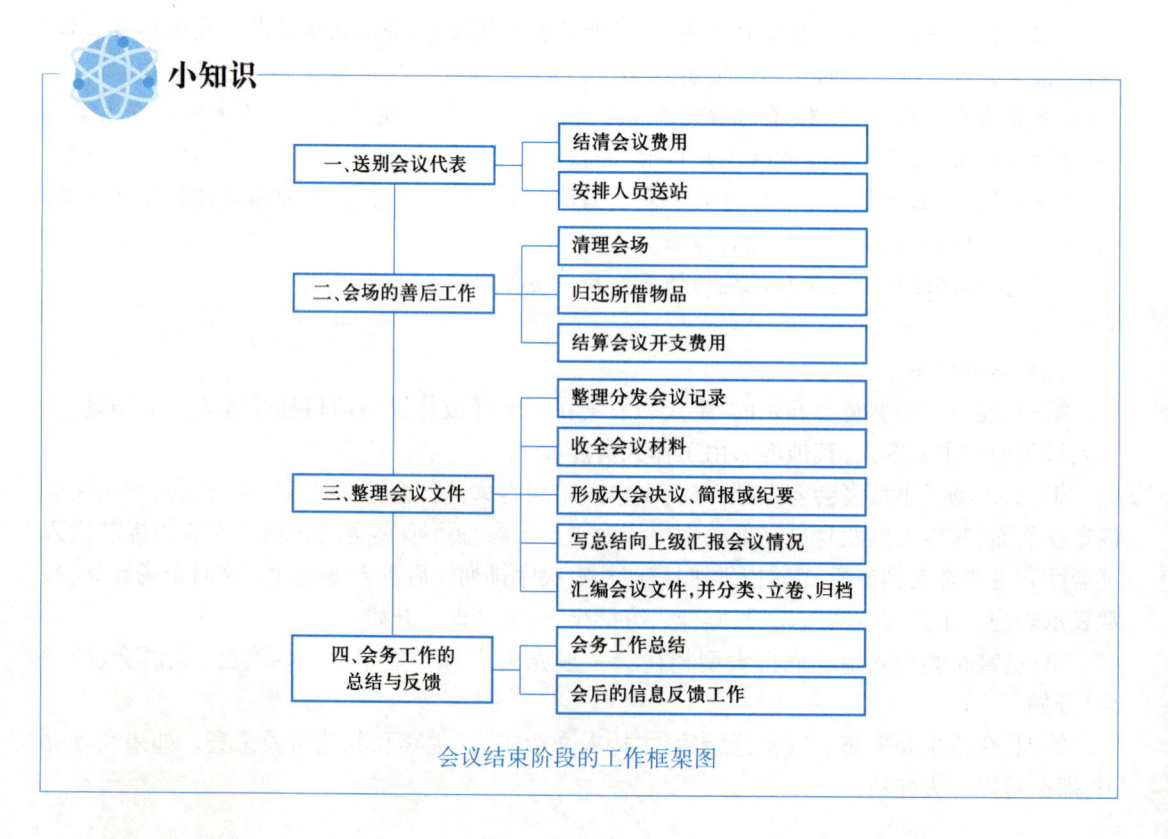

小知识

一、送别会议代表	结清会议费用
	安排人员送站
二、会场的善后工作	清理会场
	归还所借物品
	结算会议开支费用
三、整理会议文件	整理分发会议记录
	收全会议材料
	形成大会决议、简报或纪要
	写总结向上级汇报会议情况
	汇编会议文件,并分类、立卷、归档
四、会务工作的总结与反馈	会务工作总结
	会后的信息反馈工作

会议结束阶段的工作框架图

一、送别会议代表

根据与会人员的要求,提前发放为其预订的回程票,结清会议费用,安排足够的车辆送站。

（一）结清会议费用

会议通知上一般均会提示与会人员参加会议时准备好会务费,会议结束后,会议主办方应该及时安排与会者结算会务费用,同时向缴费者提供相关发票,以供与会者回单位后报销。此项工作往往在会议报到时完成。

（二）安排人员送站

会议结束时,应该通知与会人员到会务组登记回程车（机）时间,同时,提前安排车辆和人员根据与会人员离去时间组织送站。会议组织者应该根据车辆的承载量安排合适的车辆为与会人员送行。在送离与会客人时,应该提醒他们携带好个人物品,不要有遗漏。这样既可以减少与会者匆忙回头寻找遗落物品的可能,又可以为自己省去保管遗落物品,甚至邮寄的麻烦。如有必要,还可以安排有关领导或专人为与会者送行。有时,因工作需要,有些与会者必须暂时留下来,这就需要做好这些滞留与会人员的食宿安排。

二、会场的善后工作

会场的善后工作要做好结算清理会场、归还会议所借物品、结算会议开支费用等工作。如果是内部会议,会场的善后工作就简单得多。如果是外借会场,则需要与租借方结算会议开支费用,归还会议所借物品,清理会场,将会场中公司自带的物品拿走,包括会标、通知牌和方向标志等物品。

（一）清理会场

1. 拿走通知牌和方向标志

在会议结束后,通知牌和方向标志应该及时拿走,恢复场地的原有模样。一次性的说明标志或通知牌应该予以销毁,对于可以重复利用的应该统计、归类、入库,以便下次使用。这样做有利于节约材料、资源,节省人力物力。

2. 清理会场内的其他物品

会议结束后,工作人员要注意清理会场,要撤去会场上布置的会标等宣传品,要把会议上使用的幻灯片、幕布、笔记本电脑、座签等东西收拾好。如果发现会场有遗失物品,要妥善保管,并同失主联系。要认真打扫收拾会场,使其恢复原状。

会议结束后秘书首先要将所有资料进行整理、清点、归类,找出有用的资料,不能再利用的纸张要销毁。会议结束后的剩余文件要注意避免在无形中泄露单位机密。在清理文件时要根据文件的密级分类并及时销毁,这是会后秘书工作中很重要的一个环节,切不可麻痹大意。

3. 通知配电人员和服务人员

会场清理完毕后要通知配电人员切断会场不需使用的电源,关闭会场。

（二）归还所借物品

会议结束后,要及时归还从公司内部其他部门或其他单位借用的相关物品,归还前要检查是否完好，如果损坏就要按照约定予以赔偿。不需要赔偿的，归还时要特别说明或修好后再归还。

（三）结算会议开支费用

如果是外借的会场，会议结束后，秘书人员就应该及时与会场出租方结清会场的各项费用，主要包括会议室租借费、会议中借用设备的使用费、开会期间的其他相关费用等。

三、整理会议文件

（一）整理分发会议记录

将完成的会议记录，经会议主席确认后，按照单位规定发送相关人员。分发会议记录时要以从上到下的准则发送，保证相关部门联系的完整性并要留有副本。

（二）形成大会决议、简报或纪要

根据会议主题、议题及会议记录，形成大会决议、简报或纪要，根据单位规定，发送至有关人员。

（三）写总结向上级汇报会议情况

将会议自筹备到结束的情况写成书面材料，向上级汇报。

（四）收全会议材料，汇编会议文件，并分类、立卷、归档

将会议自筹备到结束的所有文件、材料包括文字材料、重要照片、录音录像、论文集等收全，分类整理归档，以便核查及将来作为类似会议的参考。

会议上形成的领导讲话、工作报告和以红头文件形式颁发的文件都应该归档。尽管它们内容基本相同，但仍有区别，不能视为重复文件而剔除。

会议中的领导讲话，大多为"白头文件"，它是在会议准备过程中形成的，与会议通知、议程、工作报告、会议总结等，组成成套会议材料，真实地记录了一个会议的全过程，反映了会议的基本情况，对日后的工作有一定的查考价值。领导讲话与其他会议材料之间，存在着必然的联系，立卷时，应该将一个会议的材料组成一卷或几卷，保持其有机联系。

有些单位在召开会议之后，为了使会议的精神尽早落实，往往将会议中的重要材料——领导讲话、工作报告以红头文件的形式下发，并在颁发的通知中，对如何贯彻实施做一些具体的安排。这种文件，尽管其主要内容与会议材料完全相同，但它的重点是发通知，其中的内容反映会议以后的工作活动和实施过程，有一定的查考价值，应该属于归档范围。这类文件在立卷时，内容综合的文件一般与本单位的工作计划、工作总结组在一起，内容单一的文件与相关的专题类文件组在一起。

保存会议材料需要一定的空间和相应的管理工作，这两项工作都需要成本。一般的做法是保留所有的会议资料，但是最好根据将来用到的可能性合理取舍。

目前，汇编会议文件一般可以分为两种。一种是档案工作资料需要的汇编，这种汇编是将会议的所有文件，包括会议通知、会议名单和分组名单、会议须知、会议正式文件和参阅文件、会议简报、会议发言材料、领导讲话、会议总结等都收集起来，按照先后顺序装订成册，以备查考。这种汇编要求文件要全。另一种汇编是供学习用的，是将会议正式的报告、讲话要点等进行汇编。

日常工作会议文件,可以按照时间(一年、半年)为单位,将这段时间内的同一类型会议文件、参考资料等按照顺序或专题汇编。

许多会议承办者都会保留会议资料,以便将来参考使用。例如,可以在以后的会议中采用类似的程序,选择以前的服务提供商,等等。虽然承办者在以后会议中未必完全套用以前的做法,但是这些材料具有很高的参考价值。

四、会务工作的总结与反馈

为了进一步提高会务的质量,会议结束后,应该对会务工作进行总结与评价。

(一) 会务工作总结

会议结束后,秘书应当协助领导做好会务工作的总结。通过总结,发现问题,分析原因、总结经验,以便提高办会水平,为以后的会务工作打下基础。会务工作总结应当及时、全面、公正、客观与准确。

1. 会务工作总结的主要内容

(1) 检查会议预案所制定的各项会务工作是否准确到位,有无遗漏与重复之处。

(2) 检查会务工作机构之间及与相关部门、单位的协调状况。

(3) 检查每个会务工作人员的工作是否完成及完成的质量。

(4) 总结进一步提高会议的效率与效益的方法。

2. 会务工作总结的方法

(1) 会务工作人员会后进行个人书面小结。

(2) 各会务工作部门或相关部门分别进行小组总结和相互评议。

(3) 必要时进行大会交流、总结与表彰,以便起到激励与鼓励的作用。

(二) 会后的信息反馈工作

会后信息反馈是将会议精神在传达、贯彻中产生的影响和结果或问题等信息向主办会议的领导机关做及时的汇报。秘书在会后应当协助领导做好这项工作。

1. 会后信息反馈的主要内容

(1) 下级单位传达学习和贯彻落实会议作出的决定、决议以及有关精神是否迅速及时。

(2) 下级单位在贯彻落实会议精神方面有哪些经验。

(3) 下级单位在贯彻落实会议决定、决议时遇到哪些困难和问题,以及这些困难和问题是什么原因造成的。

(4) 会议作出的决定、决议是否需要进一步完善或调整。

2. 会后信息反馈的方法

(1) 通过电话向有关方面口头咨询,了解情况,然后向领导机关汇报。

(2) 要求有关方面提交书面报告,经过秘书部门汇总整理后呈交领导机关。

(3) 秘书部门派人深入有关单位实地检查和咨询,了解情况,写出调查报告呈交领导机关。

(4) 经过领导批准,一些贯彻会议精神的好经验、好方法可以采用简报的形式予以推广。

本章小结

办理会议是秘书的主要职责之一。办理会议的内容主要包括会前的准备,会中的服务,会后的总结、评估及跟进等工作。其中,会前的准备工作是会议工作的重点与难点。本章的知识结构如下图所示。

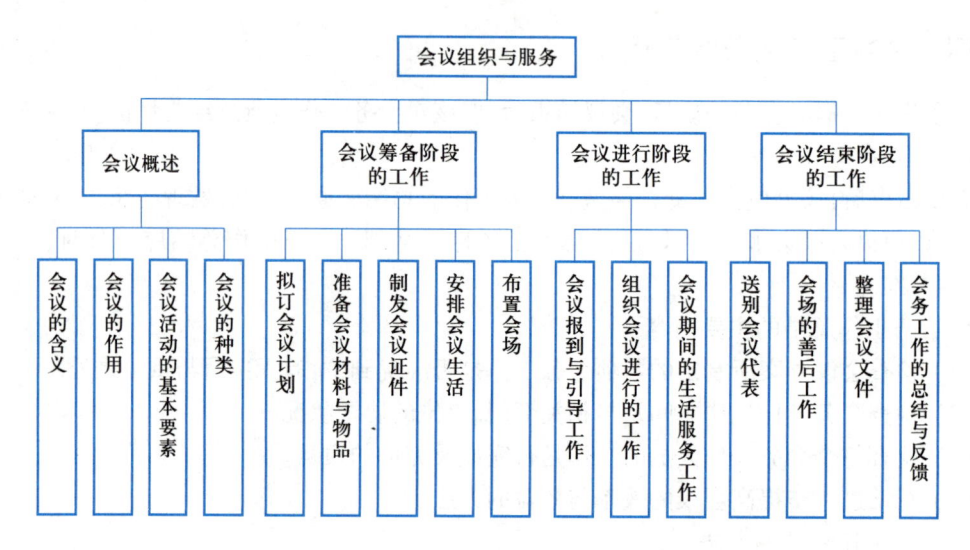

```
会议组织与服务
├── 会议概述
│   ├── 会议的含义
│   ├── 会议的作用
│   ├── 会议活动的基本要素
│   └── 会议的种类
├── 会议筹备阶段的工作
│   ├── 拟订会议计划
│   ├── 准备会议材料与物品
│   ├── 制发会议证件
│   ├── 安排会议生活
│   └── 布置会场
├── 会议进行阶段的工作
│   ├── 会议报到与引导工作
│   ├── 组织会议进行的工作
│   └── 会议期间的生活服务工作
└── 会议结束阶段的工作
    ├── 送别会议代表
    ├── 会场的善后工作
    ├── 整理会议文件
    └── 会务工作的总结与反馈
```

案例分析

案例一

忙中出错的签到工作

宏达公司要举办一个新产品的推广发布会,邀请了各界人士参加。很多客户对这个新产品很感兴趣,所以来参加会议的人很多,公司特地租了一个大礼堂作为会场。总经理助理林丽对会议工作进行了最后的检查,因为会务组负责签到的李芳秘书是第一次参加这样的会务工作,她特别叮嘱李芳秘书第二天8点以前一定要到会场,做好与会客人的签到和发放证件、资料的工作。

李芳是新来公司不久的前台秘书。她觉得总经理助理将会议签到这样的小事交给她这个大学生来做,简直是大材小用了。晚上下班以后,她去参加了大学同学的生日聚会,很晚才回家。她第二天早上醒来,发现已经8点了,赶紧简单收拾一下,急忙乘出租车赶到公司,到公司以后发现已经有一群客人在签到台前等着签到了。林丽助理正在一边招呼客人,一边着急地等着她。

李芳赶紧把签到表、会议资料和午餐券拿到桌面上摆好。看到等候的客人这么多,觉得自己边给客人签到边发资料和午餐券太慢了,就让客人自己在签到表上签到,签完到后到她这儿领资料和午餐券。这个办法的确很快,不一会儿,客人们都签完到,领了资料和午餐券进入会场了。

等到会议正式开始后,李芳开始进行清点核对,这才发现签到的人数与她发的资料和餐券数不符合,签到表上有 26 个人没有签到,而她手里的资料和餐券却都发光了。她马上慌了,不知道是这些人领了资料没有签到还是根本没来,由别人代领的资料,想去核对一下,可是又不认识他们,怎么向总经理汇报呢?李芳秘书急得团团转。

思考题:如果你是李芳,你认为应该如何将签到工作做到有条不紊?

案例二

放飞梦想 共创辉煌
——宏达公司年会活动策划方案

为了总结回顾20××年度各项工作,对下一年工作做出安排和部署,表彰20××年度各项先进,并迎接新春佳节的到来,增进公司内部员工的交流和沟通,促进公司的企业文化建设,表达公司对员工的关怀与问候,拟举办公司年会,从而促使全体员工在新的一年里团结一致,积极进取,放飞梦想,共创辉煌。

一、年会的目的

1. 增强企业的内部凝聚力,加深员工对企业的感情,增进员工之间的沟通、交流和团队协作意识,提升公司的综合竞争力。

2. 对20××年公司的工作进行总结,并制订下一年公司的总体发展规划,明确新年度的方向和目标。

3. 结合晚会表演和互动游戏让大家从体验式活动当中去感悟团队的力量、支持的力量、沟通的重要性、创造的力量。

二、年会的主题

放飞梦想 共创辉煌

三、年会的时间

1月28日

大会时间:13:00—17:30

宴会时间:18:00—21:30

四、年会的地点

(一)大会地点:公司礼堂

(二)宴会地点:海龙海鲜舫(东昌路1号,距公司近,黄浦江边,环境优美,厅堂宽敞,需提前一个月预订)

五、参会人员

公司总部全体员工、董事会成员,共300人。

六、年会的流程与安排

本次年会的流程安排分别包括以下两个部分。

(一)员工大会议程安排

12:30 全体参会员工提前到达指定礼堂,按指定座位就座,等候员工大会开始(礼堂播放公司的宣传片、过年的喜庆音乐)。

13:00—13:10 大会进行第一项。音乐停,鞭炮响(背景鞭炮声)。主持人宣布员工大会开始,向参会的全体员工介绍出席大会的主要领导。总经理宣布年会正式开幕。

13:10—14:40　九个部门经理分别简要述职(每个人发言控制在10分钟以内)。

14:40—15:30　总经理做20××年公司年度报告。

15:30—15:45　董事长致辞。

15:45—16:00　总经理宣读公司《20××年度关于表彰工作先进集体和个人的决定》。主持人请获得工作先进个人荣誉的优秀员工上台领奖,请董事长、总经理和副总经理为获奖者颁发荣誉证书及奖金红包,合影留念。

16:00—16:15　先进个人的代表发表获奖感言。

16:15—16:30　获得工作先进集体荣誉的相关负责人上台领奖,同时请董事长、总经理为其颁发荣誉奖杯及奖金红包,合影留念。

16:30—17:00　先进集体负责人代表发表获奖感言。

17:00—17:10　主持人对本次员工大会做简要总结。宣布年度大会闭幕,并提示18点到海龙海鲜舫用餐(会堂播放离席背景音乐)。

(二) 宴会时间安排

18:00—18:10　全体员工陆续抵达海龙海鲜舫,并在宴会主持人引导下到指定席位就座,等候开宴(酒店播放入席背景音乐)。

18:10—18:20　公司总经理到达酒店。

18:20—18:30　宴会主持人示意酒店对接负责人可以开始上果品、酒水、凉菜等。

18:30—18:35　宴会主持人请总经理致祝酒词。

18:35—18:45　宴会主持人宣布晚宴正式开始,引导大家共同举杯,祝福大家新年快乐,祝愿公司的明天更加美好。

18:45—21:30　歌舞、小品、互动游戏等节目表演,穿插抽奖活动。

21:30　财务出纳做好酒店相关的费用结算工作。主持人视情况宣布宴会结束。提醒大家注意安全,员工自行乘车回家。

七、年会相关工作负责人

1. 办公室主任唐仁杰总协调
2. 工会主席孙胜利担任年会主持人、工会副主席李成担任宴会主持人
3. 办公室秘书潘平负责会议与宴会活动现场物品的采购、制作与布置
4. 办公室文员李平负责现场照相或录像的服务与支持
5. 副总经理秘书刘静负责活动专用条幅、奖状、奖杯、奖品的制作与采购
6. 总经理秘书孙婷负责《开幕词》《祝酒词》的撰写及会议资料的准备
7. 其他工作由吴伟秘书负责

八、年会的经费预算

1. 餐饮费

计90 000元(明细略)。

2. 奖品费

计61 167元(明细略)。

3. 条幅、荣誉证书等1 000元

4. 奖金红包

先进个人30个,1 000元/人,计30 000元;先进集体3个,3 000元/个,计9 000元。

5. 鲜花、气球、彩带等1 000元

6. 自带酒水、饮料等10 000元

7. 其他2 000元(备用)

合计:204 167元

思考题:根据案例,你认为公司内部的年会策划方案一般应该包括哪几项内容?

实践训练

训练一

1. 实训目标

通过训练让学生掌握会场布置。

2. 实训内容

训练任务一:1月17日,宏达公司在其公司的大礼堂举行上一年年度总结暨表彰大会,办公室主任安排你布置会场。

训练任务二:××电动车有限公司是一家全国知名的电动车专业生产单位,产品质量深受行内专家和消费者的好评。为了争当行业内的领头羊,公司投入大量的财力和技术力量,建设了新的厂房,设计了一批符合市场需求和环保要求的新型电动车。为此,公司准备召开全国客户洽谈会暨产品发布会。

如果领导让你撰写一份参加会议人员的名单,你会邀请哪些人来参加会议?又会怎样组织召开这次会议呢?

3. 实训要求

(1) 以小组为单位,分别完成以上两项任务。

(2) 操作中需要使用的物品,要求学生课前准备或制作。例如,制作摆放在主席台上的席位卡。如果有些物品比较难准备,如麦克风,可以用纸制作成道具代替。

(3) 完成后,由一名成员向全班同学讲解会场的布置思路。

训练二

1. 实训目标

通过训练让学生掌握领导发言稿的写作。

2. 实训内容

金秋十月,你校要举行第十届秋季运动会,请你为校长写一份在运动会开幕式上的讲话。

3. 实训要求

(1) 开幕词字数不少于200字,语言要求口语化、富有感情色彩,语气要热情、友好。

(2) 教师随机地抽取两到三名学生到讲台上,以校长的身份向同学们致开幕词,教师对学生的文稿及演讲进行评判。

训练三

1. 实训目标

通过训练让学生掌握会议通知的写作。

2. 实训内容

广东天瑞公司准备在20××年4月10日至11日在广东省广州市香格里拉酒店召开订货会议,于20××年3月20日发出会议通知。会期为2天,20××年4月9日报到。报到地点在香格里拉酒店1506房间。请各地重要经销商参与,会务费自理。请根据以上材料撰写一份带回执的会议通知。

3. 实训要求

(1) 要求格式规范,条理清晰,语言得体。

(2) 会议通知的字数不限,但要涵盖材料中的所有要点。

课后练习

1. 为什么要召开会议?
2. 如何布置会场?
3. 召开会议的前期准备工作有哪些?
4. 为什么主席台是会场布置的重点?应该如何布置?
5. 会议议程、日程和程序的含义是什么?
6. 上海某公司根据市里关于加快招商引资的指示,准备召开一个大型的招商引资洽谈会,与会人员200多人,你作为负责会议引导服务的工作人员,将如何做好引导就座的工作?

第六章

商务活动

学习提示

（一）学习目标

1. 知识目标
   - ✓ 了解常用商务活动的基本知识

2. 能力目标
   - ✓ 掌握常用商务活动的筹备工作
   - ✓ 熟悉常用商务活动的程序
   - ✓ 掌握商务活动的服务工作

3. 素养目标
   - ✓ 仪态大方，气质高雅
   - ✓ 服务意识，热情周到
   - ✓ 业务熟练，流程规范
   - ✓ 遵纪守法，勤俭节约

第六章素养目标解读

（二）学习重点
   - ✓ 商务活动的筹备工作
   - ✓ 常用商务活动的程序

（三）学习难点
   - ✓ 商务活动的筹备工作
   - ✓ 妥善处理商务活动进行中的突发状况

引导案例

"妙手回春"的开业典礼

某年9月9日,宏达公司在大连市设立的分公司隆重开业。这一天,酒店上空彩球高悬,四周彩旗飘扬,身着鲜艳旗袍的礼仪小姐站立在店门两侧,她们的身后是摆放整齐的鲜花、花篮,所有员工服饰一新,面目清洁,精神焕发,整个酒店沉浸在喜庆的气氛中。

仪式开始前的店前广场上,舞狮活动正在热闹地进行,将气氛烘托得更加热烈。上午11时许,应邀前来参加庆典的有关领导、各界友人、新闻记者陆续到齐。正在举行剪彩之际,天空突然下起了倾盆大雨,典礼立即按备用方案移至厅内继续举行。一时间,大厅内聚满了参加庆典的人员和避雨的行人。典礼仪式在音乐和雨声中隆重举行,整个厅内灯火通明,使得庆典别具一番特色。典礼完毕,雨仍在下着,厅内避雨的行人短时间内根本无法离开,许多人焦急地盯着厅外。这时,王总经理当众宣布:"今天能聚集到我们公司的都是我们的嘉宾,这是天意,希望大家能同本公司共享今天的喜庆,我代表公司真诚邀请诸位到餐厅共进午餐,当然一切全部免费。"刹那时,大厅内响起雷鸣般的掌声。

虽然,分公司开业额外多花了一笔午餐费,但分公司的名字在新闻媒体及众多顾客的渲染下却迅速传播开来,分公司的生意格外红火。

问题:
1. 为什么要举行开业典礼?
2. 你知道开业典礼的程序吗?

第一节 会见与会谈活动

会见,包括接见或拜会,凡是身份较高的人士会见身份较低者,一般都称为接见。凡是身份较低的人士会见身份较高者,一般称为拜会或拜见。接见和拜见后的回访称为回拜。就会见的内容而言,有礼节性的、政治性的、事务性的会见。礼节性会见时间较短,通常是半小时左右,话题较为广泛,形式也比较随便。政治性会见一般要谈论双边关系、国际局势等重大问题,话题较为严肃,形式较为正规。事务性会见则涉及一般外交交涉、业务商谈或经贸、科技、文化交流等内容,有较强的专业性,时间较长。

会谈、商务会谈指洽谈业务,即就具体业务进行谈判、会商。会谈的内容较为正式,专业性较强。

会见与会谈往往相辅相成。上司出面会见客人,往往为正式会谈定下基调,或创造条件。会见中双方达成的原则性共识,往往要通过具体而细致的会谈加以落实。有时会谈也是为上司之间的高峰会见做准备。

一、会见与会谈的准备工作

秘书为会见与会谈前所做的准备工作是非常重要的,要注意了解相关政策和规定,客观全面地准备资料,全面充分地了解对方,包括对方的主要商务伙伴、商务对手以及他们彼此间关系的深度,尤其是对方决策者的情况。

> **微型案例**
>
> **一错再错的秘书**
>
> 11月3日下午,宏达公司研发部与北京伟星公司举行会谈,会上欲就双方技术合作事项达成协议。秘书顾莹负责此次会谈资料的准备工作。
>
> 但就在这天临近中午时,顾莹发现有关质量监督管理方面的资料没有准备。她急忙通过各种方式查找这类资料。资料终于找到了,可会谈也开始了,顾莹只好提心吊胆地等待会谈结果。会谈开始后,双方就事先准备好的协议草案展开了充分的讨论。
>
> 最后,北京伟星公司代表提出了质量监督管理方面的问题,因为这对于合作项目的成败有着重大的意义。然而,由于公司的代表手中缺乏这方面的材料,无法给对方以满意的答复。会谈无法继续进行,只得暂时休会。
>
> 事后,办公室主任向秘书传授了正确的工作方法。
> (1) 材料要提前做准备,不可太仓促,忙中难免出错。
> (2) 准备材料前,向领导请示,确认谈判所需材料清单目录。
> (3) 根据清单,完成一项,在清单目录旁做一个标记。
> (4) 将整理好的材料,按目录的顺序排列,装订,编制页码。
> (5) 提前将准备好的材料交有关领导审核,确认没有问题后,再复印相应的份数。
> (6) 发现问题后,要及时采取措施补救,不要抱任何侥幸心理,结果比过程更重要。

会见与会谈是企业活动中常见的商务活动,为上司做好会见与会谈的准备工作是秘书的必备技能之一。会见与会谈前的充分准备是保证会见与会谈成功的关键。在此案例中,会谈之所以没取得结果,就是因为资料准备得不够充分。

另外,还要对会见与会谈前的准备工作做好复查,以防工作中出现疏漏。一旦发现问题,就要及时采取补救措施。在此案例中,秘书应该找出应急变通的办法,例如借茶水服务之机,将补充材料及时交给主方代表,避免不利情形的出现,保证会谈的顺利进行。

(一) 收集对方的相关资料

会见与会谈是为了达到某种目的而进行的。因此,需要了解的信息主要有:对方的求见目的、求见对象;对方相关社会背景,如习俗、禁忌、礼仪特征等;对方参加会见(会谈)的人数、姓名、职务等;主要求见人(对方主谈人)的详细资料,等等。这些信息有助于上司判断对方的真实意图,制订己方的目标和策略。

(二) 通知主方参加会见与会谈的人员

会见一般由上司出面,除了单独会见以外,一般还要安排陪同人员或译员。

1. 通知主方接见人

接见人的确定要根据求见方的要求、双方的关系以及会见的内容、性质而定。如果不能满足对方的求见要求,那么应该提前做好解释工作。

2. 通知主方陪同人员

会见时主方陪同人员不宜过多,只要求有关人员参加。

3. 通知主谈人

主谈人的级别应该与对方大致对等,并有权代表本企业。主谈人对谈判起主导作用,故应该慎重选择。一般要求主谈人熟悉情况、擅长业务、老练稳重、机智敏捷、善于言辞和交际。

4. 通知其他会谈人员

其他会谈人员的群体结构也应当合理。要在确定主谈人的同时,确定其他会谈人员。

在主方参加会见与会谈的人员确定后,秘书要及早通知有关人员,并协助做好相关准备工作。

(三) 了解会见与会谈的地点和时间

1. 会见的地点和时间

会见的地点一般安排在主方的办公室、会客室或小型会议室,也可以安排在客人下榻酒店的会客厅进行。

会见的时间应该根据会见的性质来定。礼节性的会见一般安排在客人到达后的第二天或宴请之前,其他会见则根据需要确定时间。

2. 会谈的地点和时间

会谈地点可以安排在客人所住的酒店会议室或在主方公司会议室,而会谈的时间安排应该事先与客方商量确定。

(四) 通知对方

会见与会谈的名单、地点、时间一旦确定,就应该及时通知对方。同时,还要了解客人的抵达方式,以便告知主方的接送方式及接送人员。如果是重要的会见和会谈,那么事先应该由秘书或其他工作人员进行预备性磋商,确定会见、会谈的具体日程。

(五) 场所的布置及座位安排

1. 场所的布置

会见场所应该准备足够的桌椅、沙发、茶几和饮料等物品。所有摆放的家具,应该保证干净、大方。

会谈桌上有时需要放置双方的标志旗帜(如果是涉外谈判,那么应该摆放两国国旗),现场可以放置双方主要人员的座签,以便与会者对号入座。

如果参加会见和会谈的人数较多,主谈人说话声音较低,就应该安装扩音设备,并提前调试完备。场所周围还应该具有完好的通信、传真、复印设备及必要的文具,以备工作需要。

2. 会见和会谈的座次安排

根据"以右为尊"的礼仪原则,即客人坐在主人的右边。座位通常排成扇形或半圆形。涉外会见还应该有译员,如图6-1所示。

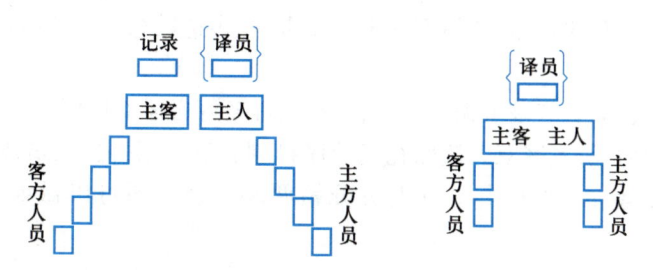

图 6-1 会见的座次安排(涉外)

双方会谈一般使用长方形或椭圆形的谈判桌,双方各坐一边。如果谈判桌横着放在会谈室中,即谈判桌的长对着门,则主方应该坐在背对门的一侧。如果谈判桌竖着放在会谈室中,即谈判桌的宽对着门,根据"以右为尊"的国际礼仪,则主方应该坐在进门的左手侧。双方主谈人坐在己方的中间,其他人员按右高左低排列。多边会谈的座位可以摆成圆形或方形。桌上应该放置中文座签,涉外会谈要同时放置对方语种的座签。如图 6-2 所示。

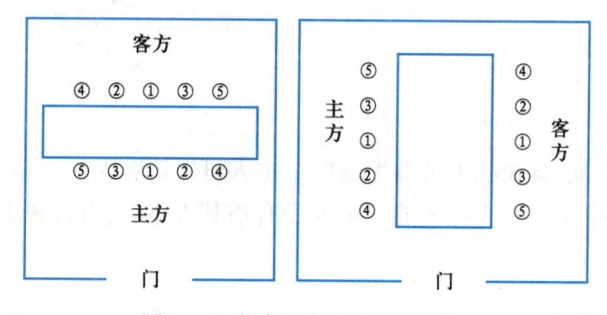

图 6-2 会谈的座次安排(涉外)

在上述准备工作完成后,秘书可以采用电话、传真、信函、电子邮件等形式,将会见与会谈的日程和时间表及时告知对方,并通知主方有关人员。

二、会见与会谈的基本程序

会见与会谈的基本程序如图 6-3 所示。

迎接 → 致辞 → 赠礼 → 合影 → 会见与会谈 → 记录 → 结束

图 6-3 会见与会谈的基本程序

(一)迎接

会见、会谈时,主人应提前到达见面的地点迎候客人。

(二)致辞、赠礼、合影

1. 致辞

主宾双方均可致辞。主方致欢迎词,客方则致答谢词。

2. 赠礼

双方简单致辞后,互赠礼品,礼品不一定很昂贵,能表达敬意与友谊即可。

3. 安排合影

如果有合影仪式,那么应该事先安排好合影图,准备好必需的摄影器材。合影时一般是主人居中,主人的右侧为上,主客双方按照礼宾顺序排列合影。第一排人员既要考虑身份,也应该考虑能否都摄入镜头。通常由主方人员分站两端。合影图可以做如下设计,如图6-4所示。

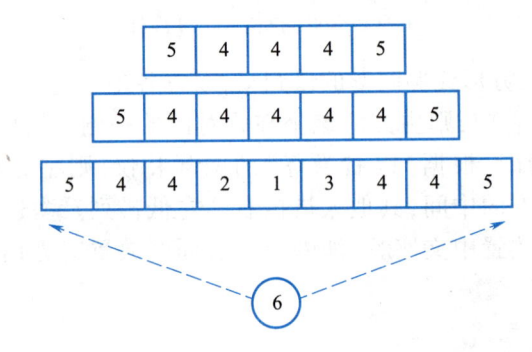

		5	4	4	4	5		
	5	4	4	4	4	4	5	
5	4	4	2	1	3	4	4	5

6

1. 主人;2. 主宾;3. 第二主宾;4. 客方人员(或主客插排);5. 主方人员;6. 摄影师

图6-4 主宾合影方位图

(三) 会见或会谈

合影完毕,参加会见、会谈的人员即可落座。主人可以请客人先入座,或双方一起落座,但主人不能够自己抢先坐下。客人也不能在主人没有请其入座时,自行先坐。

> **小提醒**
>
> **双方会谈时的注意事项**
>
> (1) 除了陪同人员和必要的翻译、记录员以外,其他工作人员应该退出。在会见、会谈的整个过程中,不允许其他人员随意出入。
>
> (2) 主谈人交谈时,其他人员不得交头接耳,也不能翻看与此会谈无关的材料,不允许打断他人的发言,要注意语言的表述。
>
> (3) 正式会谈如果有新闻记者采访,那么通常在正式谈话开始前采访几分钟,新闻摄影通常是在主人和主宾站立握手、面向新闻记者时拍摄。然后,新闻记者离开会场,会谈正式开始。
>
> (4) 秘书需要在桌上备好茶水,夏天可加冷饮。如果会谈时间过长,那么可以适当准备一些咖啡或红茶。

(四) 记录

会见或会谈时,均要专门有人做记录。

（五）会见与会谈结束

会见或会谈结束后，主人应该将客人送至门口或车前，握手道别，目送客人离去后，方可返回室内。整个会见、会谈的程序工作暂告一段落。

秘书要在整个会见与会谈的过程中做好谈话记录及会见(会谈)人员的食、宿、交通、参观访问等一切事宜的服务工作。

第二节　开放参观与签约仪式

现代企业越来越注重通过各种公关活动提升自己的品牌形象。开放参观与签约仪式就是企业宣传自身、提升品牌形象的重要手段之一。

一、开放参观活动

开放参观即企业主动地开放一些项目供外部人员参观，从而起到宣传、沟通等作用。近年来，开放参观越来越受到企业重视。一般来讲，开放参观可以分为游览参观和组织参观两类。

（一）组织开放参观的主要项目

1. 组织的展览室

一般而言，组织的展览室往往是向参观者展示自己的成长史、取得的成绩或荣誉、产品或产品模型、简要的生产流程等。有些组织的展览室往往配有生动形象的录像向参观者展示自己的实力。

2. 生产设备和工艺流程

通过这个环节的展示，可以让参观者增强对组织的生产能力、生产水平与生产规范的信心。此环节要特别注意不要泄露商业机密。比如，核心技术的生产线、自主知识产权的生产技术或设备等，这些企业的核心生产能力部分不适合被近距离参观，更不允许拍照或摄影。

3. 厂区环境

厂区的环境体现了组织的精神面貌与管理水平。很难想象在一个垃圾满地、污水横流的环境里，能够生产出品质优良的产品。

4. 员工的教育与培训规划及环境

企业通过对员工的教育与培训，可以增强企业凝聚力与人力资源的整体素质，进而提升企业的竞争力，因此，向参观者展示企业优秀的教育与培训规划与环境，可以提升企业的形象。

5. 组织的服务、娱乐、卫生等福利的设施与环境

员工福利是企业管理者关注员工生活和发展的重要体现。通过提供良好的员工福利，可以提高员工满意度和忠诚度，增强企业形象和竞争力，促进员工发展和成长，以及促进团队合作和凝聚力。

（二）开放参观活动的作用

1. 为组织与公众直接沟通提供机会

开放参观的过程就是组织成员与各界参观者直接接触的过程，通过各种形式的交谈与接触，使参观者能更深切地了解组织的生产与经营状况，消除参观者的种种疑虑，为组织塑造一个良好的社会形象。

2. 提高组织的透明度

社会组织对外开放参观,是主动将组织暴露在公众的面前,主动接受公众的监督与指导,通过参观,让公众直接了解组织各方面的情况,大大提高了组织的透明度。

3. 增加组织的美誉度

组织通过对外开放,可以获得公众对组织的赞誉,缩短组织与公众之间的距离,增加组织的美誉度。

4. 促进组织自身的不断完善

对外开放参观,对组织而言不仅是机遇,同时也是压力。组织为了在公众面前呈现出更好的一面,给公众留下一个好印象,就必须不断地改善自身,提高组织的管理和生产能力,提高全体员工的素质,从而使组织在公众的监督下得到全面提升。

> **小知识**
>
> **开放参观活动面对的群体**
>
> 组织对外开放参观所面对的公众群体通常包括以下几类。
> （1）目标公众。包括经销商、消费者、生产协作者、代理商等。
> （2）一般公众。包括社会团体、社会各界代表、文化单位、职工家属、社区居民、学生等。
> （3）内部公众。包括职工、股东等。
> （4）外部公众。包括政府部门、新闻界、社会名流、金融界等。

（三）开放参观活动的操作流程

1. 准备宣传小册子

以简明、通俗的语言介绍参观的内容,尽量图文并茂,考虑到一般观众的文化水平和接受能力,尽量少用深奥的专业术语。秘书应该在参观开始前将小册子发给来宾,使来宾对参观内容有大致的了解,有针对性地观看,还可以作为日后查考所用。

2. 放映视听材料

可以在观摩实物前放映有关视频,并做简要介绍。

3. 观看模型

秘书可以利用事先制作的组织全景模型或产品模型,向参观者介绍组织的全貌或产品情况。这样,参观者可以有选择性地参观,既省时又省力。

4. 引导观摩实物

秘书引导参观者沿一定的路线参观,并对重要的实物给予讲解,讲解要简明扼要,避免长篇大论。

5. 中途休息服务

准备好休息室,备足茶水,供参观者中途小憩。

6. 赠送纪念品

最好是本组织制作的或印有本组织名称的纪念品,起到宣传自己的效果。

7. 征求意见

在出口处设置公众留言簿或意见簿,还可以在观摩实物后,组织参观者座谈,请他们谈观后感,提建议,便于组织改进工作。

> **小知识**
>
> **秘书在开放参观活动中的职责**
>
> 秘书的主要职责就是做好准备与接待工作。
>
> 1. 准备工作
> (1) 准备与寄发请柬。
> (2) 为来宾准备休息服务处。
> (3) 准备介绍材料。
> (4) 准备特殊的参观用品,如卫生服、安全帽等。
> (5) 准备茶水饮料。
> (6) 准备赠送的礼品和纪念品。
> 2. 接待服务工作
> (1) 来宾到达后,热情引导接待。
> (2) 放映视听资料,认真解说。
> (3) 在参观过程中,为来宾做向导。
> (4) 做好招待来宾的餐饮服务。
> (5) 耐心解答来宾提出的各种问题。
> (6) 做好欢送工作。

实用范例

让大众了解"上海大众"

上海大众汽车有限公司(以下简称"上海大众")是中外驰名的中德合资企业,作为改革开放中外合作成果的典范,备受瞩目,一直是中外来宾的参观热点。宏伟的建筑、智能的机器人、规范的生产线、严格的现场管理,吸引着各参观群体纷至沓来。

为了让更多的人能有机会来参观"上海大众",认识"上海大众",了解"上海大众","上海大众"针对不同的参观群体精心策划了不同的参观路线并制定了详尽的实施方案。自开放参观启动之后,来"上海大众"游览参观的人数(含商务考察、学习交流等)每年都超过10万人次,比工业旅游启动前的接待参观人数翻了一番。许多人在参观后感慨地说:"真是百闻不如一见,只有改革开放才能有这样世界级的工厂。"

参观来访的游客,通过"零距离密切接触"汽车生产的全过程,看了绿树成荫、鲜花锦

183

簇的厂区,管理有序、一尘不染的生产车间,国际领先、技术密集的生产设备后,亲身感受到了"上海大众"的先进技术,领略了"上海大众"的企业文化和环保理念,更深刻地了解了"上海大众"产品质量的可靠性,提高了对"上海大众"轿车品牌的信任度和忠诚度。

"上海大众"开放参观项目的开展不仅让来自四面八方的来宾认识了"上海大众",树立了"上海大众"的汽车品牌,还实现了经济效益和社会效益的双丰收。

二、签约仪式

在商务活动中,通过洽谈产生的正式合同在双方领导签字后方能生效。签约仪式是表明会谈各方对文件约束力的认可,体现各方对会谈成果的重视。同时,签约仪式还具有见证和宣传的作用。通常的签约仪式都有较为规范的程序。

（一）签约仪式的准备工作

1. 布置好签字厅

布置签字厅的总体要求是庄重、整洁、清静。

签约仪式

> **小知识**
>
> **签字厅的布置**
>
> （1）室内应该铺地毯,正规的签字桌应该为长桌,其上最好铺设墨绿色的台布。
> （2）签字桌应该横放于室内,在其后可以摆放适量的座椅。
> （3）签署双边合同时,可以放置两张座椅,供签字人就座。
> （4）签署多边合同时,可以仅放一张座椅,供各方签字人签字时轮流就座,也可以为每位签字人提供座椅。签字人就座时,一般应该面对正门。

2. 准备好签约用具

在签字桌上,应该事先放好待签的合同文本以及签字笔、吸墨纸等签约时所需的文具。

3. 签署涉外商务合同时,需要在签字桌上插放双方国旗

插放国旗时,在其位置与顺序上,必须遵循礼宾序列。例如,签署双边涉外商务合同时,双方的国旗需要插放在签字人座椅的正前方。

> **小知识**
>
> **签署合同的注意事项**
>
> 1. 签署双边合同
> （1）应该请客方签字人在签字桌右侧就座,主方签字人就座于签字桌左侧。

(2) 双方各有一名助签人,助签人应该分别站立于己方签字人的外侧,以便随时对签字人提供帮助。

(3) 双方其他随员可以按照一定的顺序在己方签字人的正对面就座,也可以依照职位的高低,依次自左至右(客方)或者自右至左(主方)排成一行,站立于己方签字人的身后。

(4) 当一行站不完时,可以按照以上顺序并遵照"前高后低"的惯例,排成两行、三行或四行。

(5) 原则上,双方随员人数大体上相当。

2. 签署多边合同

(1) 一般仅设一把签字椅,也可以每人一把椅子。

(2) 各方签字人签字时,必须依照有关各方事先同意的先后顺序依次上前签字。

(3) 助签人应该随签字人一同行动。在助签时,应该按照"右高左低"的规矩,助签人应该站立于签字人的左侧。

(4) 其他人员,可以按照一定的序列,面对签字桌就座或站立。

4. 合同文本的制作

(1) 由主方负责待签合同文本的准备。一般而言,在正式签署合同之前,应该由举行签字仪式的主方负责准备待签合同的正式文本。主办方应该指定专人,负责合同文本的翻译、校对、定稿、印刷、装订、盖印。主办方负责合同文本的制作人员,在拟订出合同制作的计划后,应该与合同的各方商量确定后,再进行印刷。按照常规,合同文本做好后,合同文本制作方应该向每个签字单位提供一份待签的合同文本。必要时,还需要再向各方提供一份副本。

(2) 签署涉外商务合同。按照国际惯例,待签的合同文本,应该同时使用有关各方法定的官方语言。待签合同文本,应该用精美的白纸印制而成,再配上精美的封面按大八开的规格装订成册。

(二) 签约仪式的正式程序

1. 签约仪式正式开始

有关各方人员进入签字厅,在既定座位上各就各位。双方签字人员在规定的席位落座。助签人分别站立在签字人座位外侧,协助打开合同文本,指明签字处。

2. 签字人正式签署合同文本

签字人在己方保存的合同文本上签字后,由助签人传递文本,再在对方保存的文本上签字。

商务活动规定,每个签字人在己方保留的合同文本上签字时,按照惯例应当名列首位。因此,每个签字人均应该首先签署己方保存的合同文本,然后再交由他方签字人签字。这一做法,在礼仪上称为"轮换制"。它的意义是在位次排列上,轮流使有关各方均有机会居于首位一次,以显示机会均等、各方平等。

3. 签字人正式交换已经由各方正式签署的合同文本

签字完毕,双方签字人交换文本,并热情握手,互致祝贺。助签人应该收好已经签署的合同文本,并离开主席台。与此同时,全场人员鼓掌表示祝贺。此时,双方签字人握手时间可以适当延长,以供拍照留念。

4. 共饮香槟酒互相道贺

交换已签的合同文本后,有关人员,尤其是签字人,当场干一杯香槟酒是国际上通行的用以增添喜庆色彩的做法。

第三节　庆典活动与剪彩仪式

庆典是各种庆祝仪式的统称。为了扩大组织自身在社会上的知名度,使组织与公众之间、与其他组织之间增加相互了解,促进合作,一般在组织成立或有重大活动时都可举行庆典。在商务活动中,商务人员参加庆典仪式的机会很多,既有可能奉命为单位组织一次庆典仪式,也有可能应邀出席外单位的某次庆典活动。与庆典活动相伴而生的往往是喜庆的剪彩仪式。

一、庆典活动

（一）庆典活动的类型

庆典活动很多,常见的有开业典礼、周年纪念庆典、竣工典礼等。

1. 开业典礼

开业典礼是组织或企业在成立之际向社会首次展现自己,以便引起社会公众关注的活动。

2. 周年纪念庆典

周年纪念庆典是社会组织利用本单位的周年纪念日向内部增强自豪感、归属感和凝聚力,向外界宣传自己、扩大影响力而举办的活动。一般而言,单位在成立5周年、10周年以及它们的倍数时举行周年庆典活动。

3. 竣工典礼

组织通常会在某项巨大工程或重要任务完成之际,举行盛大的竣工典礼来庆祝,引起社会公众的格外关注,同时扩大组织在社会上的影响力。

4. 荣获某项荣誉的庆典活动

当组织荣获了某项荣誉称号或组织的"拳头产品"在国内外重大评选中获奖时,组织都将举行庆典活动,以示庆祝并对外界进行宣传。

剪彩仪式是在开业典礼、奠基仪式、竣工典礼、开工典礼、展销会等活动中经常举行的一种活动。

> **微型案例**
>
> **可口可乐公司诞生 100 周年的庆典活动**
>
> 在可口可乐公司诞生 100 周年庆典之际,可口可乐公司向全世界发布各类"可口可乐"的信息,使人们了解"可口可乐"具有悠久的历史。
>
> 可口可乐公司用最盛大、最壮观的庆典活动来装点公司总部所在地亚特兰大。
>
> 14 000 名工作人员分别从办理"可口可乐"业务的 155 个国家和地区飞往亚特兰大。302 辆以"可口可乐"为主题的彩车和 30 个行进乐队从全国各地迂回取道开进亚特兰大,夹道欢迎的群众多达 30 万人,公司向这些群众免费供应充足的可口可乐。亚特兰大市长和可口可乐公司总裁一起引导游行队伍,其后是 1 000 人的合唱团和 60 种乐器的交响乐队,他们引吭高歌着"可口可乐"的传统颂歌——"我愿给世界买一杯可口可乐"。亚特兰大市洞穴状的奥姆尼中心四周竖立着巨大的电视屏幕,通过电视屏幕,观众可以看到在现场举行的可口可乐公司的百年庆典场面。为了响应可口可乐公司"跟上浪潮"的最新广告口号,伦敦的典礼策划者准备一次推倒 60 万张多米诺骨牌。当多米诺骨牌天衣无缝地一浪一浪倒下去并即将在伦敦到达终点时,一个巨大的可口可乐罐出现了。多米诺骨牌爬上最后一个斜坡,引起一次小型爆炸,可口可乐罐被炸得粉碎,顿时,全世界可口可乐公司的职员都欢呼起来。

(二)庆典活动的准备工作

组织者在做庆典活动的准备工作时,至少要注意从出席者的确定、来宾的接待、环境的布置以及庆典的程序四个方面重点准备。

> **小提醒**
>
> **庆典准备的总体要求**
>
> 庆典既然是庆祝活动的一种形式,那么它就应当以庆祝为中心,把每一项具体活动都尽可能组织得热烈、欢快而隆重,并使其在具体内容的安排上得到全面的体现。
>
> 因此,组织者在做庆典的准备工作时,需要记住以下两个要点。
>
> 第一,要体现出庆典的特色。
>
> 第二,要安排好庆典的具体内容。

1. 精心确定好庆典的出席人员名单

一般来说,庆典的出席者通常包括六类人士。

(1)上级领导。地方党政领导、上级主管部门的领导,大都对单位的发展给予过关心、指导。邀请他们参加,既可以提高庆典活动的规格,有利于组织的宣传,也可以表示感谢之情。

（2）社会名流。根据公共关系学中的"名人效应"原理，社会各界的名人对于公众最有吸引力，能够请到他们，将有助于更好地提升本单位的知名度。

（3）大众传媒。报纸、杂志、电视、广播等大众媒介，尤其是互联网有重要的影响力。邀请大众传媒宣传本单位的成就，有助于加深社会对本单位的了解和认同。

（4）合作伙伴。在商务活动中，合作伙伴经常是彼此同呼吸、共命运的。请他们来与自己一起分享成功的喜悦，是完全应该的，而且也是很必要的。

（5）社区关系。社区关系是指那些与组织共居于同一区域、对组织具有种种制约作用的社会实体。请他们参加组织的庆典，会使对方进一步了解组织、尊重组织、支持组织，或者给予组织更多的方便。

（6）组织员工。员工是组织的主人，组织每一项成就的取得都离不开他们的兢兢业业和努力奋斗。所以在组织庆典时，请他们参与其中，是培养员工成就感与归属感的绝佳良机。

以上人员的具体名单一旦确定，就应该尽早发出邀请或通知。鉴于庆典的出席人员甚多，牵涉面极广，故不到万不得已，不得将庆典取消、改期或延期。

2. 精心安排好来宾的接待工作

与一般的商务交往相比，对出席庆祝仪式的来宾的接待，更应该突出礼仪性的特点，应该使来宾感受到主人真挚的尊重与敬意，并且想方设法使每位来宾都能心情舒畅。最好的办法是，庆典一经决定举行，即成立对此全权负责的筹备组。筹备组成员通常应当由各方面的有关人士组成，他们应当是能办事、会办事、办实事的人。

在庆典的筹备组内，下设若干专项小组，在公关、礼宾、财务、会务等各方面"分兵把守"，各管一段。其中负责礼宾工作的接待小组，大都不可缺少。

庆典的接待小组，原则上应该由年轻、精干、形象较好、口头表达能力和应变能力较强的青年组成。

小知识

庆典接待小组的主要工作

接待小组成员的主要工作包括来宾的迎送、引导、陪同与招待工作。

1. 来宾的迎送
即在举行庆祝仪式的现场迎接或送别来宾。

2. 来宾的引导
即由专人负责为来宾带路，将其送到既定的地点。

3. 来宾的陪同
对于某些年事已高或非常重要的来宾，应该安排专人陪同始终，以便关心与照顾。

4. 来宾的招待
即指派专人为来宾提供送饮料、上点心等服务。

3. 精心布置好举行庆祝仪式的现场

依据仪式礼仪的有关规范,商务人员在布置举行庆典的现场时,需要通盘思考。

(1) 地点的选择。在选择具体地点时,应该结合庆典的规模、影响力以及组织的实际情况来决定。不过在室外举行庆典时,切勿因地点选择不慎,导致制造噪声、妨碍交通或治安,顾此而失彼。

(2) 环境的美化。在反对铺张浪费的同时,应当量力而行,着力美化庆典举行现场的环境。为了烘托出热烈、隆重、喜庆的气氛,可以在现场摆放鲜花,悬挂彩灯、彩带,张贴一些宣传标语,或大型横幅。如果有能力,可以请由组织员工或专业人士组成的乐队、锣鼓队演奏音乐或敲锣打鼓,渲染热烈、喜庆的气氛。

(3) 场地的大小。在选择举行庆祝仪式的现场时,应当牢记并非越大越好。从理论上说,现场的大小应该与出席者人数的多少成正比。也就是说,场地的大小应该同出席者人数的多少相适应。人多地方小,拥挤不堪,会使人心烦意乱。人少地方大,则会让来宾对组织产生"门前冷落车马稀"的错觉。

(4) 音响的准备。在举行庆典之前,需要把音响准备调试好。尤其是供来宾讲话时使用的麦克风和传声设备,在关键时刻,绝不允许临阵"罢工",让主持人手忙脚乱、大出洋相。在庆典举行前后,播放一些喜庆、欢快的乐曲,只要不抢占"主角"的位置,通常是可以的。但是对于播放的乐曲,应该先期进行审查。

4. 庆典的具体程序

根据庆典常规,拟定庆典的程序时,有两条原则必须坚持。

第一,时间宜短不宜长。大体上讲,应该以一个小时为宜。

第二,程序宜少不宜多。总之,不要使庆典成为内容乱七八糟的"马拉松"。

庆典活动一般包括下述几项程序。

(1) 预备。请来宾就座,出席者安静,介绍嘉宾。

(2) 宣布庆典正式开始,全体起立,奏国歌或唱本单位的歌曲。

(3) 本单位主要负责人致辞。其内容主要包括对来宾表示感谢,介绍此次庆典的缘由,等等。发言重点是报捷以及庆典的可"庆"之处。

(4) 邀请嘉宾讲话。嘉宾讲话一般包括感谢主办方的邀请,祝贺主办方庆典活动的召开;并简要谈一谈庆典的重要意义,还可以回顾与主办方的情谊,最后预祝主办方庆典活动圆满成功,预祝主办方生意兴隆,再创辉煌等。

(5) 安排文艺演出。这项程序可有可无,如果准备安排,就应当慎选内容,注意不要有悖于庆典的主旨。

(6) 邀请来宾进行参观。如果有可能,可以安排来宾参观本单位的有关展览或车间等。

在以上几项程序中,组织可以酌情安排。如果是开业庆典、开工庆典等活动还可以加入剪彩的环节。

微型案例

开业典礼方案
——宏达公司昆明分公司开业庆典

时间:××××年12月9日上午10时

地点:龙泉路××号

名称:宏达公司昆明分公司开业庆典剪彩活动

简介:宏达公司昆明分公司于12月9日在公司所在地隆重举行开业庆典仪式。公司邀请了许多当地的商业人士、新闻媒体及市政府领导出席。

程序:

9:00—10:00 礼仪小姐迎宾

10:00 开业典礼正式开始

10:30—10:45 分公司张华总经理致辞

10:45—10:55 集团公司李副总经理发言

10:55—11:00 市主管单位相关负责人讲话

11:00—11:05 领导与嘉宾剪彩

11:05—11:35 参观公司

11:35—13:00 公司在昆明晟世仟和酒店设宴,请嘉宾共进午餐

小提醒

组织者参加庆典的基本礼仪规范

(1)服饰要规范。

(2)发言要简短。

(3)时间要遵守。

(4)仪容要整洁。

(5)态度要友好。

(6)表情要庄重。

(7)行为要自律。

二、剪彩仪式

剪彩仪式指的是有关单位为了庆祝组织开业,宾馆、商店等机构的开张,高楼大厦的奠基、竣工仪式,道路或航线的开通仪式、周年庆等庆典活动,而邀请有关领导和知名人士用剪刀剪断红色缎带的庆祝活动。因此,剪彩仪式往往是其他庆典活动中的一个环节。可以说没有一家单位是为了剪彩而剪彩的。剪彩仪式的会场布置要求喜庆、热闹。

第三节 庆典活动与剪彩仪式

> **微型案例**
>
> **剪彩仪式的由来**
>
> 剪彩是 20 世纪以来才开始盛行的一种仪式。追根溯源,它起源于美国。1912 年,美国得克萨斯州圣安东尼奥的华狄密镇有一家大百货公司将要开业。开张这天的一大早,老板威尔斯按照当地风俗,在开着的店门前横一条布带,防止公司未开张前有闲人闯入。这时,老板 10 岁的女儿牵着一条哈巴狗从店里匆匆跑出来,无意中碰断了这条布带。这时在门外久候的顾客以及过路行人,以为该公司开始营业了,于是蜂拥而入,并且争先恐后地购买货物,真是生意兴隆,开业大吉。不久,当老板威尔斯的第二分公司又要开张时,他想起第一次开张时的盛况,又如法炮制。这次是老板有意让小女儿把布带碰断,果然财运又很好。于是,人们认为公司、店铺开张时,让女孩碰断布带是一个极好的兆头,都争相效仿此法。后来,人们用彩带取代了颜色单一的布带,并用剪刀剪断,于是,就有了"剪彩"的名称。剪彩的执行人也由小女孩改成年轻的姑娘,后又由当地官员或社会名流所替代。时至今日,剪彩已风靡全球,它已经不仅仅是买卖开张时要搞的仪式,而且连工程开工、落成、周年庆等许多活动也都要剪彩,并约定俗成地形成了一整套礼仪规范和要求。

(一)剪彩仪式的准备工作

会场设立主席台,主席台的上方应悬挂"某某公司开业(竣工)典礼"的横幅,主席台前面还可以适当地放置鲜花和花篮,以烘托出喜庆的气氛。出席剪彩仪式的嘉宾可以是上级领导,或者主管部门的领导,或者邀请的社会名流、同行业专家等。

1. 剪彩的用具准备

剪彩仪式上需要用的一些特殊物品,如红色缎带、剪刀、白色薄手套、托盘以及红色地毯等要事先准备,以免临场慌乱。

(1)红色缎带。按照传统做法,应该由一整匹未使用过的红色绸缎,在中间扎上几朵大而醒目的红花而成。现在为了环保、节俭,一般使用 2 米左右的红缎带、红布条或纸带作为剪彩物品。

(2)剪刀。专门供剪彩者剪彩时使用,必须是人手一把,以免因剪刀缺少而让剪彩者尴尬。

(3)白色薄手套。供剪彩者剪彩时戴,以示郑重,但一般情况下可以不准备。如果需要准备,则要保证人手一副,并且大小适中,洁白无瑕。

(4)托盘。是供盛放剪刀、手套用的。为了显示正规,还可以在托盘的上面铺红色绒布或绸布。

(5)红色地毯。主要是铺设在剪彩者正式剪彩时站立的地方,其长度可视剪彩者人数的多少而定,宽度应该超过一米。在剪彩时铺设红地毯主要是为了提高仪式档次,营造一种喜庆的气氛。

2. 剪彩人员的确定

在剪彩仪式中,除了需要选定主持人以外,还要选定剪彩者和礼仪小姐。

(1)剪彩者的确定。剪彩仪式前要事先选好为组织剪彩的嘉宾,通常情况下,可以从上级领导、单位负责人、社会名流、合作伙伴、员工代表中选定。剪彩者的人数可以是一人,也可以是多人。剪彩者的名单一经确定之后,就应该及时通知剪彩者。

(2)礼仪小姐的确定。组织为了增加剪彩仪式热烈而隆重的喜庆气氛,通常安排几位礼仪小姐来负责引导宾客、拉彩带、捧花、递剪刀等工作。对礼仪小姐的要求是大方、庄重、文雅,穿着打扮应该整齐划一,淡妆、盘发,礼仪小姐通常身着红色旗袍或西式套装。

(二)剪彩仪式的程序

按照惯例,剪彩通常应包含五个基本的程序。

1. 嘉宾入场

剪彩仪式开始的前五分钟,嘉宾便应在礼仪小姐的引领下集体入场。一般来说,嘉宾中的剪彩者应前排就座,座位上应事先放好席卡。

2. 仪式开始

由企业主要负责人宣布仪式开始,奏乐、鸣炮(有的地方禁鸣则免),然后介绍到场的嘉宾,对他们的到来表示感谢。

3. 宾主讲话

由主办单位代表、上级部门主管部门代表、合作单位代表以及社会知名人士先后发言。讲话的内容应具介绍性、鼓动性、祝贺性,做到短小精悍、言简意赅。

4. 进行剪彩

在剪彩正式开始前,应向全体到场的宾客介绍剪彩者。当主持人宣布剪彩开始后,礼仪小姐用托盘呈上剪彩用的剪刀等用具登场,拉彩带者将红色缎带拉直,托盘者站在拉彩带者身后一米左右,然后剪彩者上台进行剪彩,剪彩者拿起剪刀把彩带一刀剪断,待放下剪刀后,再向在场来宾致意,全体来宾应热烈鼓掌。

5. 后续活动

剪彩过程结束,主办单位可安排一些文艺、参观、联谊、座谈、签名、题词、就餐或继续参观等后续活动,具体做法可因剪彩内容而定,最后可以向来宾赠送一些纪念品,热情欢送他们离去。

第四节　新闻发布会

新闻发布会是社会组织为了宣布某项重要消息,把有关新闻机构的记者召集在一起,进行信息发布的一种特殊形式的会议。

> **微型案例**
>
>
>
> **常德核心　财富至尊**
>
> **——香港××集团入主常德 CBD 铜锣湾广场挺进湘西北**
>
> 新闻发布会流程
>
>
>
> | 时间 | 内容 |
> | --- | --- |
> | 9:30—10:00 | 会场布置及媒体签到 |
> | 10:00—10:05 | 与会人员入席(配背景音乐) |
> | 10:05—10:20 | 主持人介绍项目情况及现场嘉宾 |
> | 10:20—10:30 | 常德市委市政府领导发言 |
> | 10:30—10:40 | 平和国际财富广场领导发言(公布会议的主要内容) |
> | 10:40—10:50 | 香港××集团负责人发言 |
> | 10:50—11:00 | 铜锣湾负责人发言 |
> | 11:00—11:30 | "平和"及"铜锣湾"共同对于项目施工、开业等方面进行承诺 |
> | 11:30—11:40 | 媒体记者对政府领导及项目开发商负责人等进行采访 |
> | 11:40 | 主持人宣布结束 |

一、新闻发布会前的准备工作

（一）确定新闻发布会的主题

1. 说明性主题

说明性主题即向社会公众宣布一项重要的决定。例如，企业推出新产品、企业经营方针的改变等，此时新闻发布会主要是对外宣布决定。

2. 解释性主题

解释性主题阐明所了解到的社会现象发生的原因，并预测其变化趋势的社会实践活动。例如，企业产品质量出现了问题，企业出现了重大事故等，此时，新闻发布会主要是对所发生的事件进行解释。主办单位可以根据具体情况来确定新闻发布会的主题。

（二）选定新闻发布会举行的时机

新闻发布会举行时机的选择是否理想，对新闻发布会的效果有着重要的影响。适宜举办新闻发布会的时机主要有以下七种情形。

（1）公司及产品(服务)已经成为公众关注问题的一部分。

（2）公司或其成员已经成为众矢之的。

新闻发布会的筹备工作

（3）新产品上市。
（4）开始聘用某明星做自己的产品或形象的广告模特或代言人。
（5）公司人员重大调整。
（6）公司扩大生产规模。
（7）公司取得最新纪录的销售业绩,等等。

> **小提醒**
>
> **选定召开新闻发布会时间的注意事项**
>
> （1）避开节日与假日。
> （2）避免与重大社会活动相冲突。
> （3）防止与新闻界的重点宣传报道撞车。

（三）确定新闻发布会举行的地点

新闻发布会可以考虑在本单位、事件发生地或宾馆会议厅等地方召开。

另外,新闻发布会现场还应该考虑交通是否方便,采访条件是否能满足要求,扩音、录音、录像、照明设备是否完好、齐备,座位是否够用,等等。

（四）确定邀请的对象

应该根据新闻发布会的主题,确定邀请对象。

新闻记者是新闻发布会的主宾,邀请哪些记者参加应该根据新闻发布会的性质而定。如果是为了扩大影响和知名度,那么可以多种类多层次地多邀请记者。如果只是进行宣传解释则邀请面可以小一些。

此外,广告公司、客户、同行等也是受邀请的对象。

要拟订详细的邀请名单,提前1～2周发出邀请信或请柬,临近开会时还应该提前一天打电话联系落实。

（五）选择新闻发布会的主持人和发言人

记者的职业习惯可能使他们在新闻发布会上提出的问题比较深刻、尖锐,这就对新闻发布会的主持人和发言人提出了更高的要求。一般要求他们不仅要熟悉本企业及产品,而且要思维敏捷、反应迅速,有较高的文化修养和专业水平。

新闻发布会的主持人大都由主办单位的办公室主任或秘书长、公关部部长担任。

新闻发布会的发言人通常由本单位的领导人担任,因为领导人对本单位的方针、政策及各方面情况比较了解,由他们回答记者的提问更具有权威性。另外,新闻发言人还应该具有广博的知识面、清晰准确的语言表达能力、快速应对的反应能力等。

（六）预算会议所需要的费用

根据新闻发布会的规格和规模做出可行的经费预算。预算的费用项目一般有场地租金、会场布置、印刷品、茶点、礼品、音响器材、邮费、电话费、交通费等,需要用餐时还应该加上餐费。

> **小知识**
>
> 新闻发布会应该准备的材料
>
> 第一,发言人的发言稿。发言稿既要紧扣主题又要全面、准确、真实、生动。
>
> 第二,回答提纲。为了使发言人在现场回答问题时表现自如,可以事先预测一下记者将要问到的问题,并准备好答案。
>
> 第三,报道提纲。可以事先将报道重点、有关的数据、资料编印出来,作为记者采访报道的参考资料。
>
> 第四,其他辅助材料。如图片、实物、模型、视频等,目的是增强发言人的讲话效果,加深与会者对会议主题的认识和理解。

(七)其他准备工作

例如,会场的布置、音响设备的调试、礼品的准备、座次的安排、工作人员胸卡的制作以及与会人员的仪态举止训练等。

二、新闻发布会的程序

(1)签到。在接待处签到,接待时最好有组织的某位主要人物出面迎宾,以显示出组织对活动的重视,给来宾及记者们留下好印象。

(2)分发会议资料。应该发给每位来宾一个事先准备好的资料袋,其中有新闻发布稿、技术性说明(必要时发放)、发言稿、纪念品等。

(3)宣布会议开始。会议开始时主持人简要说明召集会议的目的、所要发布的信息或事件发生的背景和经过等。

(4)发言人讲话。发言人要就某些内容做重点、详细的讲述。

(5)回答记者提问。

(6)接受重点采访。

(7)宣布会议结束。

三、新闻发布会结束后的工作

发布会结束后,应该在一定的时间内对其进行一次认真的评估工作。

(一)了解新闻界的反应

对照来宾签到簿与来宾邀请名单,核查新闻界人士的到会情况,了解与会者对此次发布会的意见或建议。

(二)整理保存会议资料

主办单位需要认真整理并保存的新闻发布会的有关资料,大致分为两类。一类是新闻发布会自身产生的图文声像资料,以备查考利用。另一类是新闻媒介对本次新闻发布会的报道情况,包括有利报道、不利报道和中性报道。

新闻发布会
会后工作

（三）视情况酌情采取补救措施

如果出现不利的新闻报道，那么应该马上采取行动，说明真相，向新闻机构提出要求。一般新闻媒介对组织的不利报道可以分为以下三种情况。

第一，事实准确的批评性报道。组织对这类报道应该虚心接受，迅速整改，改正后再请媒体正面报道。

第二，由误解而出现的失实报道。组织对于媒介的失实报道，应当及时通过恰当的途径，联系新闻媒介，将问题解释清楚，消除误会，达成一致，请媒体给予澄清。

第三，有意歪曲事实的敌视性报道。组织对于具有敌意的报道，应该讲究策略地与媒介进行沟通，立场坚定，尽量为组织挽回声誉。如果有必要，那么可以通过法律途径解决。

> **小提醒**
>
> **召开新闻发布会时的注意事项**
>
> 第一，新闻发布会发言人讲话应该简明扼要，重点突出，清晰流畅，对记者的提问要认真回答。
>
> 第二，新闻的信息必须准确无误，发现错误应该立即更正。对于不便发表和透露的内容，应该委婉地做出解释。
>
> 第三，所有发言人在重大问题上要统一口径，切忌说法不一。
>
> 第四，不要随意打断记者的发言和提问，也不能以各种表情、动作表示不满。对各方记者要一视同仁，不能厚此薄彼。

第五节 宴请活动

宴请活动是商务人员在社会交往中最常见的一种商务活动。宴请是在商务交往中为了表示感谢、庆祝、欢迎等以增进友谊和融洽气氛的重要活动方式。

一、宴请的种类

（一）宴会

宴会是最正式、最隆重的宴请形式。宴会按照礼宾的规格划分，可以分为国宴、正式宴会、便宴和家宴。一般情况下，宴会持续时间为2小时左右。

1. 国宴

国宴是规格最高的宴会，是国家级庆典宴会。举办方是本国政府首脑或国家元首，也可以是来访的外国元首或政府首脑。宴会厅必须悬挂主客两国国旗，宾主按照身份、地位入席。宴会上主人和主宾要发表讲话或致祝酒词，席间要奏乐。

2. 正式宴会

一般是指政府或企事业单位,为了迎送宾朋或答谢而举行的隆重的宴会。适用于宴请规格较高,活动内容较正式、严肃的场合,重点在于给予对方较高的礼遇。它除了不挂国旗、不奏国歌、出席者级别不同以外,其余都与国宴相似。

3. 便宴

便宴属于非正式的宴会,形式简便,不排桌次座位,不做正式讲话,菜肴道数不必过多,气氛随便、亲切,有利于各方自由交往。官方和非官方的宴会都可以采用这种形式。便宴有午宴和晚宴之分,也有早餐会。此种便宴都是坐着进食,由服务员顺次上菜。

4. 家宴

家宴是指在自己家中设便宴招待宾客的方式。可以由主妇亲自掌勺,也可以请厨师上门做菜。可以广泛用于亲朋好友聚会,也可以用于官方宴请或业务洽谈宴请。席间全家人共同招待客人,气氛亲切、随和、友好,容易创造融洽的人际关系。

(二)招待会

招待会一般不备正餐,是形式较为灵活的一种宴请方式,客人可以根据自己的口味选择喜欢的食物和饮料,与他人一起或独自一人用餐。招待会一般不排席位,可以自由活动。

1. 冷餐会

冷餐会又称为自助宴,这是一种相当自由的餐饮形式,除了不必排桌次座次以外,来宾人数也不受拘束,也不用服务员上菜,客人自己动手选择食品,可以随时用餐,不必等客人到齐才能用餐。这样的宴会形式便于客人之间有较多的彼此认识的机会。

2. 酒会

酒会又称为鸡尾酒会,适用于各种节日、仪式、庆典及招待性质的宴请。酒会由专门的调酒员来为客人点酒、调酒。酒会上还需要略备一些小吃,如三明治、面包、饼干、热香肠、炸薯片等,供客人食用。酒会通常是在下午或晚上举行,时间不限,习惯上多为 2 小时左右,席间不排座次,客人多为站着用餐,可以随意走动,比较适合现代人的生活节奏。

> **小知识**
>
> **鸡尾酒的由来**
>
> 鸡尾酒一词,由英文"鸡尾(cocktail)"一词直译而来。相传,从前有位国王的女婿会配制混合酒,因为受宾客欢迎,他应接不暇,忙乱中丢失了调酒的勺子。情急之下,他信手拔下帽饰上的鸡尾毛来调制,从此这种混合酒便得名鸡尾酒。

(三)茶会

茶会是比较简单的招待方式,通常在上午 10 时或下午 4 时左右。茶会是以品茶为主,对茶叶和茶具的选择颇为讲究,也可以备有点心和小吃,一般在较为宽敞的厅堂、会客厅里举行。在席间还可以安排一些助兴的小节目等。茶会对茶叶的选择要照顾到客人的嗜好和习惯,茶具选用陶瓷器皿,不用玻璃杯,也不用热水瓶来代替茶壶。

（四）工作餐

工作餐是人们在特别繁忙、日程安排不开时采用的一种既节省时间,又达到招待目的的宴请形式,是一种非正式的宴请形式。它可以分为工作早餐、工作午餐和工作晚餐,适用于以谈论或从事某项具体工作为目的的招待场合,其特点是宾主共同进餐,边谈工作边进餐。工作餐一般只请当事人,不请客人的配偶,也不请其他与工作无关的人员。

二、宴请的准备工作

由于宴请的种类不同,所以宴请的组织安排工作也就有所不同。工作餐较简单,而正式宴会的组织工作则相当复杂,有许多具体工作要进行认真的筹划。

（一）列出宾客名单,发出正式请柬

(1) 根据宴请的目的,与上司确认被邀请的客人名单。

(2) 根据宴请的目的和客人的社会地位、职务身份,确定宴会的规格。

(3) 发出正式请柬。正式宴会或正式宴请大都需要向客人发出正式请柬,事先口头约定的或电话通知的也要补发,这是礼节上的要求。

（二）确定宴请时间,选好宴请场所

1. 确定宴请时间

宴请时间的确定主要考虑以下三个方面的因素。

第一,根据上司的提议。

第二,给对方宽裕的准备时间,以便安排好其他各方面的工作。

第三,一般不选择在重大节日和假日宴请,涉外宴请还要注意避开对方的禁忌日。

2. 确定地点

宴请地点的确定主要考虑四个方面的因素。

第一,视客人多少而定。

第二,考虑规格,规格高的安排在高级饭店或酒店。一般规格的,则根据情况安排在适当的饭店进行。

第三,要考虑宴请对象,对文化素质高、有一定身份的客人,宴请的卫生和环境尤其要讲究。

第四,考虑选择交通方便的地方,便于客人到达。

（三）宴会现场的布置

宴请的主办方应该根据宴请的目的和性质,在宴会厅的正面上方拉一条横幅。在宴会厅的一侧,可以摆放花草盆景。在布置好的主席台右侧可以设置临时致辞用的讲台,摆放宾主致辞用的麦克风。在宴会厅四周还可以摆放适当的鲜花,以增强整体气氛。

（四）确定菜单

(1) 菜肴应该精致可口、赏心悦目、突出特色。

(2) 了解客人的饮食习惯、禁忌。

(3) 注意冷热、甜咸、色香味的搭配。

（五）排定座次

宴会一般都要事先安排好桌次和座位，使参加宴会的人都能各就其位。席位的安排也能体现出对客人的尊重。以下桌次与座次安排，均遵循国际上"以右为尊，以中为尊，近高远低"的原则。

餐桌座次

1. 排定桌次

桌次地位的高低，是以距主桌位置的远近而定的。以主人的桌为基准，右高左低，近高远低。如图6-5所示。

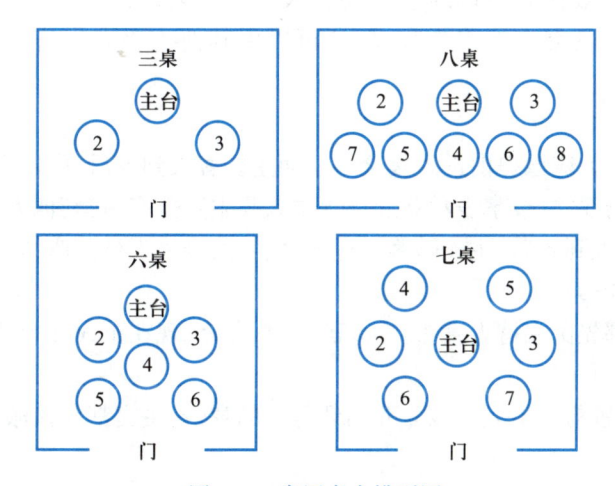

图6-5 常用桌次排列图

2. 排定座位

在商务活动中，按照职位最高的主人与职务次之的副主人为核心进行座位排列。以主人的座位为中心，近高远低，右高左低，依次排列。

把主宾安排在最尊贵的位置，即主人的右手位置，主宾夫人（或职务排第二的客人）安排在女主人（或职务排第二的主人）的右手位置。

主人方面的陪同人员，尽可能与客人相互交叉，便于交谈。尽可能避免自己人坐在一起，冷落客人。如果有译员，则可以安排在主宾右侧。席次确定后，座位卡和桌次卡分别放在座位前方、桌中间。常用座位安排原则如图6-6所示。

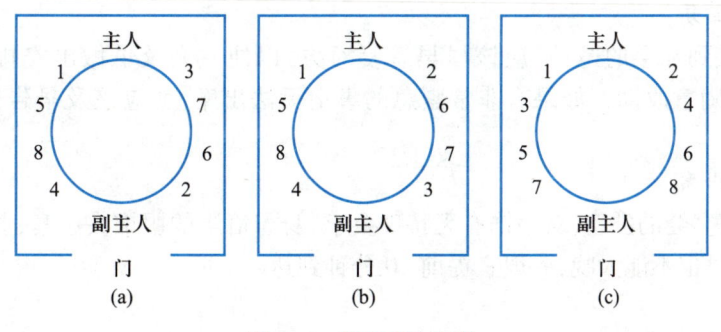

图6-6 常用座位安排

在商务活动中，主人与副主人分别代表职位最高和职位次之的人员。比如，在图 6-6(a)中主人与副主人分别为总经理与副总经理；在图 6-6(b)中分别为总经理与办公室主任；在图 6-6(c)中分别为总经理与秘书的职位。简言之，主人与副主人职位悬殊越大，则座位的排列越以职位高者为中心，依次排列。

三、宴请的程序

（一）迎客

大型宴请，主人一般在大门口迎接主要客人。小型宴请，主人一般在宴会厅或休息室门口迎接客人。另外，视宴会的重要程度，还可以由其他主要人员陪同主人排列成行迎接客人。

（二）入席

大型宴请，普通客人应该提前进入宴会厅。而主要客人到齐后，由主人陪同按照礼宾次序进入宴会厅，这时全场起立，鼓掌表示欢迎。等主人与主宾落座后，其他人方能坐下，宴会正式开始。小型宴请等客人到齐后，主人陪客人进入宴会厅，全体人员落座，宴会开始。

（三）宣布宴会开始

大型宴请，一般都先由主持人宣布："××宴会（酒会等）现在正式开始。"

（四）致辞

致辞一般放于用餐前。主人应该先介绍致辞人的身份，主宾都应该派代表致辞。

（五）祝酒

入席后，主人应该招呼客人进餐，并率先给客人敬酒。敬酒时可以依序逐一敬遍全席，也可以不分地位、身份高低，一起敬酒。

（六）交谈

席间主人要引导客人愉快地参与交谈，巧妙地选择话题，使席间充满和谐愉快的气氛。

（七）散席

吃完水果，主人与主宾起立，宴会即告结束。主宾告辞，主人送至门口，主宾离去后，原迎宾人员依次排列与其他客人握手告别。

四、商务人员赴宴的礼仪

商务人员在日常的交往中都会碰到各种宴会的邀请，需要了解赴宴的各种礼节要求。

（一）应邀回复

商务人员接到宴会的邀请，应该尽早答复对方，以便主人及早做出安排。一旦答复对方赴宴，就不能随意改动。如果有非常紧急的事情无法出席，就应该及早告知主人，并表示歉意。

（二）准时出席

要事先了解宴会的类型，对服饰有无特殊要求，身着恰当的服饰去赴宴，并且控制好到达的时间，不能过早也不能太晚，一般宜提前 10 分钟到达。

（三）入座

到达宴会地点后，应该先向主人问候，并与其他来宾打招呼、致意，然后按照主人事先安排好的席位入座，不可以随意乱坐。入座时，应该从座椅的左侧入座，若有女士、领导或尊者在时，应该等其入座后再坐。入座后，要注意自己的身姿，不要紧靠在椅背上，或用手托腮，或将双臂放在桌上，更不可趴在餐桌上。不要摆弄桌上的酒杯、碗筷等，以免发出声响。

（四）进餐

待主人招呼后，方可进餐。进餐时要文雅，不能狼吞虎咽，每次送入口中的食物不可过大，要细嚼慢咽，咀嚼时不要发出声响。食物太热时，等稍凉些再吃，不能在餐桌上用嘴吹，不要在自己正咀嚼东西时与他人说话。如果他人问话，要等自己将口中食物咽下后再回话。在正式宴会中，不宜当众使用牙签，更不可用指甲剔牙缝中的食物。

（五）饮酒

席间的饮酒一般是主人与主宾先碰杯。碰杯时，客人应该起立举杯，目视对方致意，身份低的或年轻的与身份高的及年长者碰杯时，应该稍欠身点头，杯沿比对方杯沿低以表示尊敬。在主人与主宾祝酒时，应该暂时停止进餐，停止交谈，注意倾听。如果在主人或别人给你敬酒时，而你不胜酒力，那么可以婉言谢绝。在商务宴请中，商务人员应该保持头脑的清醒和思维的敏捷，以利工作的开展，切不可因贪杯误事。

（六）礼貌告辞

宴会结束，赴宴者应该起身离席。如果是男士就应该先起身为女士或年长者移开座椅。客人应该向主人致谢。在参加宴会后的两三天内，客人应该向主人致电表示感谢。

第六节　商　务　旅　行

在经济活动中，商务人员为了洽谈业务、参观访问、出席会议、签订合同、实地考察等目的而到异地进行的商务活动，就是商务旅行。无论是领导还是秘书自己的商务旅行，秘书都需要做相应的准备工作。

一、商务旅行的准备工作

微型案例

手忙脚乱的吕经理

韩明大学毕业后，在一家公司做秘书工作。一次，吕经理要到外地出差，韩明为他预订了火车票，是星期六上午11点的火车。星期五的下午，韩明拿到了车票，把它交给了吕经理。吕经理叮嘱韩明说："我晚上有个应酬，怕明天早上起晚了误事。我太太这几天回老家了，麻烦你明早8点以前给我打个电话叫醒我。"可是，星期六早上当吕经理睁开眼睛的时候，已经是8点半了，不知为什么韩明没有打电话来。吕经理急急忙忙赶往车站，到了车站以后，吕经理找不到车票，他才想起来昨天把车票放在办公室的抽屉里了。他赶快给韩明打电话，想让他把车票取了送来，可是没想到韩明的手机关机了。吕经

> 理只好匆匆赶回办公室。等他取了票回到车站,已经错过了检票时间,他只能改签下午的车次。而且这一变动还得通知接待方,免得对方到车站白跑一趟。吕经理出差回来后,问韩明周六为什么没有提醒他。韩明说因为是星期六,所以早上起来晚了,忘了叫吕经理起床这件事了,也忘了开手机。
>
> 问题:针对上述案例,你认为韩明与吕经理应该在哪些方面进行改进?

秘书在了解上司差旅目的地后,通常采用电话或网络的方式订票。

(一)订车票、机票

(1)预订车票和机票。订票时要特别细心,注意出发地点、到达地点、日期、车次(开车时间)、座位等信息,不要出错。

(2)取票。拿到机票(或火车票),应该仔细核对姓名、日期、航班(车次)、座位、到达地点等信息是否有误。

(二)预订房间

上司出差,安排住什么样的旅馆,秘书都要根据公司规定及上司的爱好和习惯来决定,掌握订房的基本程序。在预订房间时应该提供的信息有住宿者的姓名、抵达时间及大概离开时间、需要预订的房间类型及特殊要求等。

小提醒

预订客房的注意事项

(1)根据公司规定,弄清上司出差应该享受的待遇。

(2)可以通过公司规定的途径预订酒店,如无明确规定,则可以通过携程网、驴妈妈等网络途径订酒店更优惠。

(3)订房、订票时要考虑上司的个人爱好和习惯。

(4)保证预订。如果预订需要有保证或确定,秘书就要事先声明或提前付款,以便酒店保留房间。

(5)结账时间。询问旅馆的结账时间,并将其放在上司携带的备忘录里。

(6)房间位置。要根据上司的要求预订,房间尽量不要在一楼。最好住有足够安全保障的酒店,如房门有锁死插销、提供代客泊车业务、提供电话号码保密服务等。

(7)取消预订。如果要取消预订,那么应该至少提前一天通知酒店。

(8)平时注意收集订房及订票的相关信息,了解订房、订票的相关知识,以便确保工作的顺利进行。

(三)准备必需的文件资料及上司随身携带的用品

临行前,秘书要将文件资料及用品按照公与私分别列出清单,请上司过目,避免遗漏。根据准备物品的清单,秘书与领导分别做相应的准备。

> **小知识**
>
> **常用商务旅行物品清单**
>
> | 商务活动文件资料
（秘书准备） | 差旅相关资料
（秘书准备） | 办公用品
（秘书/领导准备） | 个人物品
（秘书提醒，领导准备） |
> | --- | --- | --- | --- |
> | 谈判提纲
合同草案
协议书
演讲稿
有关讨论问题的信件
备忘录
日程表
产品资料
公司简介
对方公司相关资料 | 旅行指南
请柬或会议通知
介绍信
通讯录
对方的向导信函
日历
世界各地时间表（国外出差） | 笔记本电脑
U盘或移动硬盘
照相机或摄像机
文件夹
笔、笔记本
公司信封及信纸
手机
名片
现金或支票 | 护照
签证
身份证
信用卡
替换衣物
洗漱用品
急救药品
旅行箱
车船票、机票 |

（四）预支差旅费

公司一般为出差人员提供预支差旅费，有的是出差回来后报销。秘书要填写申请提前预支差旅费。差旅费一般包括往返及当地的交通费、住宿费、餐费以及其他可能的活动经费。

（五）发挥旅行社的服务作用

秘书在为领导准备商务旅行时，可以借助旅行社的服务提高工作效率。大多数旅行社都可以提供以下服务：订票、制订旅行计划、安排旅馆住宿、在目的地安排车辆等服务。

二、制作旅行日程表

安排完订房订票的工作以后，就要着手制作旅行日程表了。旅程表是按照预定的日程表和上司的计划要求、意见而制定的。旅程表的内容一般比旅行计划更详尽，秘书要将每日的日程表印在纸上，并按照时间顺序进行编号，供上司使用。一份周密的旅程表主要包括以下内容。

（一）时间、日期

包括出发及返回的时间、日期，包括目的地的抵达和离开的时间、日期和中转时间、日期；开展各项活动的时间、日期；就餐、休息的时间、日期等。

（二）地点

包括上司本次出差的目的地（包括中转地点）；旅行过程中开展各项活动的地点；食宿地点等。

（三）交通方式

包括出发、返回时使用的交通工具；停留地的交通安排等。

(四) 事项

包括商务活动内容,如访问、洽谈、会议、宴请娱乐活动以及私人事务活动等。

(五) 备注

包括记载提醒上司注意的事项,如抵达目的地需要中转的中转站或中转机场,休息时间、飞机起飞时间,以及某国家为旅客提供的特殊服务;在当地需要注意的一些风俗习惯和礼仪等。

> **小提醒**
>
> 旅程表除了旅行计划以外,还应该包括旅馆名、所在地、电话号码;当地的联系人姓名、地址、电话号码;会晤者名称、企业名称、所在地及电话号码;海外出差时当地的中国大使馆所在地及电话号码等。旅程表应该一式三份(或多份),一份存档,一份给上司,秘书存留一份。

表6-1为秘书王丽为张明副总经理从北京前往广州明辉公司出差而制定的一份商务旅行日程表。

表6-1 商务旅行日程表

日期	具体时间	地点	交通方式	事项	备注
4月7日(周一)	9:30-12:40	北京-广州	南方航空某航班	北京大兴国际机场-白云国际机场T2	明辉公司程光秘书接机电话:138××××××××
	13:10-14:00	机场-酒店	明辉公司程秘书送	机场至广东迎宾馆酒店,办理入住手续	—
	14:30-16:00	明辉公司1号会议室	明辉公司程秘书接	与明辉公司李强副总经理等会谈	—
	17:00-18:30	广东迎宾馆红棉餐厅	明辉公司程秘书接	晚宴	明辉公司张坚总经理、李强副总经理等陪同
4月8日(周二)	9:00-11:00	明辉公司1号会议室	明辉公司程秘书接	会谈,并签署合作意向书	—
	11:30-13:00	广东迎宾馆白云楼	明辉公司程秘书送	午餐	明辉公司张坚总经理、李强副总经理等陪同
	13:00-14:00	酒店-机场	明辉公司程秘书送	办理退房手续,去机场	—
	15:00-18:05	广州-北京	南方航空某航班	白云国际机场T2-北京大兴国际机场	秘书小王接机

领导到外地进行商务活动,往往会有详细的接待或商务活动日程表,那么商务旅行日程表就可以简化,如表6-2所示。

表 6-2　张明副总经理旅美日程表

北京—纽约　20××年6月17日—19日	
时间	日程安排
6月17日 15:35 17:25	乘中国国航某航班由北京至纽约(约14小时)。 抵纽约(乌云小姐接)，住Francis宾馆。
6月18日 上午 9:30 中午 11:10 下午 15:00 下午 18:30 下午 19:30	与格兰特先生在公司会议室会谈(需用的03号文件在公文包内)。 与格兰特先生共进午餐。 与格兰特先生继续会谈(需用的04号文件已备于公文包)。 在旅馆用晚餐。 拜访李纪先生(乌云陪同,礼品在手提箱内)。
6月19日 13:35	乘中国国航某航班返京(秘书小王接机)。

本章小结

　　本章介绍的秘书在工作中常用到的商务活动，包括会见与会谈活动、开放参观与签约仪式、庆典活动与剪彩仪式、新闻发布会、宴请活动及商务旅行。本章侧重于介绍这些活动的准备工作及基本的程序与注意事项，在指导秘书操作商务活动方面有着重要的意义。本章的知识结构如下。

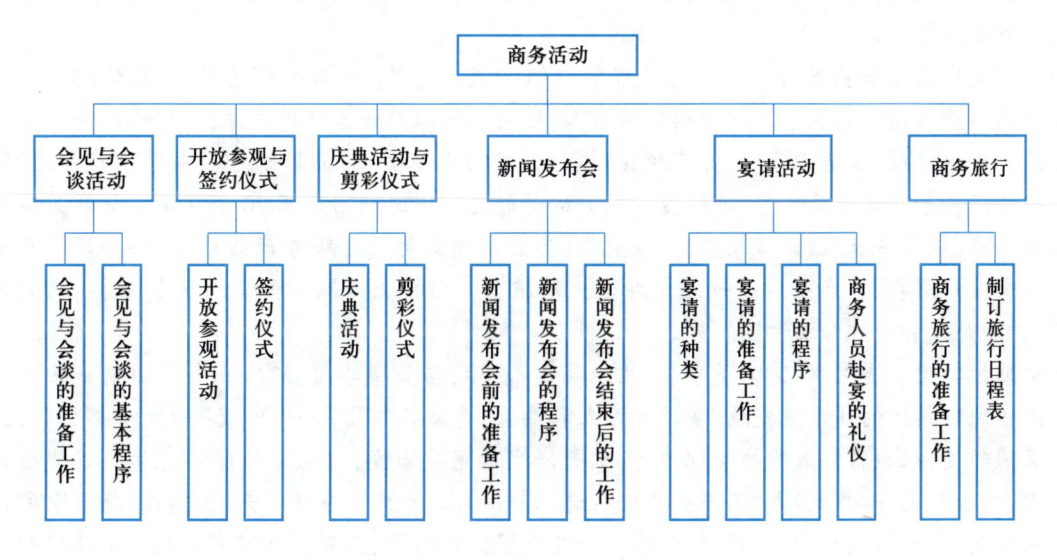

```
                            商务活动
    ┌──────┬──────┬──────┬──────┬──────┬──────┐
  会见与会   开放参观与   庆典活动与   新闻发布会   宴请活动    商务旅行
  谈活动    签约仪式    剪彩仪式
  ┌──┐     ┌──┐      ┌──┐      ┌──┬──┐    ┌──┬──┬──┐  ┌──┐
  会  会    开   签    庆   剪    新  新  新   宴  宴  宴  商    商   制
  见  见    放   约    典   彩    闻  闻  闻   请  请  请  务    务   订
  与  与    参   仪    活   仪    发  发  发   的  的  的  人    旅   旅
  会  会    观   式    动   式    布  布  布   种  准  程  员    行   行
  谈  谈    活                    会  会  会   类  备  序  赴    的   日
  的  的    动                    前  的  结        工      宴   准   程
  准  基                         的  程  束        作      的   备   表
  备  本                         准  序  后                礼   工
  工  程                         备      的                仪   作
  作  序                         工      工
                                作      作
```

案例分析

案例一

烤鸭来得真不是时候

宏达公司北京分公司在全聚德王府井店的宴会大厅里举行2018年度公司聚餐。宴会厅门口签到处的桌子罩着枣红色的绒布，上面摆放着鲜艳的花卉。入口两边摆放着美丽的花篮，四周挂满了五颜六色的气球与彩带。宴会厅内整体以红色为基调，在辉煌的灯光照耀下，欢快的暖场音乐将气氛烘托得热烈而喜庆。饭店服务员面露微笑站立在宴会厅内四周。在主持人宣布宴会开始，请总经理上台致辞时，宴会厅内响起了雷鸣般的掌声。正当总经理讲得热情高涨时，大家的目光突然转向了另一边，只见一列戴白色帽子、束白色围裙的厨师帅气十足地迈着整齐的步伐推着香喷喷、冒着热气的烤鸭走了进来。顿时负责宴会协调工作的办公室主任秘书呆住了，心想："这烤鸭来得真不是时候。"

思考题：如果你是负责宴会工作的秘书，如何避免这种情况的出现？

案例二

强强联手　共谱新篇
绍兴市城投集团与蓝城集团合作签约仪式圆满举行
2023-10-08 14:25

2023年10月6日，绍兴市城投集团与蓝城集团签署战略合作协议，结成深度战略合作伙伴。

绍兴市城投集团党委副书记、副董事长、总经理吕×，党委委员、总会计师王××，党委委员、副总经理任×，蓝城集团董事长宋××、绿城服务集团董事长杨××、蓝城集团执行总裁杨×、蓝城蓝悦集团总裁王×等领导共同出席签约仪式。

签约仪式上，绍兴市城投集团党委副书记、副董事长、总经理吕×，蓝城蓝悦集团总裁王×代表双方签订协议。

蓝城集团董事长宋××首先对蓝城能够与绍兴城投集团达成合作深感荣幸，感谢绍兴市城投集团对蓝城团队的认可。作为绍兴嵊州人，他对绍兴城建一直保持关注，希望依托城投集团在基础设施建设、房地产开发、资产经营管理、公建物业管理、工程建设服务、智慧城市建设、建筑科技产品等领域专业优势，不断提升服务运营能力。同时利用蓝城20余年服务全产业链的优势资源，以蓝城农业、蓝城颐养、蓝城健康、物业和商业运营为服务产业核心，为房产品开发提供全生命周期、全产业链的一站式综合生活服务。希望未来双方能实现优势互补、双向赋能，推动企业和地方经济共同发展。

城投集团党委副书记、副董事长、总经理吕×表示，与蓝城集团、绿城服务集团携手将推进绍兴市城投集团的高质量发展，实现双方互利共赢，在城投集团"一体两翼"的战略指引下，借助蓝城集团、绿城服务成熟的管理体系，从美好生活角度出发，为老百姓提供更加高效便捷的生活，携手开创一种新模式，不断为绍兴打造标杆项目。双方将在房产开发、建设、物业服务三方面展开国企混改制合作模式，推动国有企业做强做优做大，不断提升国有企业的市场核心竞争力,加快构建综合影响力的城市服务品牌。

美好恰逢其时!绍兴市城投集团与蓝城集团此次战略合作的达成,将为双方业务发展打开新的局面,依托各自优势资源和有利条件,不断深入战略合作关系,为绍兴带来更加美好的生活!

(资料来源:搜狐网,2023-11-27)

思考题:此次签约对双方有何益处?

实践训练

训练一

1. 实训目标

通过训练,学生能够掌握如何准备签约仪式,以及签约仪式的程序。

2. 实训内容

宏达公司即将与德国的一个同行企业签订技术合作业务协议,共同研制一种新型的产品。请组织模拟此次签约仪式。

3. 实训要求

(1) 以小组为单位,共同完成此项任务。

(2) 操作中需要的物品及文字材料,要求学生课前准备或制作。例如、条幅、签字笔、合同书、文件夹、国旗、托盘等。如果准备所需物品确有困难,学生可以用替代物或自行制作。

(3) 完成后,每组由一名成员向全班讲解会场的布置及对整个签字仪式的操作过程。

训练二

1. 实训目标

通过训练,学生能够掌握新闻发布会的准备及程序。

2. 实训内容

深圳常泰制药厂研制出新型绿色减肥药,无毒副作用。为了保证新产品顺利上市,公司决定在2023年7月28日10:00在本公司的会议室召开新闻发布会,向外界全力推出新产品。请模拟操作此次新闻发布会。

3. 训练要求

(1) 以小组为单位,共同完成此项任务。

(2) 要求学生课前准备或制作操作中需要使用的物品及文字材料。

(3) 完成后,由小组成员向全班同学分析此次新闻发布会的成功与不足之处。

课后练习

1. 开业典礼的程序是什么?主办方应该做哪些准备工作?
2. 新闻发布会的程序是什么?主办方应该做哪些准备工作?
3. 企业应该如何做好开放参观活动?
4. 举行宴请活动应该做哪些准备工作?
5. 签约仪式的程序是什么?
6. 秘书应该为上司的商务旅行做哪些准备工作?

第七章

文书处理与档案管理

学习提示

（一）学习目标

1. 知识目标
   - ✓ 了解文书处理的行文关系及行文方式
2. 能力目标
   - ✓ 掌握文书处理的收文及发文程序
   - ✓ 掌握档案分类的方法
   - ✓ 熟练编制档案目录
3. 素养目标
   - ✓ 爱岗敬业，认真细致
   - ✓ 遵纪守法，依法办理
   - ✓ 业务熟练，操作规范
   - ✓ 开拓创新，勇挑重担

第七章素养目标解读

（二）学习重点

- ✓ 文书处理的程序
- ✓ 档案的分类与编目

（三）学习难点

- ✓ 档案的分类与编目

> **引导案例**

总公司的批复文件找不到了,怎么办?

下午刚上班,总经理秘书孙婷就接到了苏州分公司文档管理员李慧的电话,电话那头李慧语速急促,听得出她非常着急。原来,上午总经理指示行政部范经理查一下上半年总公司给本公司的"批复"件中规定的关于 WH6 今年减产的具体数字是多少。范经理吩咐文档管理员李慧查找,结果她只查到本公司要求减产的请示文件,却怎么也找不到总公司的批复文件,所以急得团团转。因此,特地打电话向孙婷求救,自己该如何向范主任交差?

孙婷听后,说:"小李,你别着急,我以前也犯过类似的错误。通过那些错误让我认识到,文档管理是一件非常专业与细致的工作,需要学习的地方很多。关于你刚才说的这件事,我建议:首先,总公司批复属于决策类文件,原件是需要保存在你们公司档案室的,你思考一下,此批复的收文单位是否没有上交原件给档案室?其次,这份批复的复印件可以留存在一般的文件柜。你们公司有哪个部门可能留存了该复印件?最后,如果你实在找不到,可以向总公司档案室申请查阅、调阅或调取该批复文件。"

李慧听后,嘘了一口气,连声道谢。

问题:如果你是李慧,在以后的文档工作中应该注意哪些事项?

第一节 文书处理

文书是机关及其他社会组织工作中产生和使用的公文、文件。文书处理是文书工作中的重要环节,它是包括文书拟制、办理、管理等一系列环节的相互关联、衔接有序的工作。企业的文书处理与政府机关的文书处理相比较,往往更加简化。

一、文书处理的原则

文书处理工作应当坚持实事求是、准确规范、精简高效、安全保密的原则。

(一)实事求是的原则

实事求是的原则要求文书处理活动中做实事求实效,深入实际,调查研究,反映真实情况,解决实际问题,判断合乎实际,措施切实可行。因为公文的出发点和最后的目的都是要解决实际的问题,它是公务活动面对实际问题必须借助的方法、工具之一。如果不深入实际,调查全面、真实的情况,而是闭门造车,必然陷入官僚主义、形式主义和文牍主义的泥沼,使公文成为脱离实际,堆满官话、套话、空话、假话、大话的垃圾堆,这样公文处理不但无助于组织的管理,发挥不了实际的作用,甚至可能会给组织带来混乱和矛盾等负面效应。

(二)准确规范的原则

准确规范原则体现在具体的文书工作中,一是要求全面把关,做到公文内容、文字和形式准确周密,符合规范,运转处理组织科学,设计合理,权责清楚,手续齐全,方法缜密;二是必须强化全员质量意识,包括加强领导,完善文书处理机构在公文质量控制中具体指导、协调、督促检查、信息反馈等方面的职能,建立一支稳定可靠,具有专业性、技术性和高素质的公文专业人员的队伍,并通过教育培训,全面提高各级各类工作人员的办文素质;三是要建立、健全灵敏有效的公文质量信息监督反馈机制,以对文书处理质量进行有针对性的监控。

(三) 精简高效的原则

精简是使公文处理活动能够更加准确、便捷、高效的保证。精简的原则即要求消除一切不必要的发文,在保证有效的前提下提倡写短文,简化公文结构、文种、格式及写作模式,简化文书处理流程的运转、送审层次、操作程序和手续。高效要求办文及时,规定公文办理时限,加强督促与检查,防止公文办理积压、拖延,及时、快捷地处理公文,并逐步实现文书工作的标准化与现代化。

(四) 安全保密的原则

安全保密的原则要求确保公文在政治上和实体上的安全。政治上的安全是指确立保密观念,严格执行保密规定,安全可靠地传递、办理与管理公文,确保涉密公文及文书工作的安全,积极防范各种窃密行为。实体上的安全是指对公文本身做好保管维护工作,防止污染、损坏和丢失。尤其注意在计算机和网络环境下掌握必备的保密方法与技术,保证公文内容不被窃取、篡改或恶意销毁。

二、行文规则

行文规则是针对行文所制定的操作规范和标准。行文时需要理顺行文关系,选对行文方式,遵守行文规则。行文应当确有必要,讲求实效,注重针对性和可操作性。

(一) 理顺行文关系

机关单位之间按照工作关系行文,形成行文关系。

1. 行文关系的确定

行文关系是根据各机关单位的隶属关系和职权范围确定的。

隶属关系是指机关单位在其组织系统中所处的位置及其与上下级机关之间的工作关系,即通常所说同一系统的上级机关与下级机关之间的领导与被领导的关系("块块"关系)或同一系统的上下级业务对口部门,即职能部门之间的业务指导关系("条条"关系)。[1]

职权指职务范围以内的权力。每一个管理职位都具有某种特定的、内在的权力,任职者可以从该职位的等级或头衔中获得这种权力。因此,职权与组织内的一定职位相关,是一种职位的权力,而与担任该职位管理者的个人特性无关,它与任职者没有任何直接的关系。比如,离职者就不再享有该职位的任何权力,职权仍保留在该职位中,并授予新的任职者。

2. 行文关系的种类

(1) 领导与被领导关系。存在于同一组织系统上、下级之间。

(2) 业务指导关系。存在于同一组织系统上下级业务对口部门之间,有的也是领导与被领导关系。

---

[1] 杨戎,黄存勋.文书处理和档案管理[M].上海:华东师范大学出版社,2013.

（3）平行关系。存在于同一组织系统同级机关单位、部门之间。

（4）不相隶属关系。存在于非同一组织系统的任何机关单位、部门之间。

不同的工作关系，在行文中体现出不同的行文关系，一般情况下，以上的（1）与（2）行文机关之间具有隶属关系，为上下级机关或上下级业务对口机关，行文关系为上行文或下行文的关系；（3）与（4）的行文机关之间不具有隶属关系，行文关系为平行文关系。

（二）选对行文方式

行文方式是公文发布、传递的层次与形式。

1. 逐级行文

逐级行文是指在上下级关系中，只发给直接上级或直接下级的行文方式。例如，"请示"一般只用于对直接的"顶头上司"，"批复"只用于对直接的下级。

2. 多级行文

多级行文是指在上下级关系中，可同时用于不同层次上下级的行文方式。例如，"报告"可采用"并报"形式，同时向"顶头上司"和再上一级单位发文；"通知"可同时用于直接的下级和再下一级单位。

3. 直达行文

直达行文是指把文件直接发至基层组织和群众的下行文，如"公告""通告""通知"可直接传达下去。

4. 公开行文

需要让广大群众知晓、了解的公文，可以通过新闻媒体或公开张贴的方式行文，如公布令、发布性通知、公告、通告、公报等。这些既无保密要求又不限定阅读范围的文件，都适用于这种公开行文的方式。这种行文方式的优点很明显：传播速度快，范围广，效率高。

公开行文与直达行文是两种不同的行文方式。首先，传播的渠道不同，公开行文采取通过新闻媒体的渠道或公开张贴的方式，而直达行文采取通过组织的渠道逐级下发文件的方式。其次，保密要求不同，公开行文不得涉及任何秘密事项，而直达行文在一定程度上还具有保密要求。

5. 越级行文

越级行文是在非常特殊的情况下采取的行文方式，指越过直接上级向更高的上级直至最高的上级行文的方式，或是越过直接下级直至最低下级行文的方式。一般不得越级行文，特殊情况需要越级行文的，原则上应当同时抄送被越过的机关。遇到下列情况之一的可以越级行文。

（1）情况十分紧急的重大事项，如采取逐级行文的方式会延误时机，有可能造成重大损失，如严重自然灾害、战争、突发事件等。

（2）上级机关或领导人直接交办并指定请示、越级上报的事项。

（3）多次请示直接上级但久未得到解决，只得向更高一级的上级请示的事项。

（4）与直接上级之间有严重意见分歧，无法解决，则根据有关规定可以请更高一级的上级出面裁定的事项。

（5）检举或控告直接上级的事项。

（6）无须直接报上级的事务性工作，如调查、参观、加工、运输等。

通常，上级向下级越级行文的情况较少。

6. 横向行文

平级机关之间,或级别不等,既不相隶属,又无职权上管理与被管理的机关之间的互相行文,称为横向行文。通常采用平行文,如通知、函、议案等。

7. 联合行文

两个或两个以上的单位共同向其他单位行文,称为联合行文。例如,联合向上报告、请示,联合向下发通知、通报等。同级党政机关与其他同级机关必要时可以联合行文。属于党委、政府各自职权范围内的工作,不得联合行文。

8. 对口行文

为了减少以领导机关名义转发文件的环节,加快公文运转的速度,上下级相同职能部门之间可以互相行文,这称为对口行文。例如,总公司财务部门与下属分公司财务部门的行文。

9. 转发行文

转发行文是指一个单位转发其他单位的文件,可分为批转和转发两种情况。

上级机关批准并转发下级机关的来文,称为"批转",重点在"批"字上。通常,上级机关是应下级机关的请示而批转文件。批转行文具有权威性,文件一经批转,就代表批转机关的权威和意见。

一个机关转发上级机关、平级机关或不相隶属机关的来文,称为"转发",重点在"转"字上,转发行文可以是应来文机关的要求而转发,也可以由转发机关根据需要而主动转发。

10. 授权行文

授权行文是指通过委托授权,由其他机关或个人代表本机关、本部门对外行文。具体有如下三种情况。

(1) 授权新闻机构行文,如我国新华社经我国政府授权向国内外发布公告。

(2) 授权律师行文,如一些企事业单位授权律师公开发表声明。

(3) 授权秘书部门行文,如党政机关的办公部门根据党政机关授权向下级党政机关行文。

(三) 向上级机关行文和向下级机关行文的规则

《党政机关公文处理工作条例》第十五条、第十六条,分别对向上级机关行文和向下级机关行文,制定了相应的规则。

1. 向上级机关行文的规则

(1) 原则上主送一个上级机关,根据需要同时抄送相关上级机关和同级机关,不抄送下级机关。

(2) 党委、政府的部门向上级主管部门请示、报告重大事项,应当经本级党委、政府同意或者授权;属于部门职权范围内的事项应当直接报送上级主管部门。

(3) 下级机关的请示事项,如需以本机关名义向上级机关请示,应当提出倾向性意见后上报,不得原文转报上级机关。

(4) 请示应当一文一事。不得在报告等非请示性公文中夹带请示事项。

(5) 除上级机关负责人直接交办事项外,不得以本机关名义向上级机关负责人报送公文,不得以本机关负责人名义向上级机关报送公文。

(6) 受双重领导的机关向一个上级机关行文,必要时抄送另一个上级机关。

2. 向下级机关行文的规则

(1) 主送受理机关,根据需要抄送相关机关。重要行文应当同时抄送发文机关的直接上级机关。

（2）党委、政府的办公厅(室)根据本级党委、政府授权,可以向下级党委、政府行文,其他部门和单位不得向下级党委、政府发布指令性公文或者在公文中向下级党委、政府提出指令性要求。需经政府审批的具体事项,经政府同意后可以由政府职能部门行文,文中须注明已经政府同意。

（3）党委、政府的部门在各自职权范围内可以向下级党委、政府的相关部门行文。

（4）涉及多个部门职权范围内的事务,部门之间未协商一致的,不得向下行文;擅自行文的,上级机关应当责令其纠正或者撤销。

（5）上级机关向受双重领导的下级机关行文,必要时抄送该下级机关的另一个上级机关。

三、文书处理的程序

文书处理的程序就是指文件在机关或单位内部运转的一系列的程序。主要包括了公文拟制、公文办理、公文管理。公文处理的基本程序如图 7-1 所示。

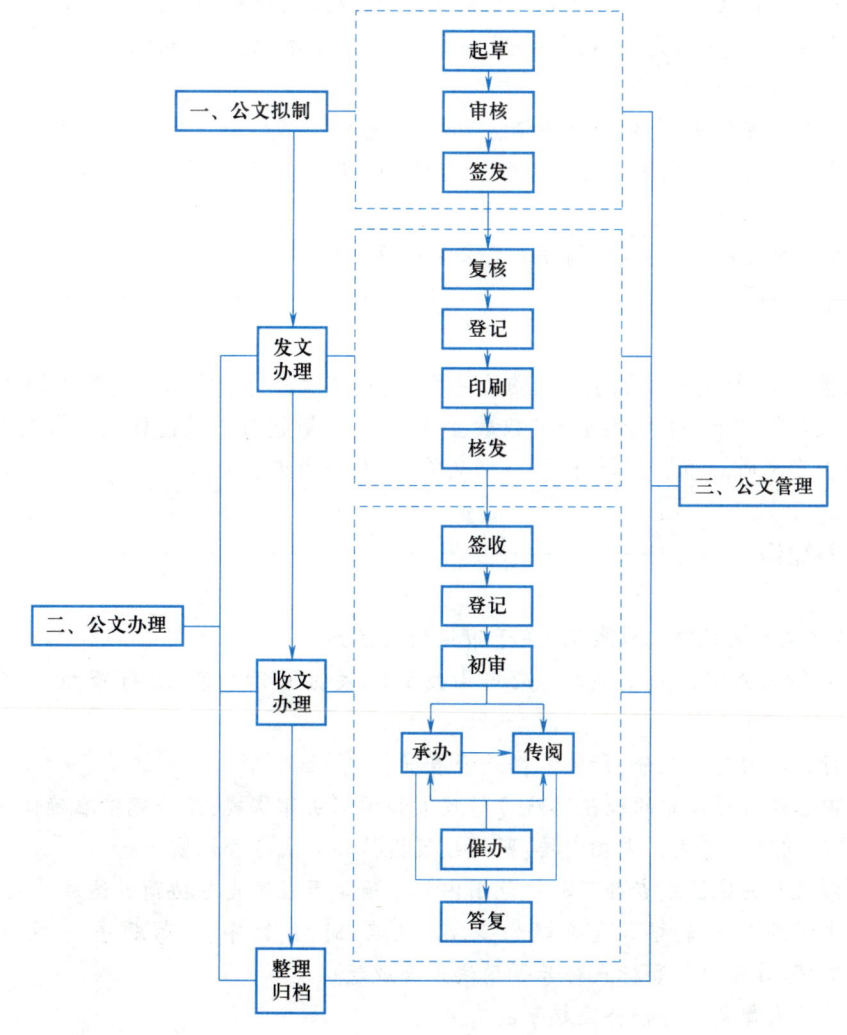

图 7-1 公文处理的基本程序

(一) 公文拟制

公文拟制包括公文的起草、审核、签发等程序。

1. 起草

文稿的起草不能草率进行,这不仅要求拟稿人要有较强的公文写作能力,还必须了解领导交代的事情始末,做好调查研究,认真分析各类情况,然后再起草。同时,拟稿人在起草时还要严格遵守《党政机关公文处理工作条例》第十九条关于公文起草的规定。

> **小知识**
>
> 《党政机关公文处理工作条例》第十九条,公文起草应当做到:
> (1) 符合党的理论路线方针政策和国家法律法规,完整准确体现发文机关意图,并同现行有关公文相衔接。
> (2) 一切从实际出发,分析问题实事求是,所提政策措施和办法切实可行。
> (3) 内容简洁,主题突出,观点鲜明,结构严谨,表述准确,文字精练。
> (4) 文种正确,格式规范。
> (5) 深入调查研究,充分进行论证,广泛听取意见。
> (6) 公文涉及其他地区或者部门职权范围内的事项,起草单位必须征求相关地区或者部门意见,力求达成一致。
> (7) 机关负责人应当主持、指导重要公文起草工作。

2. 审核

审核又称核稿,指公文草稿呈送负责人签发前,对文稿进行全面审查与修正的环节。审核具有监督与反馈的功能,对于控制公文数量、保证公文质量起着关键性作用,同时为各级负责人签批公文奠定基础。审核主要有三关:行文关、政策关和文字关。

> **小知识**
>
> 《党政机关公文处理工作条例》关于审核的内容如下。
> 第二十条　公文文稿签发前,应当由发文机关办公厅(室)进行审核。审核的重点是:
> (1) 行文理由是否充分,行文依据是否准确。
> (2) 内容是否符合党的理论路线方针政策和国家法律法规;是否完整准确体现发文机关意图;是否同现行有关公文相衔接;所提政策措施和办法是否切实可行。
> (3) 涉及有关地区或者部门职权范围内的事项是否经过充分协商并达成一致意见。
> (4) 文种是否正确,格式是否规范;人名、地名、时间、数字、段落顺序、引文等是否准确;文字、数字、计量单位和标点符号等用法是否规范。
> (5) 其他内容是否符合公文起草的有关要求。

需要发文机关审议的重要公文文稿,审议前由发文机关办公厅(室)进行初核。

第二十一条　经审核不宜发文的公文文稿,应当退回起草单位并说明理由;符合发文条件但内容需作进一步研究和修改的,由起草单位修改后重新报送。

3. 签发

签发即由机关单位负责人或被授予专门权限的部门负责人对审核后的文稿进行终审,签署核准意见、姓名和完整日期的环节。签发是公文法定的生效流程之一,具有决策性质。公文草稿一经签发即成定稿,具有正式效力,成为缮印复制正式公文的标准稿本。

> **小知识**
>
> 《党政机关公文处理工作条例》关于签发的内容如下。
>
> 第二十二条　公文应当经本机关负责人审批签发。重要公文和上行文由机关主要负责人签发。党委、政府的办公厅(室)根据党委、政府授权制发的公文,由受权机关主要负责人签发或者按照有关规定签发。签发人签发公文,应当签署意见、姓名和完整日期;圈阅或者签名的,视为同意。联合发文由所有联署机关的负责人会签。

(二) 公文办理

公文办理包括发文办理、收文办理和整理归档。

1. 发文办理

在经过公文拟制的起草、审核、签发后,公文就进入到发文办理环节。发文办理就是在公文定稿形成后,通过各种技术手段和后续环节最后制成发文正本的环节。发文办理主要程序包括复核、登记、印制和核发。

(1) 复核。已经发文机关负责人签批的公文,印发前应当对公文的审批手续、内容、文种、格式等进行复核;需作实质性修改的,应当报原签批人复审。

(2) 登记。对复核后的公文,应当确定发文字号、分送范围和印制份数并详细记载。

(3) 印制。公文印制必须确保质量和时效。涉密公文应当在符合保密要求的场所印制。

(4) 核发。公文印制完毕,应当对公文的文字、格式和印刷质量进行检查后分发。

2. 收文办理

收文办理即机关单位对来自外部或内部的公文进行接收、办理的活动,是使收文通过办理产生实际效用的重要过程。包括签收、登记、初审、承办、传阅、催办和答复等。

(1) 签收。签收即机关单位的文书接收者按照规定手续,收取外单位发来的公文的环节。文书接收者应对收到的公文逐件清点,核对无误后签字或者盖章,并注明签收时间。签收的要点有两个。一个要点是核查投递单或送文登记簿登录内容是否属实无误,逐件清点收文种类和件数;确认封件上的收文者;查验公文装封情况及到达时间等,并在相应栏目内签上收件人姓名(或加盖收件人的专用章),注明签收时间。另一个要点是出具收条,以便分清责任。在实际工作中,文件的发送者在发送文件时,往往是将送文登记表(或簿)交文件的接收者填写。填写后的送文登记表由文件的发送者保管。送文登记表的一般格式如表7-1所示。

表7-1 送文登记表

收文年/月/日	类别	收文编号	来文机关	承办单位	签收 姓名	签收 日/时	备注

（2）登记。登记也称为收文登记,公文的接收者对收文核对检查无误后,应将回执单(或送文登记表等)填写完整,交回给发文单位。并对收文逐份编收文号并加盖收文章,然后对收文的主要信息和办理情况进行详细记载。收文登记表的一般格式如表7-2所示。

表7-2 收文登记表

收到日期		收文编号		来文机关		附件	
发文字号		密级		份数		文书处理号	
标题：
承办单位：		处理情况：
签　收：		备　注：

（3）初审。文书工作机构对收到的公文应当进行初审。初审的重点是:是否应当由本机关办理,是否符合行文规则,文种、格式是否符合要求,涉及其他地区或者部门职权范围内的事项是否已经协商、会签,是否符合公文起草的其他要求。经初审不符合规定的公文,应当及时退回来文单位并说明理由。

（4）承办。承办即通过对公文的阅读传达、贯彻执行与办理(回复),具体办理和解决其内容所针对的事务和问题的环节。阅知性公文应当根据公文内容、要求和工作需要确定范围后分送。批办性公文应当提出拟办意见报本机关负责人批示或者转有关部门办理;需要两个以上部门办理的,应当明确主办部门。紧急公文应当明确办理时限。承办部门对交办的公文应当及时办理,有明确办理时限要求的应当在规定时限内办理完毕。

（5）传阅。根据领导批示和工作需要将公文及时送传阅对象阅知或者批示。办理公文传阅应当随时掌握公文去向,不得漏传、误传、延误。批示性文件传阅登记表的一般格式如表7-3所示。如果仅仅是阅知性的文件传阅单,则不需要"批示"那一列。

表7-3 文件传阅登记表

文件标题			来文字号	
阅后签名	签阅时间	批示		备注

（6）催办。及时了解掌握公文的办理进展情况，督促承办部门按期办结。紧急公文或者重要公文应当由专人负责催办。催办登记表的一般格式如表7-4所示。

表7-4 催办登记表

交办日期	来文机关	来文字号	文件标题	领导批示	承办期限	催办情况

（7）答复。公文的办理结果应当及时答复来文单位，并根据需要告知相关单位。

（三）公文管理

公文管理即收发文管理，即通过具有管理性质的若干环节对收发文流程进行沟通协调和监督控制的活动。各级党政机关应当建立、健全本机关公文管理制度，确保管理严格规范，充分发挥公文效用。

1. 公文的保密管理

（1）涉密公文应当通过机要交通、邮政机要通信、城市机要文件交换站或者收发件机关机要收发人员进行传递，通过密码电报或者符合国家保密规定的计算机信息系统进行传输。

（2）公文确定密级前，应当按照拟定的密级先行采取保密措施。确定密级后，应当按照所定密级严格管理。绝密级公文应当由专人管理。公文的密级需要变更或者解除的，由原确定密级的机关或者其上级机关决定。

（3）涉密公文公开发布前应当履行解密程序。公开发布的时间、形式和渠道，由发文机关确定。

（4）复制、汇编机密级、秘密级公文，应当符合有关规定并经本机关负责人批准。绝密级公文一般不得复制、汇编，确有工作需要的，应当经发文机关或者其上级机关批准。复制、汇编的公文视同原件管理。

复制件应当加盖复制机关戳记。翻印件应当注明翻印的机关名称、日期。汇编本的密级按照编入公文的最高密级标注。

（5）涉密公文应当按照发文机关的要求和有关规定进行清退或者销毁。

2. 公文的归档

（1）需要归档的公文及有关材料，应当根据有关档案法律法规以及机关档案管理规定，及时收集齐全、整理归档。两个以上机关联合办理的公文，原件由主办机关归档，相关机关保存复制件。机关负责人兼任其他机关职务的，在履行所兼职务过程中形成的公文，由其兼职机关归档。

（2）不具备归档和保存价值的公文，经批准后可以销毁。销毁涉密公文必须严格按照有关规定履行审批登记手续，确保不丢失、不漏销。个人不得私自销毁、留存涉密公文。

（3）机关合并时，全部公文应当随之合并管理；机关撤销时，需要归档的公文经整理后按照有关规定移交档案管理部门。

（4）工作人员离岗离职时，所在机关应当督促其将暂存、借用的公文按照有关规定移交、清退。

3. 公文的统一管理

党政机关公文由文秘部门或者专人统一管理。设立党委(党组)的县级以上单位应当建立机要保密室和机要阅文室,并按照有关保密规定配备工作人员和必要的安全保密设施设备。

4. 公文的印发传达范围

公文的印发传达范围应当按照发文机关的要求执行;需要变更的,应当经发文机关批准。

5. 公文的撤销和废止

公文的撤销和废止由发文机关、上级机关或者权力机关根据职权范围和有关法律法规决定。公文被撤销的,视为自始无效;公文被废止的,视为自废止之日起失效。

第二节　归档文件的准备

将单位办理完毕的、具有备考保存价值的文件转化为档案,就必须做好文件的归档工作。

一、归档文件的鉴定

归档文件的鉴定是指文件归档时确定其归档范围与保管期限的工作。国家档案局于 2006 年 12 月 18 日发布第八号令,公布了《机关文件材料归档范围和文书档案保管期限的规定》,对文件材料是否归档及保管期限进行了界定。企业在文件的归档与保管中往往也参考此文件执行。

(一) 文件材料的归档范围

1. 文件材料的归档范围

《机关文件材料归档范围和文书档案保管期限的规定》第三条规定了机关文件材料的归档范围。

(1) 反映本机关主要职能活动和基本历史面貌的,对本机关工作、国家建设和历史研究具有利用价值的文件材料。

(2) 机关工作活动中形成的在维护国家、集体和公民权益等方面具有凭证价值的文件材料。

(3) 本机关需要贯彻执行的上级机关、同级机关的文件材料,下级机关报送的重要文件材料。

(4) 其他对本机关工作具有查考价值的文件材料。

2. 文件材料的不归档范围

《机关文件材料归档范围和文书档案保管期限的规定》第四条规定了机关文件材料的不归档范围。

(1) 上级机关的文件材料中,普发性不需要本机关办理的文件材料,任免、奖惩非本机关工作人员的文件材料,供工作参考的抄件等。

(2) 本机关文件材料中的重份文件,无查考利用价值的事务性、临时性文件,一般性文件的历次修改稿、各次校对稿,无特殊保存价值的信封,不需要办理的一般性群众来信、电话记录,机关内部互相抄送的文件材料,本机关负责人兼任外单位职务形成的与本机关无关的文件材料,有关工作参考的文件材料。

(3) 同级机关的文件材料中,不需要贯彻执行的文件材料,不需要办理的抄送文件材料。

(4) 下级机关的文件材料中,供参阅的简报、情况反映,抄报或越级抄报的文件材料。

(二) 归档文件保管期限的划定

档案的保管期限是指档案保管的最长时(年)限。归档文件保管期限的确定,是指根据文件归档后能满足单位存史与实际工作需要的程度,确定其保管期限的长短。《机关文件材料归档范围和文书档案保管期限的规定》第六条规定,文书档案的保管期限定为永久、定期两种。定期一般分为 10 年和 30 年。

1. 永久保管的文书档案

《机关文件材料归档范围和文书档案保管期限的规定》第七条规定,永久保管的文书档案主要包括以下八个方面。

(1) 本机关制定的政策法规性文件材料。

(2) 本机关召开重要会议、举办重大活动等形成的主要文件材料。

(3) 本机关职能活动中形成的重要业务文件材料。

(4) 本机关关于重要问题的请示与上级机关的批复、批示,重要的报告、总结、综合统计报表等。

(5) 本机关机构演变、人事任免等文件材料。

(6) 本机关房屋买卖、土地征用,重要的合同协议、资产登记等凭证性文件材料。

(7) 上级机关制发的属于本机关主管业务的重要文件材料。

(8) 同级机关、下级机关关于重要业务问题的来函、请示与本机关的复函、批复等文件材料。

2. 定期保管的文书档案

《机关文件材料归档范围和文书档案保管期限的规定》第八条规定,定期保管的文书档案主要包括以下九个方面。

(1) 本机关职能活动中形成的一般性业务文件材料。

(2) 本机关召开会议、举办活动等形成的一般性文件材料。

(3) 本机关人事管理工作形成的一般性文件材料。

(4) 本机关一般性事务管理文件材料。

(5) 本机关关于一般性问题的请示与上级机关的批复、批示,一般性工作报告、总结、统计报表等。

(6) 上级机关制发的属于本机关主管业务的一般性文件材料。

(7) 上级机关和同级机关制发的非本机关主管业务但要贯彻执行的文件材料。

(8) 同级机关、下级机关关于一般性业务问题的来函、请示与本机关的复函、批复等文件材料。

(9) 下级机关报送的年度或年度以上计划、总结、统计、重要专题报告等文件材料。

二、归档文件的整理

文件整理就是在分类的基础上,按照一定的方法将文件有机组合(或排列)的运作过程。归档文件的整理必须符合国家对于接收档案的质量要求。

(一) 应该归档的文件材料必须齐全、完整

根据《机关档案工作业务建设规范》的规定:"归档的文件材料种类、份数以及每份文件的页数均应该齐全、完整。"

(二) 必须注意保持文件之间的有机联系

为了使形成的档案能真实、清晰地反映本单位各项工作活动,并便于档案的保管、查找和利用,在整理时必须注意保持文件之间的有机联系。

保持文件之间的有机联系就是按照事物的客观发展过程整理文件,也就是保持文件之间的整体性和联系性,使文件能够完整地维护机关工作活动的历史面貌。将一个问题、一个人物、一个案件、一次会议完整地保存在一起,因其完整性而保证了文件的查考价值,同时也便于档案的利用。

(三) 归档文件整理必须符合规范,便于保管和检索利用

归档文件的外形整理必须根据《机关档案工作业务建设规范》或《归档文件整理规则》的规定进行。应该注意按照规范的要求组合案卷或装入档案盒。

三、归档文件的分类与组卷

文件组卷也称为文件立卷,是指将办理完毕的、具有备考价值的文件,按照其形成规律、特点、价值和有机联系,经过整理、组合成案卷的工作。通过这种整理方法形成的档案以案卷作为基本的保管单位。

(一) 归档文件的分类

为了使文件类别清晰,首先要根据对档案质量的不同要求将归档文件分类。

1. 按照年度分类

按照年度分类是指根据归档文件形成(或处理)的年度将其区分开来。机关单位的行政管理文件一般按照自然年度分类。《机关档案工作业务建设规范》规定:"不同年度的文件一般不得放在一起立卷。"

年度分类法的优点:通过年度分类,将档案按照其形成的自然或专业年度加以区分,使每一年度的文件相对集中,可以反映出一个单位每年工作的特点和逐年发展变化的情况。类目设置标准清楚、明确,便于人们按照时间查找利用档案。

采用年度分类法进行分类,关键是要将文件所属的年度准确归入相应的类内。一般而言,文件的形成时间就是所属的年度,但有些文件上存在几个属于不同年度的日期,归入哪一个年度,就需要具体分析,分别处理。年度的处理主要有以下几种情况。

(1) 跨年度的文件处理。对本机关来讲,通常收文以收到年度为准;发文以文件签发的年度为准;内部文件以定稿时间为准。对于跨年度的文件,在区分年度时应该按照下列规定处理。

第一,跨年度的请示与批复,放在复文年立卷;没有复文的,放在请示年立卷。

第二,跨年度的规划放在针对的第一年立卷。

第三,跨年度的总结、决算、报表等,放在针对的最后一年立卷。

第四,跨年度的会议文件放在会议开幕年立卷。

第五,有两个内容的跨年度文件,如果同一份文件中既有本年度工作总结,又有下年度工作计划的文件就应该视其内容的侧重点,将其归入主要内容所针对的年度立卷。

第六,跨年度转发上级文件或批转下级文件,应该放在本机关转发、批转的年度立卷。

(2)某些文件的形成时间与文件内容涉及的年度不一致,则以文件内容针对的年度为准。例如,计划、预算、会议等文件归入开始年度;总结、决算等文件归入文件结束年度;跨年度处理的专门案件和来往文书等可以放入关系最密切的年度或最后结案年度。

(3)专业年度的文件处理。在实际工作中,有些专业单位根据自身工作的特点,不按照自然的年度来计算,而是另有起止日期,称为专业年度。例如,教育部门在教学活动中形成的教学计划、教学大纲、课程表等文件都是按照学年计算的,从每年9月1日至次年的8月31日为一个教学年度,按照专业年度进行分类。其他管理活动中形成的文件,仍按照一般年度分类。管理时可以将这两种年度的文件有规律地结合起来。例如,2019年与2019—2020学年归入同一类"2019年",从而如实地反映了立档单位工作的全貌。

另外,有一些文件由于某种原因没有标注或找不到日期,对此需要根据文件内容或各种标记等方法,考证和判定文件的准确或近似日期,并将其合理归类。

2. 按照组织机构分类

按照组织机构分类是指将文件按照其形成、处理部门或承办部门将其区分开来。一般做法是按照机关的内部组织机构将归档文件分类。

按照组织机构分类,一般是按照单位内设的第一层组织机构设置类别。若单位规模大、机构层次和文件的数量多,则可以再分第二层组织机构,具体到一个单位。根据党政档案统一管理的原则要先将归档文件按党、政、工、团的顺序予以排列,然后对每类再按照组织机构划分。

组织机构分类法的优点是能保持卷宗内的文件在来源方面的固有联系,客观地反映立档单位的历史面貌。同时,由于每个机构都承担某方面的职能和任务,所以按照组织机构分类在一定程度上集中了反映某一方面工作内容的文件,便于按照一定的专题查找和利用档案。

日常工作中往往有一部分文件涉及两个或两个以上的部门,为了避免归档文件中出现重份,也为以后查找有章可循,对这部分文件分类的原则是以谁的名义发文就由谁组卷,是哪个部门承办(或主办)就由哪个承办(或主办)部门立卷。

对于内设机构简单、单位内各部门工作分工不明确或机构设置尚不稳定、文件数量较少的单位,通常不适合按照组织机构分类,而应该采用按照问题分类的方法。

3. 按照问题分类

按照问题分类是指按照文件内容所反映的各类问题将其区分开来。按照问题分类是单位在不能或不适合采用按照组织机构的分类方法时采用的。按照问题分类能突出单位的主要工作问题,可以使内容、性质相同的文件相对集中,并能保持同类问题文件之间的联系,便于从某一问题、某一事件或某一人物等专题角度去利用文件。

问题分类法的优点是能使内容和性质相近的文件汇集在一起,便于按照专题查找和利用档案。

由于问题分类法类目设置的主观成分相对较大,所以现行机关在对文件分类时,一般不将其作为首选的分类标准,其适用范围包括以下几种情况。

(1) 立档单位内部机构不稳定,变动较大且又较为复杂,不宜按照组织机构分类,而适用于按问题分类。

(2) 各个机构的文件由于某种原因被打乱而混杂在一起,难以按照组织机构分类,从而只能按照问题分类。

(3) 用了组织机构作为第一或第二层的分类法后,由于类内档案数量较多,确实有必要细分,这时就可以结合采用问题分类法。

(二) 常用的复式文件归档法

在实际工作中,单纯采用一种分类方法的情况是比较少见的,较多的是将几种分类方法结合使用,称为复式分类法,即将年度分别与机构、问题两种单式分类法结合并应用于不同的级次,从而组合成复式分类法。常用的复式分类方法有以下几种。

1. 年度-组织机构分类法

年度-组织机构分类法即以年度为第一级类目,机构为第二级类目的分类方法。具体做法是:先将所有文件按照年度分开,在每个年度下再按照组织机构分类。

这种方法适用于内部机构虽然有变化但不复杂且档案之间界限比较清楚的现行机关档案的分类。

微型案例

某企业按照年度-组织机构分类

2022 年　办公室
　　　　　人事部
　　　　　报关部
　　　　　生产部
　　　　　……

2023 年　办公室
　　　　　人事部
　　　　　报关部
　　　　　生产部
　　　　　……

2. 年度-问题分类法

年度-问题分类法即以年度为第一级类目,问题为第二级类目的分类方法。具体做法是:先将卷宗内的全部文件按照年度分开,在每个年度下再按照相关问题加以区分。

这种方法适用于内部机构很少,或内部机构变动频繁,内部机构之间的档案混淆,无法按照组织机构区分的现行机关档案的分类。

> **微型案例**
>
>
>
> **某农林水利局卷宗分类**
>
>
>
> 2022 年　　会议类
> 　　　　　　组织人事类
> 　　　　　　生产类
> 　　　　　　品质类
> 　　　　　　……
>
> 2023 年　　会议类
> 　　　　　　组织人事类
> 　　　　　　生产类
> 　　　　　　品质类
> 　　　　　　……

3. 组织机构–年度分类法

组织机构–年度分类法即以机构为第一级类目，年度为第二级类目的分类方法。具体做法是：先将卷宗内的文件按照立档单位的内部组织机构分开，在每个机构下再按照档案形成的年度加以区分。

这种方法适用于立档单位内部组织机构多年一直不变，或在比较稳定的基础上有所调整的卷宗，一般多用于已被撤销的机关的档案和历史档案。

> **微型案例**
>
>
>
> **为什么找文件就像"大海捞针"？**
>
>
>
> 宏达公司西安分公司的档案管理由办公室秘书张敏一个人负责。张敏最初采用"组织机构—年度—保管期限"分类方案。近两年，公司常常会做一些部门调整，由最初的 4 个部门变为 5 个，后来又变为 3 个。2 年后，公司换了老总，新人上任，对公司做了"大手术"，重新规划了 6 个部门，但张敏的分类方案一如既往。一天，公司老总需要查找 4 年前的一份文件，张敏只知道老总所需文件是属于市场调查方面的，但它属于 4 年前的哪个部门她实在是不记得了。于是，她东翻西找，找了两天，几乎把 4 年前的档案都翻了一遍，才找到老总需要的那份文件。

由此可见，档案分类方案的制订要根据本单位的实际情况。宏达公司是一个小型公司，部门变动频繁，适合它的分类方案应该是"年度—组织机构"或"年度—问题"。而"组织机构—年度—保管期限"分类方案适合于机构相对稳定的单位，显然，二者是矛盾的，这就注定档案整理的失败。

4. 问题–年度分类法

问题–年度分类法即以问题为第一级类目，年度为第二级类目的分类方法。具体做法是：

先将卷宗内的档案文件按照相关问题加以区分,在每个问题下再按照年度分开。

这种方法适用于历史档案和撤销机关档案。对现行机关的档案,不宜采用这种分类方法。

(三) 归档文件组合

文件的组合即文件组卷,亦称为文件立卷,是指在上述分类基础上将同类文件中的单份文件按照其共同特征和主要联系组合成案卷的工作。通过立卷,归档文件由单份组合成案卷,形成了档案保管实体的基本保管单位。

文件在结构上既有共性,又有个性,即所有文件都必须由作者、内容、名称、收文机关、形成时间等结构组成。但文件与文件之间在上述结构中既有相同的部分,又有不相同的部分。文件的立卷特征就是从文件结构中概括的,根据文件本身在结构上具有的共性,概括出文件的六个立卷特征,即作者特征、问题特征、名称特征、时间特征、通信者特征和地区特征。选用文件的共同特征,将联系密切的文件组合成一个案卷,这种立卷方法通常称为按照"六个特征"立卷。这是我国最基本的组卷方法。

1. "六个特征"立卷法及注意事项

(1) 作者特征。作者是指制发文件的机关、单位及其内部机构和领导人。按照作者特征组卷,即将同一作者制发的文件组合成一个案卷。

(2) 问题特征。问题是指文件的内容所反映的主题。按照问题特征组卷,即将内容为反映同一事件、问题、人物、工作活动、案件的文件组合成一个案卷。

(3) 名称特征。名称特征是指文件的文种。按照名称特征组卷,即将相同文种的文件组合成一个案卷。

(4) 时间特征。时间是指文件形成的时间或文件内容所针对的时间。即将针对时间相同的文种组合成一个案卷。

(5) 通信者特征。通信者是指因处理业务与工作等问题而产生往复文件的双方单位。按照通信者特征立卷,即将本单位与某一单位之间就一定的问题进行工作联系而形成的往复函件组合成一个案卷。

(6) 地区特征。地区是指文件内容所针对或涉及的地区。即将针对或涉及相同地区的文件组合成一个案卷。

六个立卷特征提示了文件在作者、内容、名称、收文机关、形成时间等结构上所具有的共性,文件组卷时恰好可以此作为文件区分和组合的参照。在实际运用中,六个立卷特征并不是六种孤立的、互相排斥的组卷方法,除了通信者特征以外,其余五个特征可以根据文件的实际情况结合选用。为了保证案卷的质量,在组卷时应该注意结合运用两个或两个以上的特征组卷,以及针对文件具体情况,保持文件间的有机联系,灵活选用立卷特征。

2. 其他立卷方法

在长期的实践中,许多档案工作者总结了立卷工作的经验教训,提出了不同的立卷方法。这些方法将六个特征立卷法具体化了,具有明显的可操作性。

(1) "一事一卷"立卷法。这种方法也叫作"立小卷法",主要针对150~200页的档案,即凡是一个问题、一次会议、一项工作、一起案件、一种活动形成的文件材料,不管页数多少,只要保管价值相同,都可以单独组成一卷。

(2) "四分四注意"的立卷法。即分年度,注意文件内容针对的时间;分级别,注意上下级文件之间的联系;分问题,注意问题的联系,结合运用文件的作者、名称、时间、地区和通信者特征;分保管价值,注意保持问题的完整性。

(3) 文件类型立卷法。即根据内容、形式等特点将文件划分为会议文件、综合性文件、规章类文件、计划统计报表及名册、信访文件、非诉讼案件材料、简报和期刊等,再针对不同类型的文件,采取不同的方法立卷。

第三节 文件的整理与归档

归档文件就是指纳入归档范围,也已确定作为档案保存的文件(或文件材料)。归档文件的整理就是对完成实体归类或虚拟归类(逻辑归类)的归档文件进行进一步系统化整序、编目组织,使之成为便于保存和利用的最基本的档案保管单位(件、组件、案卷等)的过程。

文件的整理可以采取以"卷"为单位整理并归档文件的方法,也可以采用以"件"为单位整理并归档文件的方法。根据国家标准《文书档案案卷格式》(GB/T 9705—2008)的要求,凡是不适宜采用以件为单位整理的立档单位的全宗内文件的整理,即没有依托的档案管理信息系统和计算机辅助管理系统的单位,可以采用立卷的方式,对卷内的归档文件进行系统化整理和编目工作。

一、以"卷"为单位整理并归档文件

"卷"是立卷的简称。立卷又称组卷,是将若干具有共同点和密切联系的单份文件组合成具有有机联系的文件集合体——案卷的过程,案卷是文书档案保管与检索的基本单位。以卷为单位整理并归档文件的流程如图7-2所示。

(一) 调整定卷

调整定卷是指立卷部门(人员)在档案部门(人员)的指导与帮助下,将平时已归卷的文件,做全面的检查、调整与必要的修补,最后正式组卷的工作。其具体工作内容为:检查归卷文件是否齐全完整;检查案卷质量;检查卷内文件数量,在保持文件之间的联系及保管期限大体一致的前提下酌情适当分卷或并卷。

(二) 卷内文件的排列

卷内文件的排列是指对卷内文件进行系统化排列,固定每份文件的位置,使其排列有序,并方便检索和利用。

1. 一般文件的排列

卷内文件一般按文件的重要程度或形成时间顺序排列。按重要程度排列的一般做法如下。

(1) 重要的文件排前,次重要的文件排后。
(2) 上级单位来文排前,下级单位来文排后。
(3) 综合性的文件排前,专题性的文件排后。
(4) 方针、政策性的文件排前,业务、事务性的文件排后。

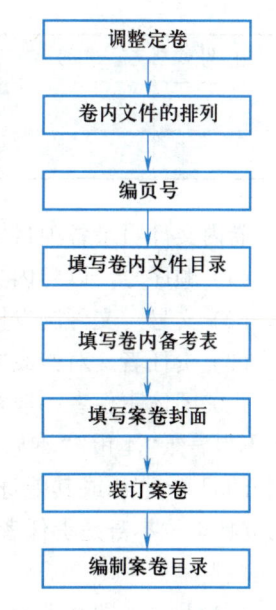

图7-2 以"卷"为单位整理并归档文件的流程

2. 紧密相关的文件材料的排列

密不可分的文件材料应依次序排列在一起,即:

（1）批复在前,请示在后。

（2）正件在前,附件在后。

（3）印件在前,定稿在后。

（4）重要法规性文件的历次稿件依次排列在定稿之后。

（5）非诉讼案件卷的结论、决定、判决性文件材料在前,依据材料等在后。

（6）转发件在前,被转发件在后。

（7）其他文件材料依其形成规律或特点,按有关规定排列。

（三）编页号

编页号也即卷内文件的编号,它是指卷内文件系统化排列后逐页(件)制定流水号,其作用是固定排列顺序,便于文件的保护、统计和检索。

卷内文件材料应按排列顺序,依次编写页号或件号。装订的案卷,应统一在有文字的每页材料正面的右上角、背面的左上角填写页号;不装订的案卷,应在卷内给每一份文件编一个统一顺序的件号,在其首页上方加盖档号章,并逐件编件号;图表和声像材料等也应在装具上或在声像材料的背面逐件编号。

（四）填写卷内文件目录

卷内文件目录揭示了卷内文件的来源、内容、形成时间和成分等,便于对归档文件的查阅和统计。卷内文件目录不仅是卷内文件的检索工具,也是编制其他档案检索工具的基础。

卷内文件目录置于卷首,它包括以下项目:顺序号、文号、责任者、题名(即文件的标题)、日期、页号(或件号)、备注(见表7-5)。

表7-5　卷内文件目录

顺序号	文号	责任者	题名	日期	页号	备注

卷内文件目录各项目填写方法。

（1）顺序号。以卷内文件排列先后顺次填写的序号,亦即件号。

（2）文号。文件制发机关的发文字号。

（3）责任者。对档案内容进行创造或负有责任的团体和个人,亦即文件的署名者。

机关团体责任者一般要著录全称,在全称字数太多的情况下可以著录统一规范的通用简称,不得著录"本市""本局"。个人责任者一般只著录姓名,必要时在姓名后著录对档案负有责任的职务、职称或其他身份,并用"（　）"表示。联合行文的责任者,应著录列于首位的责任者,立档单位本身是责任者的必须著录,被省略的责任者用"［等］"表示,两个责任者之间的间隔用";"。

（4）题名。即文件的标题,一般应照实抄录。题名是查找卷内文件的最重要检索项目之一。如果文件无题名或虽有题名但无实质内容的文件(如仅以文件名称命令、通告等作题名的),应根据文件内容拟出题名,并外加上"[ ]"号,以区别文件原有的题名。会议记录应填写会议的时间和主要内容。文件"责任者"栏已填过作者,在填标题时,标题中的作者部分可以省略。

(5) 日期。即文件的形成时间。填写方法一般按文件的落款日期填写即可。会议决定或法规性文件,可填通过、批准或公布日期。填写时可省略"年""月""日"字。时间以8位数字表示,其中前4位表示年,中间两位表示月,后两位表示日,月和日不足两位的,前面补"0"。在年和月的数字右下角加".",如"2022.09.10"。

(6) 页号。即卷内文件所在之页的编号。填写每份文件的起始页号,最后一份文件填写起始与终止页号。

(7) 备注。留待对卷内文件变化时作说明之用。

卷内文件目录应制作一式二份或三份,放置卷首一份,其余留作备查或经加工后作为检索工具(全引目录)使用。

(五) 填写卷内备考表

卷内备考表置于卷内最后一页文件之后,卷内备考表项目包括:本卷情况说明、立卷人、检查人、立卷时间。卷内备考表如图7-3所示。

(1) 本卷情况说明。填写卷内文件缺损、修改、补充、移出、销毁等情况。案卷立好以后发生或发现的问题由有关的档案管理人员填写并签名、标注时间。

(2) 立卷人。由责任立卷者签名。

(3) 检查人。由案卷质量审核者签名。

(4) 立卷时间。立卷完成的日期。

本卷情况说明	
	立卷人:
	检查人:
	立卷时间:

图7-3 卷内备考表

(六) 填写案卷封面

案卷封面项目包括:全宗名称,类目名称,案卷题名,时间,保管期限,件、页数,归档号,档号。案卷封面(见图7-4)中各项目应填写得工整、清晰、规范。

1. 全宗名称

全宗名称相同于立档单位的名称。填写全宗名称必须用全称或通用简称。

2. 类目名称

类目名称指全宗内分类方案的第一级类目名称。在一个全宗内应按统一的方案分类,并应保持分类体系的稳定性。

案 卷 封 面		
(全宗名称)		
(类目名称)		
(案卷题名)		
自　　年　　月至　　年　　月	保管期限	
本卷共　　件　　页	归档号	
	全宗号	目录号	案卷号

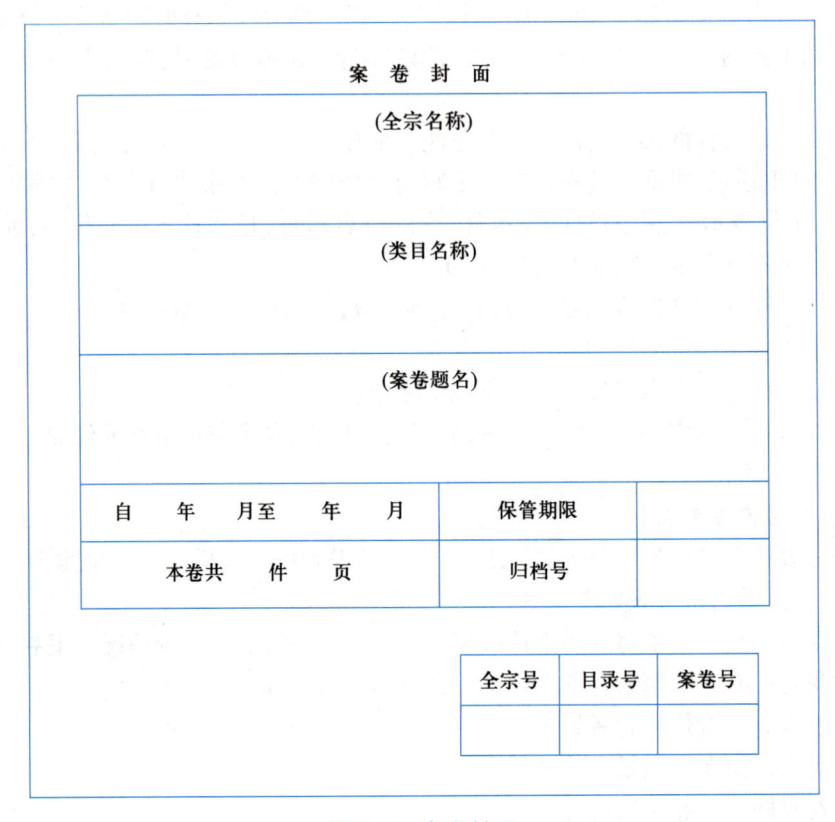

图 7-4　案卷封面

3. 案卷题名

案卷题名即案卷标题,一般由立卷人自拟。案卷题名应当准确概括本卷文件的主要制发机关、内容、文种。文字应力求简练、明确。

4. 时间

时间指卷内文件所属的起止年月。

5. 保管期限

保管期限指立卷时划定的案卷保管期限,一般由立卷人填写。

6. 件、页数

装订的案卷要填写总页数,不装订的案卷要填写本卷的总件数。

7. 归档号

填写文书处理号,由立卷人填写。

8. 档号

为了固定案卷的排序,在案卷封面上要标记案卷的档号。档号一般由机关档案室统一编制。案卷的封面档号由全宗号、目录号、案卷号组成。

(1) 全宗号。档案馆指定给立档单位的编号。

(2) 目录号。全宗内案卷所属目录的编号,在同一个全宗内不允许出现重复的案卷目录号。

(3) 案卷号。目录内案卷的顺序编号,在同一个案卷目录内不允许出现重复的案卷号。

（七）装订案卷

装订前归档文件材料要去掉金属物。对存在问题的文件要做好补齐页面、修复、折叠等工作。使用硬、软卷皮整卷装订的,均应采用三孔一线的方法装订;使用硬卷皮按件装订的,可采用不锈钢针、塑料钉或三孔一线的细线装订;不装订的案卷,卷中的文件应逐件用细线装订。装订后的案卷要达到:下齐、右齐、左齐;装订时必须做到不掉页、不倒页、不压住字迹、不损坏文件;装订线松紧适宜。

（八）编制案卷目录

案卷目录又称移交目录,即案卷的名册,由案卷经过系统化排列后逐一编号登记而成,是查阅利用档案的基本检索工具,也是归档时移交案卷的凭据。

案卷目录由目录说明、案卷条目、封皮与备考表构成。

案卷目录中条目的项目有:归档号、案卷号、案卷题名(或案卷标题)、年度(也有编卷内文件起止日期的)、页数、保管期限、备注(见表7-6)。

表7-6 案 卷 目 录

归档号	案卷号	案卷题名	年度	页数	保管期限	备注

(1) 归档号。文书处理部门或档案室移交档案时所编的案卷顺序号。

(2) 案卷号。案卷号是案卷的排列顺序的编号,用以固定案卷所在的位置,也可作为全宗内案卷的代号。

(3) 案卷题名(或案卷标题)。案卷题名应与案卷封面上的标题完全一致,不得随意改动或缩减。案卷题名应由文件形成者、案卷基本内容及文种三部分组成。

(4) 年度。案卷内档案文件的起止年度或起止日期。

(5) 页数。填写卷内文件的实际页数。

(6) 保管期限。填写该卷标明的保管期限。

(7) 备注。用于说明卷内文件的某些特殊情况,如卷内文件纸张、字迹的老化情况和卷内文件的销毁、移出情况等。

二、以"件"为单位整理并归档文件

随着办公自动化进程的加快,信息化技术在文件与档案工作中普遍应用,为形成归档文件新的整理方法打下了基础。国家档案局于2000年12月6日首次发布《归档文件整理规则》后,我国许多单位开始采用以件为单位整理归档文件的方法。国家档案局于2015年10月25日对《归档文件整理规则》进行了修订,并于2016年6月1日开始实施。

以件为单位整理归档文件,即是将归档文件以件为单位进行组件、分类、排列、编号、编目等(纸质归档文件还包括修整、装订、编页、装盒、排架;电子文件还包括格式转换、元数据收集、归档数据包组织、存储等),使之有序化的过程。与传统的立卷存档方法相比较,以件为单位整理归档文件简化了立卷流程,便于操作;兼顾计算机和手工两种管理方式,既有导向性,又体现过渡性;有力地促进了机关文档一体化管理。目前已经在我国机关单位中广泛采用。

(一) 整理原则

(1) 归档文件整理应遵循文件的形成规律,保持文件之间的有机联系。

(2) 归档文件整理应区分不同价值,便于保管和利用。

(3) 归档文件整理应符合文档一体化管理要求,便于计算机管理或计算机辅助管理。

(4) 归档文件整理应保证纸质文件和电子文件整理协调统一。

(二) 一般要求

以件为单位整理归档文件,前期也必须进行划分归档范围、文件分类、确定保管期限,对不符合归档要求的文件进行必要的修整。

1. 组件(件的组织)

(1) 件的构成。

归档文件一般以每份文件为一件。正文、附件为一件;文件正本与定稿(包括法律法规等重要文件的历次修改稿)为一件;转发文与被转发文为一件;原件与复制件为一件;正本与翻译本为一件;中文本与外文本为一件;报表、名册、图册等一册(本)为一件(作为文件附件时除外);简报、周报等材料一期为一件;会议纪要、会议记录一般一次会议为一件,会议记录一年一本的,一本为一件;来文与复文(请示与批复、报告与批示、函与复函等)一般独立成件,也可为一件。有文件处理单或发文稿纸的,文件处理单或发文稿纸与相关文件为一件。

(2) 件内文件排序。

归档文件排序时,正文在前,附件在后;正本在前,定稿在后;转发文在前,被转发文在后;原件在前,复制件在后;不同文字的文本,无特殊规定的,汉文文本在前,少数民族文字文本在后;中文本在前,外文本在后;来文与复文作为一件时,复文在前,来文在后。有文件处理单或发文稿纸的,文件处理单在前,收文在后;正本在前,发文稿纸和定稿在后。

2. 分类

立档单位应对归档文件进行科学分类,同一全宗应保持分类方案的一致性和稳定性。归档文件一般采用年度—机构(问题)—保管期限、年度—保管期限—机构(问题)等方法进行三级分类。规模较小或公文办理程序不适于按机构(问题)分类的立档单位,可以采取年度—保管期限等方法进行两级分类。

(1) 按年度分类。将文件按其形成年度分类。跨年度一般应以文件签发日期为准。对于计划、总结、预算、统计报表、表彰先进以及法规性文件等内容涉及不同年度的文件,统一按文件签发日期判定所属年度。跨年度形成的会议文件归入闭幕年。跨年度办理的文件归入办结年。当形成年度无法考证时,年度为其归档年度,并在附注项加以说明。

(2) 按机构(问题)分类。将文件按其形成或承办机构(问题)分类。机构分类法与问题分类法应选择其一适用,不能同时采用。采用机构分类的,应根据文件形成或承办机构对归档文件进行分类,涉及多部门形成的归档文件,归入文件主办部门。采用问题分类的,应按照文件内容所反映的问题对归档文件进行分类。

(3) 按保管期限分类。将文件按划定的保管期限分类。

3. 排列

（1）归档文件应在分类方案的最低一级类目内，按时间结合事由排列。

（2）同一事由中的文件，按文件形成先后顺序排列。

（3）会议文件、统计报表等成套性文件可集中排列。

4. 编号

归档文件应依分类方案和排列顺序编写档号。档号编制应遵循唯一性、合理性、稳定性、扩充性、简单性原则。

档号的结构宜为：全宗号-档案门类代码·年度-保管期限-机构或问题代码-件号。上、下位代码之间用"—"连接，同一级代码之间用"·"隔开，如"Z109-WS·2011-Y-BGS-0001"。

（1）全宗号。它是指档案馆给立档单位编制的代号，用4位数字或者字母与数字的结合标识，按照《档号编制规则》（DA/T 13—2022）编制。

（2）档案门类代码·年度。归档文件档案门类代码由"文书"2位汉语拼音首字母"WS"标识。年度为文件形成年度，以4位阿拉伯数字标注公元纪年，如"2013"。

（3）保管期限。保管期限分为永久、定期30年、定期10年，分别以代码"Y""D30""D10"标识。

（4）机构或问题代码。机构(问题)代码采用3位汉语拼音字母或阿拉伯数字标识，如办公室代码"BGS"等。归档文件未按照机构(问题)分类的，应省略机构(问题)代码。

（5）件号。件号是单件归档文件在分类方案最低一级类目内的排列顺序号，用4位阿拉伯数字标识，不足4位的，前面用"0"补足，如"0026"。

归档文件应在首页上端的空白位置加盖归档章并填写相关内容。电子文件可以由系统生成归档章样式或以条形码等其他形式在归档文件上进行标识。归档章应将档号的组成部分，即全宗号、年度、保管期限、件号，以及页数作为必备项，机构或问题可以作为选择项。归档章式样如图7-5所示。

(全宗号)	(年度)	(件号)
*(机构或问题)	(保管期限)	(页数)

图7-5 归档章式样

5. 编目

归档文件应依据档号顺序编制归档文件目录。编目应准确、详细，便于检索。

归档文件应逐件编目。来文与复文作为一件时，对复文的编目应体现来文内容。归档文件目录设置序号、档号、文号、责任者、题名、日期、密级、页数、备注等项目。归档文件目录如表7-7所示。

表7-7 归档文件目录

序号	档号	文号	责任者	题名	日期	密级	页数	备注

（1）序号。填写归档文件顺序号。

（2）档号。档号按照前文的“4.编号”的方法进行编制。

（3）文号。文件的发文字号，没有文号的，不用标识。

（4）责任者。制发文件的组织或个人，即文件的发文机关或署名者。

（5）题名。文件标题，没有标题、标题不规范，或者标题不能反映文件主要内容、不方便检索的，应全部或部分自拟标题，自拟内容外加方括号“[ ]”。

（6）日期。文件的形成时间，以国际标准日期表示法标注年、月、日，如 20220619。

（7）密级。文件密级按文件实际标注情况填写，没有密级的，不用标识。

（8）页数。每一件归档文件的页面总数，文件中有图文的页面为一页。

（9）备注。注释文件需说明的情况。

归档文件目录除保存电子版本外，还应打印装订成册。装订成册的归档文件目录，应编制封面，如图 7-6 所示。封面设置全宗号、全宗名称、年度、保管期限、机构（问题），其中全宗名称即立档单位名称，填写时应使用全称或规范化简称。归档文件目录可以按年装订成册，也可每年区分保管期限装订成册。

归 档 文 件 目 录

全 宗 号 ____________

全宗名称 ____________

年　　度 ____________

保管期限 ____________

*机构（问题）____________

图 7-6　归档文件目录封面

（三）纸质归档文件的修整、装订、编页、装盒和排架

1. 修整

（1）归档文件装订前，应对不符合要求的文件材料进行修整。

（2）归档文件已破损的，应按照规定予以修复；字迹模糊或易褪变的，应予复制。

（3）归档文件应按照保管期限要求去除易锈蚀、易氧化的金属或塑料装订用品。

（4）对于幅面过大的文件，应在不影响其日后使用效果的前提下进行折叠。

2. 装订

（1）归档文件一般以件为单位装订。归档文件装订应牢固、安全、简便，做到文件不损页、不倒页、不压字，装订后文件平整，有利于归档文件的保护和管理。装订应尽量减少对归档文件本身影响，原装订方式符合要求的，应维持不变。

（2）应根据归档文件保管期限确定装订方式，装订材料与保管期限要求相匹配。为便于管理，相同期限的归档文件装订方式应尽量保持一致，不同期限的装订方式应相对统一。

（3）用于装订的材料，不能包含或产生可能损害归档文件的物质。不使用回形针、大头针、燕尾夹、热熔胶、办公胶水、装订夹条、塑料封等装订材料进行装订。

（4）永久保管的归档文件,宜采取线装法装订。页数较少的,使用直角装订或缝纫机轧边装订,文件较厚的,使用"三孔一线"装订。永久保管的归档文件,使用不锈钢订书钉或浆糊装订的,装订材料应满足归档文件长期保存的需要。永久保管的归档文件,不使用不锈钢夹或封套装订。

（5）定期保管的归档文件,装订方式参照永久保管的归档文件的装订要求执行。对于定期保管的且不需要向综合档案馆移交的归档文件,也可以使用不锈钢夹或封套装订。

3. 编页

（1）纸质归档文件一般应以件为单位编制页码。

（2）页码应逐页编制,宜分别标注在文件正面右上角或背面左上角的空白位置。

（3）文件材料已印制成册并编有页码的,拟编制页码与文件原有页码相同的,可以保持原有页码不变。

4. 装盒

将归档文件按顺序装入档案盒,并填写档案盒盒脊及备考表项目。不同年度、机构（问题）、保管期限的归档文件不能装入同一个档案盒。

5. 排架

（1）归档文件整理完毕装盒后,上架排列方法应与本单位归档文件分类方案一致,排架方法应避免频繁倒架。

（2）归档文件按年度-机构（问题）-保管期限分类的,库房排架时,每年形成的档案按机构（问题）序列依次上架,便于实体管理。

（3）归档文件按年度-保管期限-机构（问题）分类的,库房排架时,每年形成的档案按保管期限依次上架,便于档案移交进馆。

（四）归档电子文件的整理要求

归档电子文件的整理应使用符合《数字档案室建设指南》(2014 年)、《电子文件归档与电子档案管理规范》(GB/T 18894—2016) 等标准的应用系统。

1. 归档电子文件整理的一般要求

归档电子文件的组件（件的组织）、分类、排列、编号、编目,参照本节"二（二）一般要求"执行。

2. 归档电子文件数据处理与存储

归档电子文件的格式转换、元数据收集、归档数据包组织、存储等整理要求,参照《数字档案室建设指南》(2014 年)、《电子文件归档与电子档案管理规范》(GB/T 18894—2016)、《基于 XML 的电子文件封装规范》(DA/T 48—2009) 及《档案级可录类光盘 CD-R、DVD-R、DVD+R 技术要求和应用规范》(DA/T 38—2021) 等标准执行。

第四节　档案管理

档案管理是在机关或单位的文书部门将立卷归档完毕的文件移交给档案部门后,档案部门对于处理完毕并具有保存价值的文件实体及信息进行的包括收集、整理、鉴定、保管、开发和提供利用等在内的一系列业务活动。

一、收集与鉴定工作

(一) 收集工作

收集工作是将分散在档案形成部门或个人手中有保存价值的档案集中到档案部门或机构进行统一管理。

档案管理人员为了完整地将档案集中到档案部门,不仅需要关注文件归档的结果,而且需要关注和参与文件的形成、运行、立卷归档的全过程。

1. 监督文件的形成过程

在实际工作中,往往会有一些单位因忽视文件的形成过程而导致档案的不完整,因此,不仅要将已经形成的具有保存价值的文件收集齐全,而且还需要注意文件在形成和处理过程中的一些情况。当发现单位在文件形成和处理过程中存在问题时,应该及时向有关部门或领导反映情况,并提出整改意见。当发现文件形成出现漏洞时,应该尽量采取补记、补录、补拍等措施及时补救,以便保证重要文件的完整性。

2. 督促归档制度的落实

档案室或档案管理人员在督促归档制度落实时有责任做好以下三个方面的工作:一是开展归档制度的宣传工作,使单位的工作人员能清楚归档工作的要求;二是参与本单位归档制度的制定工作;三是对单位归档制度的执行情况进行监督,对发现的问题应该及时提出改进意见。

3. 开展零散文件的收集工作

零散文件是指单位在收集工作中未及时归档的文件。

档案室或档案管理人员可以通过单位的组织沿革、大事记等记录,有针对性地收集散存的文件资料。当机构调整或人员变动时,应该及时从主要承办人处收集以往的单位文件。结合单位的管理评估、安全检查等活动,清理和收集文件。

4. 指导文书部门的立卷归档工作

> **微型案例**
>
> **文书立卷材料要齐全**
>
> 10月12日,宏达公司的档案管理人员小刘在指导文书立卷的过程中发现,公司某次年会的文件中缺少一些会议记录和领导的讲话稿,同时还缺少一些重要的收发文件。经过查找,他不仅将文件收集齐全,而且找到了文件收集不全的原因。
>
> 第一,一些承办人员不愿意将自己认为有用的文件归档,担心用起来不方便。
>
> 第二,一些文书人员未按归档范围收集文件。
>
> 第三,公司内部未进行立卷分工,存在遗漏立卷和重复立卷的情况。
>
> 于是,小刘帮助文书部门进一步完善了立卷工作的制度、程序和分工,使以后的立卷工作质量有了很大提高。

档案室或档案管理人员对文书立卷归档指导工作主要包括以下四个方面。

(1) 协助单位确定立卷地点和分工立卷的范围。

（2）参与编制文件立卷方案。

（3）对立卷操作进行业务指导。

（4）进行归档案卷质量的检查。

（二）鉴定工作

档案的鉴定一般指对档案的真伪和档案价值的鉴定。

1. 档案鉴定工作的主要内容

档案价值鉴定工作包括三个方面的内容。

（1）制定鉴定档案价值的标准,包括单行规定和档案保管期限表。

（2）判定档案的价值,确定保管期限。

（3）剔除无保存价值和保管期满的档案,按照规定销毁或做其他处理。

2. 档案鉴定工作的步骤

档案价值鉴定一般分为四个步骤。

（1）文件立卷归档时,剔除不归档文件,正确划定归档文件的保管期限。

（2）档案室增收档案时检查其是否属于归档范围及保管期限划分得是否正确,档案室复查期满的档案是否留存。

（3）档案馆对档案的开放、定级、期满复查进行鉴定。

（4）档案的销毁。档案室对保管期满、经过鉴定确无价值的档案应当编制销毁清册,经过机关领导审核批准后销毁。需要销毁档案,必须经过鉴定委员会审核,报主管领导部门批准。

二、整理与保管工作

（一）整理工作

整理工作就是将处于零乱的和需要进一步条理化的档案进行基本的分类、组合、排列和编目,组成有序的体系。

1. 档案整理工作的内容

档案整理工作的内容包括区分卷宗、卷宗内档案的分类、立卷(组卷、卷内文件的排列和编号、填写卷内目录和备考表、撰写案卷标题、填写案卷封面)、案卷排列和编号、编制案卷目录等业务环节。

2. 档案整理工作的原则

（1）充分尊重和利用原有的整理成果。第一,在原有整理成果基本可用的情况下,要维持档案原有的秩序状态;第二,对于某些局部整理结果不明显的情况,可以在原来的整理框架内进行局部调整;第三,对于整理基础很差,无法进行局部调整的情况,可以重新整理。

（2）保持文件间的历史联系。在档案整理工作中保持文件间的历史联系的目的在于使档案能够客观地反映其形成的历史面貌。要保持文件间的历史联系主要是指保持文件在来源、内容、时间、形式上的联系。

（3）便于保管和利用。整理文件的目的是为了日后更好、更长久地利用与保管。

3. 档案整理工作的方法

（1）区分卷宗。卷宗是一个具有社会独立性的组织或个人在其社会实践中所形成的档案的有机整体。凡具有社会独立性的组织或个人档案,其所形成的档案就可以构成一个卷宗。

卷宗内的文件属于同一来源,存在着联系,是有规律组合起来的有机整体。它反映事物的全过程,是不可分割的。一个单位党、政、工、团的档案构成一个卷宗。

(2) 卷宗内档案的分类。卷宗内档案分类的步骤是先分门类或部类,然后再在各门类、部类中继续分类。

卷宗内档案分类的一般方法有时间分类法(年度分类法)、来源分类法(组织机构分类法)、内容分类法(问题分类法)、形式分类法(外形分类法)。卷宗内档案数量较少,分类一般为一至二级为宜,例如,先按照年度分类,年度下再按照组织机构分类。档案数量较多,可以再行分类,例如,在组织机构下再按照问题分类。

(3) 立卷编目归档。将文件立卷,按照一定的顺序排列,并编制案卷目录。

(二) 保管工作

档案保管工作指对库房中的档案进行的日常维护和保护性管理工作。其中心任务是维护档案的完整与安全,并尽可能延长档案的寿命。档案保管工作的主要内容是档案库房管理和档案流动过程中的保护。档案保管决定着档案寿命的长短。档案保管工作必须坚持"以防为主,防治结合"的基本方针。

1. 建立和维护档案的存放秩序

档案室(馆)根据档案的来源、载体等特点,建立一套档案入库存放的管理办法,使档案无论是在存放位置上还是在传阅利用中都能够处于一种有序的状态。

2. 保持和维护档案实体良好的理化状态

档案实体是以实物的形态存在,而档案实体周围的环境,如温湿度、光线、有害气体、灰尘、生物及微生物等,都会对档案的载体、字迹、材料等造成不良的影响,不利于档案的长期保管。为此,档案保管工作的目的就是采取措施来保持档案的理化状态,延长档案的寿命。

三、检索与利用工作

(一) 检索工作

档案的检索就是对档案信息进行系统存储和根据需要进行查找的工作。其目的是为了满足查找、利用档案的需要。档案检索包括档案信息存储和查检两个具体过程。信息存储即先对档案内容和形式特征进行分析、选择、记录,对档案文件著录标引,然后对著录标引后形成的条目加以系统排列,编制成各种检索工具。查检先确定查找内容,然后利用检索工具等手段检索出档案信息。

检索工具的种类较多。按照体例分为目录、索引、指南。按照载体形式分为书本式检索工具、卡片式检索工具、缩微式检索工具、机读式检索工具。按照功能分为查检性检索工具(分类目录、主题目录、专题目录、人名索引、文号索引)、报道性检索工具(卷宗指南、专题指南、档案馆指南等)、馆藏性检索工具(案卷目录、卷内文件目录等)。常用的检索工具如下。

1. 案卷目录

案卷目录是查阅利用档案的基本检索工具。

2. 分类目录

分类目录是根据体系分类法的原理,以分类号为排检项,依据档案分类表的体系组织起来的一种检索工具。分类目录的主要特点是系统地揭示档案的主题内容,具有较强的特性检索功能。

3. 主题目录

主题目录是根据主题分类法的原理,将档案的主题词按照字母顺序排列的一种目录。主题目录的主要特点是能够集中地揭示同一事物档案的内容。

4. 文号索引

文号索引是指明文件编号以及相应档号,以一定次序编排而成的一种档案检索工具。

5. 人名索引

人名索引是将档案内容所涉及的人物特征记录下来并指明出处的一种检索工具。

6. 卷宗指南

卷宗指南又称为卷宗介绍,是以文章叙述的形式来介绍和报道档案室(馆)收藏的某一卷宗档案的内容、成分和利用价值等情况的介绍检索工具。

(二) 利用工作

档案利用工作,就是档案部门为了满足单位和社会利用的需要,向利用者提供档案文件或信息的工作。

1. 档案阅读服务

档案阅读服务是指档案室(馆)内设置阅览室,为利用者提供档案服务。

微型案例

他为什么受到了处罚?

某年9月,一位历史专业的研究生在做毕业论文的过程中,到某市档案馆查阅了几个月的材料。他如饥似渴地翻阅着一摞摞很有价值的卷宗,还抄录了十余份新中国成立前形成的有关中共统一战线方面的从未公开的档案材料,并用数码相机照了下来。不久,他向某杂志社展示了手中的"宝贝"。杂志社编辑颇感兴趣,立即开辟专栏公布了这个研究生以个人名义提供的"新发现"。事后,该市档案馆和省档案局经过调查核实,认定该研究生和杂志社的上述行为属于未经许可擅自公布档案的违法行为,依据《中华人民共和国档案法》及《中华人民共和国档案法实施办法》的有关规定,分别对该研究生和该杂志社处以1 000元和1万元的罚款。该案例中的档案借阅相关各方没有严格遵守《档案室借阅档案范围》及《阅读档案须知》的相关规定,才会产生这样的结果。

档案阅览服务,一方面,有利于提高档案的利用率,充分发挥档案的作用;另一方面,档案工作人员可以在现场进行宣传和控制,减少档案原件在利用中的损耗。

2. 档案外借服务

档案外借服务是指档案室(馆)允许将档案原件或副本外借给利用者。

3. 制发复印件

制发复印件是指根据档案利用者的需要,通过复印、摘录的方式向档案利用者提供档案复制品的一种服务方式。

4. 制发档案证明

制发档案证明是指档案馆(室)根据机关、团体、企事业单位或个人的申请,为了证明某一问题或某一事实在馆(室)藏档案内有无记载和如何记载的情况而形成的书面证明材料。

5. 参考咨询服务

参考咨询服务是指档案馆(室)人员以口头或书面形式解答利用者提出的问题,向利用者提供档案信息服务的一项工作。

四、编研与统计工作

1. 编研工作

档案馆(室)的编研工作,是以馆(室)藏档案为主要对象,满足社会利用档案的需要为主要目的,在研究档案内容的基础上,编辑史料,编写档案参考资料,参加编史修志,撰写专门著述的总称。它是一项主动提供档案信息,满足单位、社会的广泛需要的工作。

2. 统计工作

统计是指通过记录和量化的数据研究,分析档案及其管理规律和发展趋势,为管理工作提供真实可靠的原始数据,以增强档案管理科学化的一项工作。

第五节　电子档案管理

随着社会的发展,现代企业的社会化大生产逐步由过去的劳动密集型走向自动化、程序化。信息化式的管理广泛应用于企业生产管理活动的方方面面,企业档案管理的环境、职能也发生了巨大的变化,企业文档的电子化管理成为当前的发展方向。

一、电子档案概述

(一) 电子档案的含义

电子档案主要是利用计算机来对档案的信息进行记录,并将其制作成能够供人们阅读、传输和处理的电子文件。相较于纸质档案,电子档案在安全性方面还存在一定的不足。但由于电子档案的便捷性和高效性,管理者对档案管理电子化给予充分的重视,并对档案管理电子化实施过程中存在的问题进行有效的解决和完善,从而使档案工作能够更好地服务于人们的工作和生活。

(二) 电子档案的优势

与传统的纸质档案相比,电子档案在保存和使用上具有明显的优势。

1. 操作便捷,便于分类和管理

这既是电子文件的显著特点,也是电子档案在管理上彻底颠覆了以往手工检索、分卷管理、人工分类存档调用的传统管理模式。电子档案还有利于遗漏文件的补漏增缺,传统的文书立卷方法遇到文件收集不齐或漏交归档而需要补漏增缺时,就得拆卷重做。电子档案的管理可以弥补这个缺憾,用电脑对文档可按"件"整理归档,可随时补漏增缺,使文档不形成存积,只需按一下键,修改一下档案目录就可以了。也避免了纸质文件随着时间与数量累积,一旦储

存不当导致损毁将有可能无法复原的隐患。

2. 电子档案最大的优点是节省资源

电子档案是存储与保存在计算机硬盘、磁盘、光盘或网盘中,这些载体不仅存储空间巨大,而且体积小,便于管理。

3. 电子档案的类型多样

随着社会的发展和计算机技术的进步,电子档案的类型变得多种多样,不单有文字记录和图片记录,更是增加了音频、视频等类型,后期形成的档案所呈现的视觉和听觉效果可以更形象地表达信息。

4. 检索便捷,大大提高了信息资源的利用率

以往纸质档案资料,因其重要性,借阅需要经过申请手续,并且需到指定资料存储地点进行人工检索。但在信息化办公系统中,资料库是内部相关部门共享的,可以按照规定通过内部网直接检索并且对文档信息进行拷贝储存。电子文件不受地域与空间的制约,可以同时异地进行检索、浏览、编辑与应用,极大地提高了工作效率。

5. 电子档案有利于档案的保密

过去查阅档案时是整卷查找。查阅人可以看到整卷内容。现在的电子档案,查阅人只能查找自己输入的文件的编目,无法接触其他文件,从而达到文件的保密要求。

(三) 电子档案的弊端

电子档案伴随着信息技术的发展而产生,对档案管理水平的提高有着非常积极的作用。但是由于电子档案本身所具有的局限性,使其在应用过程中会出现一系列的问题。

1. 电子档案管理存在的安全隐患

由于电子档案存储在计算机硬盘或者移动硬盘之中,所以在很大程度上面临着信息安全的问题。首先,目前很多电子档案管理系统的建设不足,并且在档案数据进行信息化处理的过程中,如果出现断电、死机、系统崩溃等问题容易造成数据丢失。另外,由于互联网环境中存在很多木马病毒等,如果一旦不慎下载安装了木马病毒,会加重电子信息档案泄露的风险。如果这些信息被不法分子入侵、窃取或者篡改,那么整个档案管理工作都会陷入瘫痪,甚至会造成巨大的损失。

2. 电子档案管理监管制度不够全面与规范

很多电子档案在管理的过程中缺乏一定的监管,尤其是对于存储在移动硬盘或光盘中的电子信息档案的管理不够严格,缺乏备案登记制度,对于移动硬盘、光盘的保存也没有严格的规范管理体系,档案保密等级缺乏明确的规定和标准,所有的档案都按照同样的标准进行管理,会增加档案泄密的风险。

3. 电子档案管理人员的水平参差不齐

电子档案的管理人员有些为兼职人员,缺乏专业技术和职业素养,所以在电子档案管理的过程中无法利用专业知识来对档案进行归纳与整理。即使是档案管理方面的专业人才,由于电子档案属于新生事物,要求档案管理人员既要懂得传统的档案管理知识,还要能够熟练运用计算机操作技术,而且还要将传统的纸质档案与电子档案有效地融合,这些要求对档案管理人员都是较高的挑战。

4. 电子档案建设工作量大

电子档案建设的任务是非常艰巨的,尤其是电子档案初期的建设工作量更大。电子档案建设初期,需要把单位历史留存的纸质档案通过扫描全面录入电子档案系统,而且要再做系统的分门别类和归档保存等一系列的工作。很多企事业单位在电子档案的建设初期,往往是花费高昂的代价聘请专业的档案管理咨询机构或专业的档案管理软件公司进行传统档案向电子档案的转化工作。甚至有些企业,将后期的电子档案管理与维护,也直接外包给专业的电子档案服务公司。这不仅增加了企业的运营成本,而且在档案保密等方面有一定的风险。

5. 没有统一的电子档案管理系统

当前我国档案还处于纸质档案和电子档案共存发展的局面下,在档案的网络建设过程中,还没有统一的档案管理系统,档案管理系统开发存在一定的滞后性,还没有一个能够共同完成文件检索和管理所有档案信息的软件,阻碍了我国档案管理电子化的发展。目前,各公司开发的档案管理软件不仅建设标准缺乏统一性,而且没有数据交换的机读目录档案系统,这对档案开发、服务和共享等工作的开展带来较大的制约,无法实现真正意义上档案资源的共享。

二、电子档案与纸质档案的联系与区别

(一)电子档案与纸质档案的联系

1. 两种档案管理的基础是一致的

档案管理的发展从始至终是按照一定的原则进行的,两种档案管理方式所遵循的原则是一致的,这种原则就是根据社会发展的需要,采用一定的技术条件在原有管理方法上进行创新,形成新的档案管理模式。电子档案管理的实现和发展离不开传统档案管理方法,从某种意义上讲,电子档案管理只是传统档案管理通过计算机技术实现的一种形式,其基础还是传统档案管理。电子档案管理在对信息资源的分类和存储归档的过程中离不开对传统档案管理方法的使用。两种档案管理在实施过程中都离不开人的操作。

2. 电子档案信息资源是传统档案信息资源的延伸

一方面,电子档案利用计算机网络技术,将传统档案的管理方法进行了延伸和扩展,电子档案管理方式的运行较传统档案管理方式节省了很多的时间和空间。另一方面,纸质档案是电子档案的重要来源。电子档案在建立初期,就是由纸质档案通过扫描、拍照等方式转化而来的。即便是企事业单位使用了电子档案,除了内网的无纸化办公系统产生的电子文档可以直接收集整理存档外,单位与外部机构联络与合作所产生的诸如购销合同、贷款合同、重要的往来信函等文件资料仍然是企业需要归档的纸质档案资料。所以,在未来相当长的一段时间内,纸质档案将会与电子档案同时存在。

(二)电子档案与纸质档案的区别[①]

1. 归档的时限要求不同

传统档案管理在对档案资料进行归档时,一般是先将档案资料全部整理完毕后,由档案管理人员按照档案归档规范进行统一的归档;电子档案管理在对档案资料进行归档时,因为其具

---

① 曲红岩,骆树乔.试析电子档案和传统档案管理的异同[J].兰台内外,2018,(4):37.

有易复制性和易调阅性的特点,对档案资料的归类是可以随时进行的,只需要档案管理人员对要求归档的档案,进行接受登记和设定分类号及访问权限就可以了。

2. 归档方式不同

传统档案管理方式在档案资料归档时更注重档案资料的完整性、系统性和有序性,档案管理人员是在收到资料齐全的归档手续后按照一定的编排顺序对档案资料进行归档存放的;电子档案管理方式对档案资料的归档采用的是电子编码技术,通过对档案进行不同的电子编码处理,就可以非常便捷地进行归档。

3. 对档案资料的保护措施不同

传统的档案资料大部分是以纸质形式存在的,其对存储的环境要求比较高,在存储过程中要严防虫蛀、受潮等现象;纸质档案资料在借阅过程中容易丢失和损坏,因此,保证档案资料的完整是重要的任务。另外,纸质档案资料不容易修改。电子档案的存储采用的是电子编码器,在调阅中不会发生丢失和损坏的现象,但其缺点是以电子编码器存在的电子档案资料容易被修改、涂抹和编辑,档案资料的原始数据有可能被改变,所以为了电子档案资料的安全性,需要对其设定分类号和访问权限。此外,电子档案在根据需要被修改时,其修改过程要比传统纸质档案方便得多。

4. 保存与查阅方式不同

传统档案资料一般是保存在档案室里,有专门档案负责人对档案室及档案借阅手续进行管理。传统档案在查阅时比较浪费时间。电子档案资料一般是保存在计算机硬盘、磁盘、光盘或网盘里。电子档案在查阅时只需要查阅人在电子档案数据管理库中注册成会员,经过身份验证获得查阅权限后就可通过计算机对电子档案资料进行查阅。

三、电子档案管理系统的实现路径

电子档案管理系统为企事业单位的档案现代化管理提供了完整的解决方案,电子档案管理系统既可以自成系统,为用户提供完整的电子档案管理和网络查询功能,也可以与本单位的办公自动化(office automation,OA)和产品数据管理(product data management,PDM),或者与管理信息系统(management information system,MIS)相结合,形成更加完善的现代化信息管理网络。电子档案管理系统的实现路径如图7-7所示。

分析图7-7易知,电子档案管理系统主要由输入部分、管理部分、输出部分三个部分构成。

(一)输入部分

输入部分是电子档案管理的难点与重点,主要有以下几个方面。

1. 纸质档案电子化

使用高拍仪、扫描仪、智能手机、自助采集终端等多种采集设备,将在办理业务过程中产生的纸质档案扫描成电子影像,并使用条形码,进行纸质档案的交接、装盒、上架、查询、统计、借阅、销毁等。纸质档案电子化处理流程如图7-8所示。

2. 原始电子数据档案化

将原始的电子数据文档进行数字化加工后,导入系统以便进行查询使用。信息采集人员主要负责文档信息的整理、编目与电子文件的自动挂接,完成文档信息的收集、录入和数字化工作。

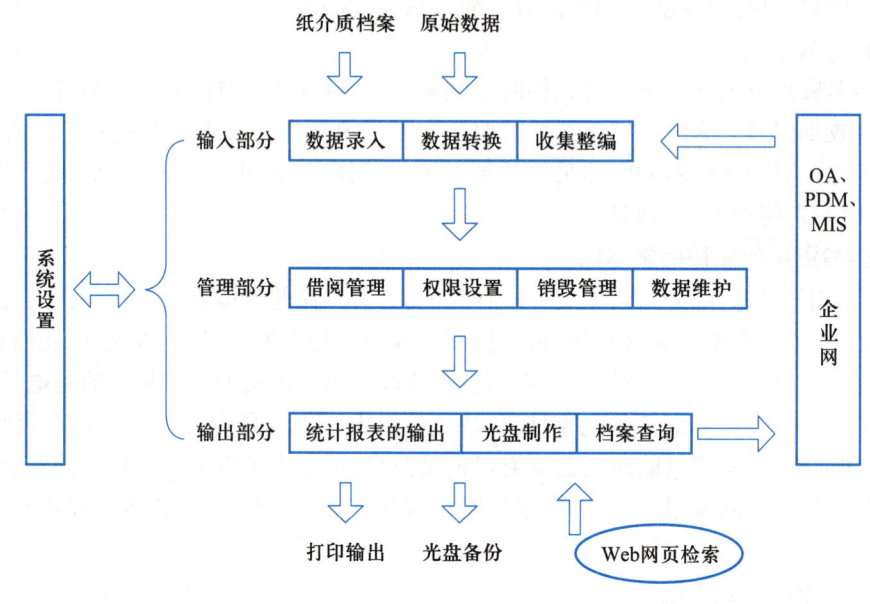

图 7-7　电子档案管理系统的实现路径[①]

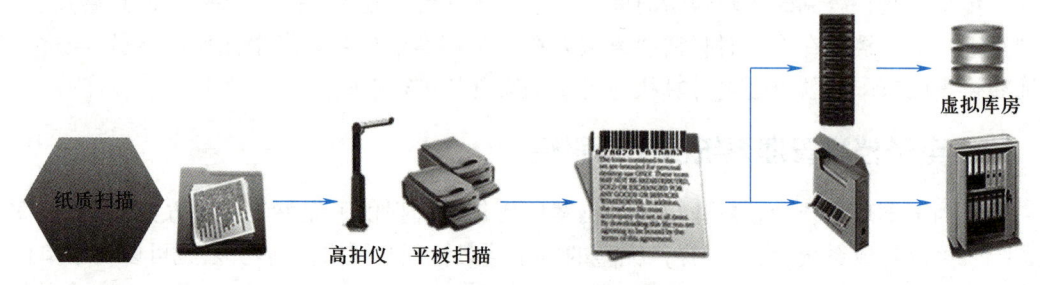

图 7-8　纸质档案电子化处理流程图

3. 电子信息数据档案化

电子信息的档案化管理是把电子数据从 OA、PDM、MIS 等应用系统中产生的电子信息进行凭证化处理,实现档案化管理。将电子数据从应用系统中独立出来,形成与应用无关的、可追溯的、不可抵赖的、能够直接阅读的文档。

(二) 管理部分

电子档案的管理部分,包括了借阅管理、权限设置、销毁管理与数据维护四个部分。日常管理部分主要完成电子文档的鉴定、销毁、移交、编研、征集与数据维护等工作,同时可以辅助档案的实体管理,形成文档的目录,进行借阅、利用、统计等管理工作。

(三) 输出部分

此部分主要包括了统计报表的输出、光盘制作、档案查询、为企业的其他管理应用系统服

[①] 山东东昀电子科技有限公司.电子文档信息管理系统解决方案,2018-09-02.

务四个方面的功能。统计数据报表化，就是将系统中的数据进行规范化管理，并使用报表按照月度、季度和年度进行表格、柱状图、饼状图等电子文件的输出打印。电子档案数据既可以从OA、PDM和MIS系统中采集，也可以通过整理归档后反馈给这些系统使用。

四、结语

由于电子档案管理的运用具有技术性和复杂性的特点，使用成本较高，而且还需要培养与此相适应的人才，我国很多企事业单位，尤其是中小企业目前仍然采用的是传统的纸质档案管理模式。随着信息技术在档案行业中的广泛应用，办公自动化及各种电子应用系统在企业中的普遍推广，这会使档案管理电子化成为档案管理工作发展的必然趋势。所以在未来相当长的一段时期内，电子档案和纸质档案两者将会互相作用、互相融合、互利共生。档案管理电子化的实施是一项具有长期性和复杂性的系统工作，其最终目的是加快推动档案信息的开发利用。

综上所述，电子档案与纸质档案两类档案存储方式的融合是大势所趋，将有助于档案事业的发展。因此，秘书人员应该与时俱进，在掌握电子档案管理方法的同时，不可忽视对传统纸质档案管理基本理论知识的学习。如果只重视前者而忽视后者，则是舍本逐末；如果只重视后者而轻视前者，则是因循守旧。

本章小结

文书处理与档案管理是秘书工作中最常用到的职业技能。本章先介绍了文书处理的原则、行文规则与文书处理的程序；再介绍了归档文件的鉴定、整理、分类与组卷方法；然后分别介绍了以卷和件为单位整理归档文件的方法；之后对档案管理的主要工作，按流程顺序做了简要的介绍；最后介绍了电子档案管理的方法。本章的知识结构图如下。

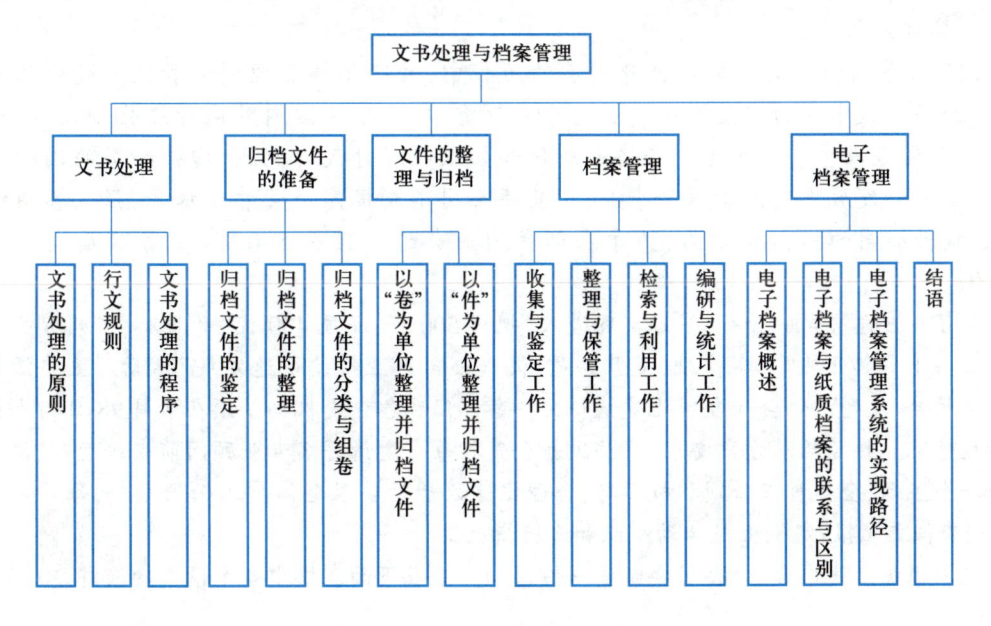

```
                        文书处理与档案管理
    ┌──────────┬──────────┬──────────┬──────────┐
  文书处理    归档文件    文件的整理    档案管理    电子
              的准备      与归档                   档案管理
    │           │           │           │           │
 ┌──┼──┐    ┌──┼──┐   ┌────┼────┐  ┌──┼──┐    ┌──┼──┐
文 行 文    归 归 归   以 以    收 整 检 编   电 电 电 结
书 文 书    档 档 档   "卷" "件"  集 理 索 研   子 子 子 语
处 规 处    文 文 文   为 为     与 与 与 与   档 档 档
理 则 理    件 件 件   单 单     鉴 保 利 统   案 案 案
的     的    的 的 的   位 位     定 管 用 计   概 与 管
原     程    鉴 整 分   整 整     工 工 工 工   述 纸 理
则     序    定 理 类   理 理     作 作 作 作      质 系
                 与    并 并                        档 统
                 组    归 归                        案 的
                 卷    档 档                        的 实
                       文 文                        联 现
                       件 件                        系 路
                                                    与 径
                                                    区
                                                    别
```

243

案例分析

王秘书的文件分类难题

宏达公司兰州分公司新建之初，文书工作从无到有，刚刚起步。该公司王秘书是工商管理专业毕业的，应聘录用后负责公司的文书工作。王秘书笔头功夫不错，领导对他欣赏有加，可他对文书的平时管理和立卷工作却知之甚少。起初，他把所有文件都塞在一个文件柜中，可半年不到，柜子就被各种文件塞得乱七八糟。有一次，总经理急着要查一份合同正本，王秘书竟然花了半个多小时才找到，让总经理等得很着急。事后，总经理狠狠地训斥了他一顿，还责令他限期改进工作。王秘书苦思冥想了好几天，终于想出了个办法，他将全公司的文件分成两类，一类命名为"收来文件"，另一类命名为"发出文件"。从此，他就把所有文件按这两个类别归卷保存。

到了第二年初，王秘书打算将这两类文件分别立卷装订，结果发现每一类别中的文件数量实在太多、太杂，今后借阅、查找肯定会产生很多麻烦。他想给文件再加以细分，但却想不出分类的好办法。

思考题：根据案例，你认为王秘书应该将文件如何分类才更为合理？

实践训练

训练一

文书处理。

1. 实训目标

让学生掌握文书处理的程序。

2. 实训内容

(1) 背景材料。某公司在自身发展的历程中，始终坚持管理创新和技术进步的发展策略，经济与技术实力日益增强。公司十分注重学习，借鉴国内外同行经验，积极引进先进技术和管理人才。为了适应经济全球化和知识经济时代的挑战，增强公司的国际竞争能力，繁荣和发展中国民族保险事业，近几年公司不断提高经营管理水平，强化各项经营管理，提升公司的核心竞争力，力争在两年内业务进入世界500强，业务品质进入全球400优。

为了响应总公司的号召，早日实现进入"规模500强，品质400优"的目标，广州分公司决定从6月1日起开展"扎实基础、提升品质，促进公司产业持续快速发展"活动。主要活动是头脑风暴会、主题演讲会和合理化建议征文。各部门和各分支机构必须在7月28日前上报活动开展情况。按照活动方案要求：头脑风暴会是指每月邀请著名专业顾问前来讲座；演讲会每月设一个主题，全体员工必须积极参与；合理化建议活动要求全体员工必须参与，每月评选出4篇优秀征文上报；定期上报活动组织和进行情况。

(2) 根据上述内容，分公司要制发一份通知。完成下面表格中4个情景的演练。

序号	情景	任务
1	5月12日，广州分公司总经理将秘书小王叫到办公室，对她说明了这次活动的目的要求，让她马上写一份通知，发到分公司各部门和公司所在的广州各分支机构，告知有关活动事项。小王用记事本将总经理的话记录下来，走出经理办公室，回到自己办公室，立即开始撰写通知	请演示领导交拟和秘书撰写通知的过程，并请制作出通知的初稿
2	初稿完成后，王秘书将这份通知写在统一的发文稿纸上，拿给总经理审核，总经理看完后签字同意发出	请演示领导审核签发过程
3	王秘书将这份通知编上发文号，即"江保〔2023〕10号"，写在发文稿纸的相应栏内，再检查一遍通知的正文内容，确定无误后，把这份发文稿拿到文印室，交给打字员小白打印成正稿，打印份数为20份。小白让王秘书明天下午1点来取	请演示秘书编号印制文件的过程
4	5月13日下午1点，王秘书将打印好的通知正稿从文印室取回，逐一盖章，并在发文登记簿上填写好内容，再分别将每份通知用信封套好，封上口	请演示秘书发文登记和封装的过程

3. 实训要求

（1）以小组为单位，共同完成此项任务。

（2）操作中需要使用的物品，如纸张、笔等必备物品要求学生课前准备好。

（3）完成后，由组长向全班同学介绍他们工作的全过程。

训练二

1. 实训目标

训练学生卷内文件的整理与编目。

2. 实训内容

（1）背景材料。现有案卷为××大学若干文件，请根据形成时间顺序排列，并填写卷内文件目录(备注项不填)。

第一份文件：

××大学关于对经济学院王慧同学予以表彰的通知
××〔2023〕5号

各院、全体学生：

经济学院的王慧同学代表我校参加2023年2月26日全国英语演讲比赛，获得了一等奖的好成绩，为我校争得了荣誉。

鉴于王慧同学的事迹，我校决定对王慧同学予以表彰。

特此通知。

××大学教务处
二〇二三年三月五日

第二份文件：

×× 大学关于表彰张彦同学拾金不昧的通报

××〔2023〕18 号

我校文学院共产党员张彦同学于 5 月 1 日拾到人民币 2 万元。虽然张彦同学的家境比较困难,但张彦同学不为重金所动,将拾到的钱款如数交到金沙派出所。张彦同学在金钱面前体现出的高尚品德,受到了广泛的称赞。

为了表彰张彦同学的拾金不昧,学校决定奖励张彦同学 500 元奖金,并在全校通报表扬。

希望全校学生,尤其是共产党员,向张彦同学学习,树立良好的道德风尚,为两个文明建设作出贡献。

×× 大学学生处

二〇二三年五月六日

(2) 根据背景材料,填写下列表格。

卷内文件目录

顺序号	文号	责任者	题名	日期	页号	备注

3. 实训要求

(1) 以小组为单位,将材料排序。

(2) 由学生根据所学的知识填写卷内文件目录。

(3) 完成后,由一名成员将自己编写的目录写到黑板上,并进行详细的讲解。

课后练习

1. 发文处理的程序是什么?
2. 收文处理的程序是什么?
3. 什么是行文关系?它包括哪些类型?
4. 哪些文件需要归档?
5. 请编写文件归档目录,并解释各栏目的填写方法。
6. 常用的复式档案分类法有哪些?

第八章 参谋与信息调研工作

学习提示

（一）学习目标

1. 知识目标
   - ✓ 掌握秘书参谋的工作方法

2. 能力目标
   - ✓ 能够选择适当的途径获得信息
   - ✓ 熟悉各种调查方式
   - ✓ 熟悉调查报告的格式

3. 素养目标
   - ✓ 勤奋好学，提升技能
   - ✓ 开拓创新，勇于担责
   - ✓ 顾全大局，多谋善断
   - ✓ 深入基层，善于调研

（二）学习重点
   - ✓ 秘书参谋的方法与技巧

（三）学习难点
   - ✓ 参谋工作的技巧

第八章素养目标解读

引导案例

总经理秘书孙婷被提拔为办公室副主任

秘书职业生涯规划案例

20××年12月24日，虽然已是寒冬，但阳光隔着落地玻璃墙照射进来，办公室内的绿色植物显得生机勃勃。总经理秘书孙婷正在专心致志地起草总经理在20××年度总结与表彰大会上的发言稿。这时，电话铃响了，总经理让她到自己的办公室来一趟。孙婷马上拿起本子和笔快步向总经理的办公室走去。

一进门，她看到总经理手里拿着她昨天交的报告，心里不免突突跳了起来。原来，总经理在几个月前的一次吃饭时，不经意间透露出公司有扩大规模，考虑成立一个分部的设想，孙婷就暗暗记在了心上，并利用工作之余的时间开始行动起来。昨天，她拿给总经理一叠厚厚的材料、一份计划书，包括设立分部的城市设想，市场调查数据，公司发展历史及趋势分析，甚至到部门设置、人员构成、资金预算等需要的细节和数据都一目了然。总经理指着材料问："这是你一个人弄的？"孙婷回答说："总体构思是我根据您的设想，结合自己所学，用半年时间总结出来的。其中有关公司的一些具体数据，我请相关部门的人员指导分析得出的。"

总经理面呈喜色，说："小孙，你肯动脑筋，工作积极主动，值得表扬。你担任我的秘书有两年半的时间了，你在接待、沟通协调、会议管理、文书处理及综合事务等方面处理得都不错，我想把你放到办公室副主任的岗位上锻炼一下，你看如何？"孙婷说："王总，谢谢您对我的赏识与抬举，这两年多来，虽然我跟着您学到了很多，但我知道自己仍有许多不足之处，这么重要的岗位我怕自己担不起来，辜负了您对我的信任。"总经理哈哈大笑："小孙，你完全可以的，我已经和人事部邓经理沟通过了。这段时间，你把工作向新秘书交接一下，春节后，直接到办公室上班就可以了。"

问题：分析案例，你认为孙婷在哪些方面值得你学习？

第一节 秘书的参谋工作

参谋工作是当前社会经济发展，社会变化日新月异的必然需要。参谋工作是领导提高工作科学化水平的需要，是领导提高决策效率和质量的需要，是企业谋求可持续发展的需要。而秘书做好参谋工作的前提就是要有充分的信息资料，而信息资料的取得，又离不开调研工作。所以秘书要掌握并灵活运用本章知识，才能更好地履行秘书的参谋职能。

微型案例

抄抄写写是基本，出谋划策更重要

"我国古代最早的文书是什么？""WWW、BBS在互联网上分别代表什么？"……这些题目是由资深教授和专家为全市首次秘书大比武出的试题。某日，128名参赛选手在市委通过笔试和计算机操作两种方式进行了初赛。这些选手是从全市各区县、各系统、市委、市人大、市政府、市政协办公厅近3.9万名秘书中经过层层选拔后选出来的，他们的共同特点是年轻、拥有高学历，其中不乏名校的博士。笔试试卷中的最后一道论述题为："新形势下，秘书如何为领导决策服务，当好参谋和助手？"这个题目也正是市委、市人大、市政府、市政协四家办公厅共同决定在全市举办秘书知识与技能竞赛的目的。市秘书学会秘书长杨寅告诉记者，现在秘书面临的普遍问题是如何从"传统型"转到"现代型"，不光要会抄抄写写，还要会英语、会计算机、知识全面，要成为领导的"另外一个脑袋"，在新形势下更好地为领导决策出点子，做帮手。

一、秘书的参谋作用

（一）秘书的参谋作用概述

秘书的参谋工作具有其他工作无法替代的作用。

1. 对领导思想具有充实完善的作用

领导虽然高瞻远瞩，但是社会发展，信息爆炸，领导个人接收的信息必然有限，再加上部分领导的年岁偏大，接受新东西的速度和效率有限。这时候秘书的新鲜思想、观点、认识，通过参谋工作与领导思想融为一体，就会对领导者的决策有所帮助。

2. 对领导决策具有辅助取舍的作用

领导决策往往是宏观的、战略性的、方向性的，但是仅有这些大方向是不够的，还必须有更详细的信息来加以充实。这时秘书的参谋工作往往体现在工作建议、预案等若干方面。提出参谋意见，有利于领导决策的最终形成。就一个问题提出几个参谋意见，有助于领导决策的优选。提出决策方案的优选意见，有助于领导决策的确定。

3. 对领导工作具有提醒的作用

我们常说"智者千虑，必有一失"，领导的决策也可能存在问题。此时秘书应当主动考虑并提出领导者暂时没有想到而需要提出的问题，并且应当及时报送给领导者经过秘书精选的有用信息，这些都能提醒领导者注意某种倾向，解决某一问题，或提醒领导者避免某些失误，促使领导者不断调整工作的运行轨迹。

参谋工作作用的大小，取决于问题的难易程度，解决办法的优劣，提供方式的时机是否得当。

（二）秘书的参谋作用在具体工作中的体现

1. 起草与审核文稿中的参谋作用

撰写公文是秘书的重要职能之一。秘书不但要掌握基本的撰写方法，还要在准确领会与表达领导意图的基础上，对公文起到补充与完善的作用，从而体现出秘书在写作上的参谋作用。另外,秘书在审核文稿时,要确认文稿是否符合政策、法律,办法是否切实可行,文件应不应当发,以什么方式发都是值得秘书参谋的。

2. 调查研究和信息工作中的参谋作用

秘书的调查工作不是随意的、被动的,而要围绕领导关注的重大问题,主动地、有针对性地调查收集情况。比如,各级政府重大决策出台前,要深入基层,搞好调查研究,为领导提供一些带有苗头性、倾向性的新情况、新问题。政策出台后,要及时检查政策、信息的落实情况,以及采取的具体措施和出现的新情况、新问题。调查加工处理信息时,要注意从个别到一般、从微观到宏观,发现和揭示它们的内在联系和普遍规律,从苗头性信息中发现倾向性问题。一些重大情况和事件发生前,一般都有先兆,一些苗头性信息非常有价值。因此,秘书要提高敏锐性,主动去发现和捕捉苗头性信息,通过调查研究,开发反映事物发展的倾向性信息。不仅要反映已经发生或正在发生的事情,而且还要注意发现、预测将要发生的事情。同时,秘书还要加强信息调研,抓住主要信息和线索开展调研,提出具有指导性和可操作性的意见和建议,总结经验,形成有情况、有分析、有建议的调研报告,使信息在连续开发中不断地发挥作用。

3. 会务工作中的参谋作用

办理会议是秘书一项非常重要的技能。秘书只有熟练掌握办理会议的知识与技能,才能在领导下达办理会议的任务后,根据领导的指示,在制订会议计划、会议议程、会议预算等工作中起到很好的参谋作用。

4. 公务活动中的参谋作用

公务活动有两个特点:一是多而且频繁,单位越大,事业越发展,领导的这类活动就越多;二是活动的组织者倾向于请的领导越多越好,领导的级别越高越好。结果是使领导人忙于应付,把时间都浪费在不必要的应酬中,缺少时间来考虑单位、企业的发展。这时候秘书就应当发挥作用了。原则主要是学会弹钢琴,分清重要活动、主要活动,对单位企业未来影响大,有长远意义的活动。适当地堵和压,能减则减,能免则免。与此同时,还要注意均衡原则,让不同级别的领导都能参加。

5. 查办、督办、催办中的参谋作用

这几项工作中,秘书的参谋作用主要体现在提供不同的策略方法,检查、督促、跟进相关工作,更好地完成任务。

6. 协调工作中的参谋作用

协调中的参谋作用体现在如何帮助领导出谋划策,争取上级领导的支持和信任。这就要求秘书在平时的工作中多注意领会领导的意思,力图在思想观点和工作步调等方面和领导保持一致,从而取得领导的信任,理解领导意图。在协调各单位关系的过程中要帮助领导和相关部门了解下情,符合政策,预测后果,提出各种合理化建议和意见,并采用恰当的方法。同时,在协调工作的时机方面也要向领导提出好的建议。在协调工作的过程中,能否捕捉有利的时机非常重要。时机掌握得好,协调起来就势如破竹,反之,往往事倍而功半。在协调人的选择上,应该尽量挑选领导较为欣赏的人去做,以便收到较好的效果。对下协调时,要学会顺水推舟。

7. 领导思想方面的参谋作用

帮助领导领会最新的国家政策、法规,提供新的业界动态,当好领导的充电器。

8. 领导日常生活中的参谋作用

比如帮助领导解决生活、饮食方面的问题,配置合理的营养午餐,提示领导必要的休息、放

松建议,使领导可以更好地投入工作。

二、秘书参谋工作的要领

秘书的参谋工作十分重要,但如果不能很好地掌握参谋工作的要领与技巧,则参谋工作可能会事倍功半或事与愿违、适得其反。

1. 深入调查研究

在参谋工作中,调查研究的目的在于掌握信息,先人所知。信息是谋略的基础,谋略以信息为根据。因此,事关谋略的调查研究应该是高层次、高水平的,特别讲究深入实际的调查研究。它要求调研讲究实效,出成果。应该从宏观上想全局,议大事,出上策。

2. 善于分析形势

谋略依大局而定,据大势而发。分析客观形势,把握事物发展的趋势,增强预见性,是做好参谋工作的重要一环。对形势不够了解,对趋势也一无所知,就难以设计定谋,只能是闭门造车、纸上谈兵,无实际的用途。因此,"要审大小而图之,衡彼己而施之,酌缓急而布之"。要善于审时度势,要用发展的眼光看问题。分清主次,抓主要矛盾的主要方面。要用对立统一的观点看待形势,要用系统、联系、层次的观点分析趋势。

3. 加强组织领导

秘书部门聚集了一大批素质高的优秀人才,这是秘书部门的人才优势。在参谋工作中,要认识和注意发挥这些优势。要利用良好的组织形式,广开言路,集思广益,运用秘书部门的集体智慧,提高参谋的整体效用。比如,一些办公室开展议政会、形势分析会的活动,编发参谋性刊物,收到了显著的效果。参谋工作弹性较大,尤其在这项工作开创之初,更需要制度做保证。为了完善参谋活动,也很需要建立健全有关的参谋活动安排、组织工作要求、成果评审、奖励等制度,促使参谋工作逐步走向经常化、规范化、制度化的轨道,进而实现科学化。

4. 学会谋略比较

根据需要与可能、目标与信息,拟定一个方案并不难。难的是拟定几套方案,并掌握不同方案的比较方法,从比较中找出优劣,加以论证,向领导者提出更为可靠的参谋意见与依据。有经验的参谋人员,遇事常考虑多种可能,准备好方案。参谋方案应该多而好,当然要多得适当,好得可取。利害相依是普遍规律。再好的方案,也不可能完美无缺。利有大小,害有轻重,需要全面考虑,详加探查,仔细比较,认真权衡。因此,设计和比较方案,要多做定性分析与定量分析,做到多算于前,少失于后。

> **小知识**
>
> **权衡利害的方法**
>
> 权衡利害的标准是:"两利相权从其重,两害相交趋其轻,利害相交取其利"。有利无害者最佳,利大害小者可用,利小害大者必舍。不同方案,孰优孰劣,不能妄加评说,要靠计算分析取得根据。古语说:"多算胜,少算不胜,而况无算乎!"(《孙子兵法·计篇》)

5. 掌握参谋时机

信息科学证明,信息接受者对某一信息最需要时吸收它的可能性最大。一般来说,某一问题迫在眉睫,或决策者正在考虑这一问题,或这个问题解决的条件已经基本成熟,此时的出谋献策就容易引起重视。参谋工作的这种规律性要求提供参谋意见,要把握好时机,做到言当其时,不失良机。另外,秘书在行使参谋职能时,一定要注意场合与分寸,维护领导的威信和形象。

实用范例

从《触龙说赵太后》谈下属的参谋艺术

开口说话,看似简单,实则不容易,会说与不会说大不一样。古人云:"一言可以兴邦,一言也可以误国"。苏秦凭三寸不烂之舌而身挂六国相印,诸葛亮靠经天纬地之言而强于百万之师,烛之武因势利导而存郑于危难,触龙循循善诱而救赵于水火。言语得失,小则牵系做人难易,大则连及国家兴亡,非常重要。

秦历史散文著作《战国策》,以记叙战国时期谋臣策士纵横捭阖的外交斗争为主要内容。这些纵横家们,能说会道,长于论辩说理。其言论,内容精辟,启人心智,形式巧妙,入情入理,给人留下了极深的印象。至今,还放射着灿烂的艺术光芒。下面就以《触龙说赵太后》为例,谈谈说话的艺术。《触龙说赵太后》的情节概述:公元前266年,赵惠文王去世,赵孝成王继承了赵国的王位,因年幼,于是由赵太后执政。此时的赵国,新旧更替,动荡不安;野心勃勃的秦国又乘机攻赵,连克三座城池。赵国祸不单行,处于危难之中。靠自己的力量无法拒秦,赵太后只得求救齐国,共同抗秦。而齐国提出条件,让赵太后幼子长安君到齐国做人质方才出兵。作为母亲,赵太后心里的天平倾斜到了个人的私情一边。国难当头,群臣心急如焚,竭力劝谏,均遭斥责。赵太后甚至蛮不讲理地扬言:"有复言令长安君为质者,老妇必唾其面!"事情陷入了僵局,"劝谏赵太后"成了一块难啃的硬骨头。

1. 察言观色,避其锋芒

面对此情此景,深谙说话艺术的左师触龙并没有像别的朝臣那样一味地犯颜直谏,批逆龙鳞,而是察言观色,相机行事。他知道,赵太后刚刚执政,缺乏政治经验,目光短浅,加之女性特有的溺爱孩子的心理,盛怒之下,任何谈及人质的问题都会让太后难以接受,使得结果适得其反。所以触龙避其锋芒,对让长安君到齐国做人质的事只字不提,而是转移话题。先问太后饮食住行,接着请赵太后帮自己的儿子舒祺安排工作,继之论及疼爱子女的事情,最后大谈王位继承问题。不知不觉之中,太后怒气全消,幡然醒悟,明白了怎样才是疼爱孩子的道理,最后同意安排长安君到齐国做人质。

2. 关心问候,缓和气氛

面对怒气冲冲、盛气凌人的赵太后,首要的问题是让她能够心平气和、平心静气,给人以劝说的契机,从而引起她谈话的兴趣,一步步进入正题。触龙拜见太后并不难,但见到太后谈什么却很关键。话不投机,三言两语也许就会被拒之于千里之外。因此,触龙反复揣摩太后的心理,选择了老年人都共同关心的饮食起居话题,先从自己脚有毛病(也许是假的)不能快走谈起,以己推人,关心起太后的身体情况,自然而然,合乎情理。别人发自内心的真诚的问候,老年人同病相怜的真实的感受,让赵太后坚硬的内心有了一丝的感动,她无法拒绝触龙提出的问题,于是"色少解",和触龙交谈了起来。紧张的气氛得到缓和,谈话有了良好的开端。

3. 大话家常,拉近距离

触龙和太后接上了话,此时还不能步入正题,因为谈话才刚刚开始,太后也只是"色少解",此时如果谈及人质问题,太后马上会翻脸不认人,必定会唾触龙满面。但谁都知道,触龙觐见太后不可能只是为了嘘寒问暖,谈话还要继续,怎样才能让谈话既显得合情合理,又自然会引到人质问题上呢?触龙于是想到了人性中最合乎人之常情的一面——求请太后安排孩子的工作。自己虽然脚有毛病,太后虽然怒气冲冲,但为了孩子将来能有一个好的归宿,进宫求见太后,这是非常自然的。因此,触龙和太后谈起了孩子,拉起了家常,无形之中拉近了两人之间的距离,使得谈话得以继续,事情向着触龙预先设计好的方向发展。

4. 投其所好,请君入瓮

应当说,触龙问候起居、关心孩子,都切中了赵太后的心理,但最能打动赵太后的恐怕不是这些,而是触龙的一句话,"老臣窃以为媪之爱燕后贤于长安君"。孩子是娘的心头肉,做父母的谁不疼爱自己的孩子呢?赵太后溺爱孩子,众人皆知,触龙从请托孩子谈起,欲擒故纵,故意诱导赵太后谈及"丈夫亦爱怜其少子乎?"从而自然引到赵太后疼爱孩子问题上,这一对话深深地打动了赵太后。它道出了赵太后疼爱孩子的事实。此时,作为母亲的赵太后的心中也许会涌现出哺养长安君、持燕后踵哭泣、祭祀必祝祷的一幕幕往事。她的思想、感情已完全为触龙所控制,自然也就完全听由他摆布了。

5. 晓之以理,循循善诱

说话技巧再高,它高不过"理"字。《十善业道经》说,"言必契理,言可承领,言则信用,言无可讥",意思是说,言论一定要合理,要让别人能接纳领受,要有信用,要令人无懈可击。说话的前提要讲一个"理"字,触龙的话之最终所以能够让赵太后欣然信服,愿意安排长安君到齐国做人质,关键在于他能够在动之以情的基础上,以理服人。谁不疼爱自己的孩子?爱孩子就要为孩子考虑得长远一些,就要让孩子有立身之本,不要仅仅依靠权势、父母。站在客观事实的角度,触龙步步诱导,旁敲侧击,动之以情,明之以实,晓之以理,全部对话无一字涉及人质,但又句句不离人质。迂回曲折之中尽显语言奥妙,循循善诱之余凸显事情必然。

附原文:

触龙说赵太后

赵太后新用事,秦急攻之。赵氏求救于齐,齐曰:"必以长安君为质,兵乃出。"太后不肯,大臣强谏。太后明谓左右:"有复言令长安君为质者,老妇必唾其面。"

左师触龙言:愿见太后。太后盛气而揖之。入而徐趋,至而自谢,曰:"老臣病足,曾不能疾走,不得见久矣。窃自恕,而恐太后玉体之有所郄也,故愿望见太后。"太后曰:"老妇恃辇而行。"曰:"日食饮得无衰乎?"曰:"恃粥耳。"曰:"老臣今者殊不欲食,乃自强步,日三四里,少益耆食,和于身。"太后曰:"老妇不能。"太后之色少解。

> 左师公曰:"老臣贱息舒祺,最少,不肖;而臣衰,窃爱怜之。愿令得补黑衣之数,以卫王宫。没死以闻。"太后曰:"敬诺。年几何矣?"对曰:"十五岁矣。虽少,愿及未填沟壑而托之。"太后曰:"丈夫亦爱怜其少子乎?"对曰:"甚于妇人。"太后笑曰:"妇人异甚。"对曰:"老臣窃以为媪之爱燕后贤于长安君。"曰:"君过矣!不若长安君之甚。"左师公曰:"父母之爱子,则为之计深远。媪之送燕后也,持其踵,为之泣,念悲其远也,亦哀之矣。已行,非弗思也,祭祀必祝之,祝曰:'必勿使反。'岂非计久长,有子孙相继为王也哉?"太后曰:"然。"
>
> 　　左师公曰:"今三世以前,至于赵之为赵,赵王之子孙侯者,其继有在者乎?"曰:"无有。"曰:"微独赵,诸侯有在者乎?"曰:"老妇不闻也。""此其近者祸及身,远者及其子孙。岂人主之子孙则必不善哉?位尊而无功,奉厚而无劳,而挟重器多也。今媪尊长安君之位,而封之以膏腴之地,多予之重器,而不及今令有功于国,一旦山陵崩,长安君何以自托于赵?老臣以媪为长安君计短也,故以为其爱不若燕后。"太后曰:"诺,恣君之所使之。"
>
> 　　于是为长安君约车百乘,质于齐,齐兵乃出。
>
> 　　子义闻之曰:"人主之子也、骨肉之亲也,犹不能恃无功之尊、无劳之奉,已守金玉之重也,而况人臣乎。"

第二节　信 息 工 作

研究信息的学者认为,人们在开发信息中的活动总和都是信息工作。秘书对信息的发布、收集、筛选、集中、分析、综合、汇报、利用和反馈等活动的总和,就是秘书的信息工作。

一、信息概述

(一) 信息的主要内容

随着知识经济的到来,信息呈爆炸式增长并影响着我们每个人的生活。政府机关和企事业单位需要的信息在内容、性质、层次、要求等方面都不一样,即不同组织需要的信息各有所侧重。

1. 政策法规信息

政策法规信息主要是指各级政府颁布的法令、法规、条例、政策,等等,通常以文件形式下达或在报纸杂志上公开发表、刊登。这些宏观的指导性、规范性的信息是每个机关或企事业单位都必须遵循、遵守的,是每一个主管都必须理解、掌握的,秘书应该认真地加以收集。

2. 指挥性信息

指挥性信息是指上级机关、单位有关工作、生产的指示、指令、通知、计划、批示以及政府主管部门的管理性、业务指导性的办法、细则等,通常以内部文件、公函等形式下达。这些微观性但有针对性的信息对工作、生产有具体的指挥作用,往往是主管部门和主管领导必须熟知并遵照办理的,秘书也不可掉以轻心。

3. 本单位信息

本单位信息包括本单位内部的、来自上下级两方面的信息以及本单位和外单位各种直接业务往来的信息。来自上面的信息,如工作计划、单位主管的指令、批示、会议记录、会议纪要等。业务往来的信息,如合同、协议书、工作函件等。这些都是单位决策和直接经营管理性的信息。来自下面的信息,如各种工作报告、总结、生产报表、业务记录、账目等。这些都是操作层执行决策的反馈信息,也是领导层加强或修改,或者重新决策的依据,秘书自然需要用心加以收集。

4. 社会反馈信息

社会反馈信息主要是指人民群众对政府机关,以及顾客、客户对企业的信件、访问、电话中所反映的正反两方面的反馈信息,还包括报纸杂志、电台、电视台等新闻媒体对本单位的评论。这些信息反映了机关、单位工作的社会效果和社会声誉,关系到组织的生存和发展,是秘书所不可忽视的。

5. 可比信息

可比信息是指不同地区、不同国家的同类事务可以做横向比较的信息,以便参照学习,取人之长,补己之短。比如上海的城市交通建设可以与北京、香港、东京、纽约等大城市比较。因为这些城市的规模、人口数量、经济发达程度、科学技术水平都有相似之处,都存在着可比性。可比信息还包括同一单位在不同时期的指标、数量、质量做纵向比较,以便看出进退盛衰,自我总结经验,找出失误和教训。比如某商品销售额本月与上月相比,某地区物价本时期与上年同期相比,等等。秘书应该注意收集这些可比信息。

6. 相关信息

有些信息粗看起来各不相干,当研究某一课题时却显示出一定的关联性。比如,新建企业第一步是选址,在选址时不能只考虑地理位置及面积大小等几个简单的因素,还得顾及周围的道路交通、产业结构、社区环境、原料产地、人才市场、销售地区等相关因素。政治风云、经济形势、社会动态、突发事件,甚至领导人的健康、性格、素质等构成相关因素以致发生重大事件、重大变革的例子也是屡见不鲜的。秘书就应该注意收集本机关、本单位的相关信息。

7. 未来信息

现代社会的决策者,不能只看过去,也不能只看眼前,而应该目光远大,预判未来,富有预见性、前瞻性。这就要求秘书应该注意收集社会发展、经济发展、科技发展、科学推断和预测未来的信息。

过去的秘书往往只重视收集前三种信息,它们大都是送上门来的,秘书坐在办公室里只要花很少的精力或不花代价就可以收集。而后四种信息却则可能出现在报纸上、杂志上、网络上,或出现在广播、电视中,出现在人们的交谈中,出现在社会的各个角落里,既无处不有,又稍纵即逝。这就要求秘书随时留心,并运用适当的方式与途径收集有用的信息。

(二) 信息的形式

信息的形式也称为表现形态,主要有三种,即文字形态、音像形态、记忆形态。

1. 文字形态信息

文字形态信息即以书面形式,包括文字、数字、图形、表格等形式表达的信息资料,一般表现为:

(1) 报纸、杂志中的社会信息、反馈信息、动态、行情等形式。

(2) 政府机关、主管部门下达的文件,公布的法规、宣传资料等。

(3) 各种有价值的图书、专著、译著、地图等。
(4) 国外的专业杂志、科技文献资料、新产品说明书等。
(5) 本地区、本机关、本单位的内部资料,如档案、总结、报表、大事记、地方志等。
(6) 专业文献、词典、百科全书、年鉴等综合性的资料。
(7) 名人录、企业名录、电话号码簿、名片等。

> **小提醒**
>
> **"一手资料"与"二手资料"**
>
> 报纸、杂志、文件、图书、档案等信息通常为原始信息,或称为"一手资料",价值较高。词典、百科全书、年编等是所谓"二手资料"或"三手资料",价值相对较低,只能作为参考或索引,但这些信息资料的优点是信息量大、面广、综合性强,可以为信息收集者节省不少时间和精力。

2. 音像形态信息

音像形态信息包括各种图文并茂的图书、照片、录音带、录像带、电影片、模型、实物所表达的信息。这类信息的优点是声、形、色、像并举,给人视觉、听觉或感觉的强烈印象,具体、真实而且栩栩如生。缺点是往往不够全面、深刻,有些观念、心态、思想等抽象的内容以及未来的、想象的、预测的事物不能很好地体现。所以,秘书最好是将音像信息与文字信息配合使用,可以互相补充、相得益彰。

3. 记忆形态信息

记忆形态信息是存在于人们脑海中还未以文字或音像表达的信息,又被称为"零次文献"或"零次情报"。秘书只能通过采访、交谈来获取这类信息。其优点是尚未发表过,有新鲜感。缺点是往往不成熟,具有不确定性。

二、信息工作的基本程序

秘书做信息工作,信息内容是多种多样的,信息工作的形式也是多种多样的。在信息工作中,秘书既是信息的收集者又是信息的传播者。信息工作的程序主要有收集、审核、整理、利用、存储五个环节。这五个环节周而复始地运动,是秘书信息工作的基本程序,如图8-1所示。

1. 收集信息

秘书应该根据所要收集信息的内容及存在的形态,通过多种方法,进行多方位、多渠道地收集有用的信息。

2. 审核信息

为了保证信息的质量,在整理汇总之前必须对收集

图8-1 信息工作的程序

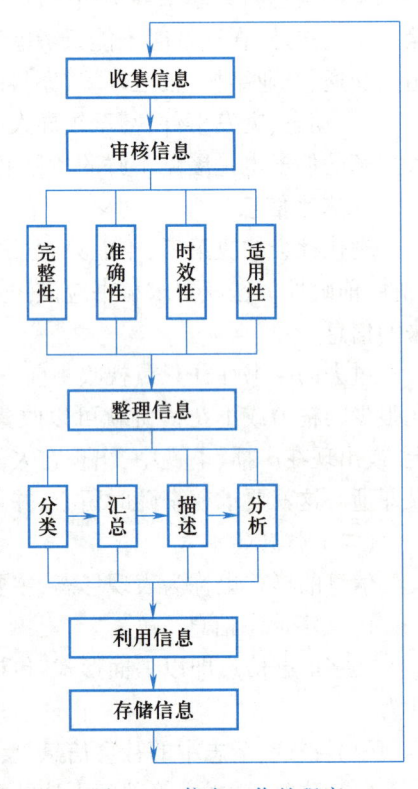

到的各项信息进行严格审核,发现问题及时进行必要的修正和补充。对收集信息的审核主要包括审核信息的完整性、准确性、时效性和适用性,其中准确性是审核的重点。

3. 整理信息

信息的整理主要包括信息的分类、汇总、描述与分析。对审核无误的信息进行科学归类分组,这是整理的关键。应该选择适当的汇总形式和方法,对分组资料进行汇总,通过文字、表格或图形将信息进行描述。通过图表能更生动直观地反映信息的内涵。最后对信息进行分析,以备使用者参考。

4. 利用信息

这是信息工作的核心阶段。如果信息得不到利用或者利用价值较低,那么围绕信息的一切工作都毫无意义或事倍功半。领导和有关部门利用秘书提供的信息,辅助决策,或者参考制订计划、方针,或者了解基层情况。信息的利用还包括将信息保存到信息中心或信息库,供有关组织和人员浏览查阅。

5. 存储信息

将使用完毕的信息,或有待于将来使用的信息进行有序存储,以备随时调出使用。存储信息,简单地说就是建立信息库。它不同于存储一般的物质,它需要进行严格的登记、科学的编码和有序的排列,这样才有利于将来的检索使用。

第三节 调 研 工 作

调研即调查与研究的简称。调查是指采用种种科学的方法和手段以取得客观世界材料的过程。研究则是指对调查得来的材料进行分析、比较、归纳、演绎等的一系列过程。调查是前提,是基础,研究是后续,是深化。

一、调查的方法

调查的方法主要包括普查、重点调查、典型调查和抽样调查等。

(一) 普查

普查是普遍调查的简称,是指一个国家或一个地区为了详细地了解某项重要的国情、国力而专门组织的一次性、大规模的全面调查,主要用来收集某些不能够或不适宜用定期的全面调查报表收集的信息资料,以便了解重要的国情、国力。例如,我国的人口普查、经济普查等。

(二) 重点调查

重点调查是一种非全面调查,它是在调查对象中,选择一部分重点单位作为样本进行调查。重点调查主要适用于那些反映主要情况或基本趋势的调查。例如,黑龙江省企业调查队在对全省近百户亏损企业进行调查的基础上,选择其中十户由亏转盈的企业所进行的《十户由亏转盈企业的调查》就属于重点调查。

(三) 典型调查

典型调查也是一种非全面调查,它是从众多的调查研究对象中,有意识地选择若干个具有代表性的典型单位进行深入、周密、系统的调查研究。进行典型调查的主要目的不在于取得社会经济现象的总体数值,而在于了解与有关数字相关的生动具体情况。例如,某省企业调查队组织实施的《××集团启示录——××集团成功改造国企超常发展的调查》,就是省企业调查队直接派人到××集团就国有企业超常发展这一问题而进行的典型调查。

（四）抽样调查

抽样调查是一种非全面调查,它是从全部调查研究对象中,抽选一部分单位进行调查,并据以对全部调查研究对象做出估计和推断的一种调查方法。显然,抽样调查虽然是非全面调查,但它的目的却在于取得反映总体情况的信息资料,因此,也可以起到全面调查的作用。

二、调查的形式

调查的具体形式主要包括发表调查、问卷调查、访问调查、电话调查、新闻媒介调查、留置调查、日记调查、文案调查等。

1. 发表调查

所谓发表调查,是指通过印发调查报表来达到定期或不定期地收集调查资料的一种调查形式。例如,分公司每月向总公司上交的财务报表。

2. 问卷调查

所谓问卷调查,就是根据调查目的,制定调查问卷,由被调查者按照调查问卷所提的问题和给定的选择答案进行回答的一种调查形式。问卷调查是一种常用的调查手段,是国际通行的一种调查形式,也是我国近年来进行调查的一种主要形式。

3. 访问调查

访问调查是按照所拟调查事项,有计划地通过访谈、询问方式向被调查者提出问题,通过他们的回答来获得有关信息和资料的一种调查形式,它也是调查的一种基本形式。

4. 电话调查

电话调查是指调查者通过查找电话号码簿,用电话向被调查者进行询问,以达到搜集调查资料目的的一种调查形式。电话调查在西方发达国家应用较多。

5. 新闻媒介调查

新闻媒介调查是指以新闻媒介为载体,发布调查问卷,通过广大听众、观众、读者自愿回答并反馈调查结果,达到搜集调查资料的一种调查形式。这里所说的新闻媒介,主要是指电视、广播、报刊、网络等。例如,甘肃省兰州市企业调查队组织实施的《兰州市改善投资环境年活动调查》,就是通过《兰州日报》《兰州晚报》等进行的。

6. 留置调查

留置调查是指采用由调查者将调查表或调查问卷交给被调查者,并说明调查目的和要求,由被调查者保留调查问卷,方便时填写回答,然后按照约定的时间回收的一种调查形式。

7. 日记调查

日记调查是指对被调查单位或调查者发放登记簿,由其逐项记录,再由调查人员定期收集、整理、汇总的一种调查形式。

8. 文案调查

文案调查也称为二手资料应用,它是指搜集、取得并利用现有的有关资料,对某一专题进行研究的一种调查形式。通常,某些文案调查往往还需要辅以必要的调查。

三、调查问卷的设计

问卷,就是根据研究课题的需要而编制成的一套问题表格,由调查对象自填回答的一种收集资料的工具,同时又可以作为测量个人行为和态度倾向的测量手段。

(一)调查问卷的结构

一份完整的调查问卷通常包括前言、主体、附录三大部分。

1. 前言

前言是对调查的目的、意义及有关事项的说明,其作用是:一要引起被调查者的兴趣和重视,使他们愿意回答问卷,通过对调查的目的和意义的描述,使被调查者认识到他们的配合,将会是多么重要;二要打消公众的顾虑,争取他们的支持与合作,通过保证调查资料的控制范围,消除他们的戒备心理。

前言的具体内容包括调查的目的、意义、编号、调查者的自我介绍,问卷的填写说明,回复问卷的时间和方法等。为了给被调查者以良好的"第一印象",前言的语气要谦虚、诚恳,文字要简洁、准确、有可读性。

> **微型案例**
>
> **一份"20××届毕业生就业状况调查表"中的前言**
>
> 亲爱的学兄/学姐:
>
> 您好,我们是在校大学生,为了解秘书专业大学毕业生的就业状况,以分析社会对秘书专业毕业生的需求趋向,给以后各届毕业生提供就业参考指导,我们利用业余时间组织了这次调查。这里要说明的是,本次调查纯属于学术研究活动,无任何商业企图,我们既不代表学校,也不代表某个企业单位,调查资料仅供我们自己研究所用,不会转交透漏给任何组织机构,故您不用担心由此可能引起的任何麻烦。
>
> 希望您能在百忙中抽出一点时间填写问卷,谢谢!

有的问卷在前言中设计了问卷的填写说明。问卷的填写说明是为了帮助被调查者准确、顺利地回答问题而设计的,其内容包括填写调查表应注意的事项、填写方法、交回问卷的时间要求等。

2. 调查问卷的主体内容

调查问卷的主体内容是调查者所要收集的主要信息,是问卷的主要部分。它主要是以提问的形式呈现给被调查者。问卷设计是否合理,调查目的能否实现,关键就在于这部分内容的设计水平和质量。主题内容的问题设计需要围绕调查目的确定。

3. 附录

附录包括作业证明记录、图表说明及结束语等。

(1)作业证明记录,用以登记调查访问工作的执行和完成情况,内容包括调查时间、调查地点、调查者姓名等。这项内容虽然简单,但对于检查调查计划的执行情况,复查或修正某些调查内容,以及证明整个调查的真实性和可靠性具有重要意义,故也要认真设计。

(2)一些图表的说明,主要为了让回答者了解问卷,以便能准确作答。

(3)结束语,是问卷的最后部分,包括两块内容,一块内容为提出几个开放式问题,让研究对象深入自由回答有关问题,在量化的基础上进行质的分析,加深对问题的认识;或让被调查者提出对本研究的建设性意见。另一块内容是表示感谢。结束语可根据问卷的需要设置,也可以不要。

(二)问卷设计的方法

问卷是问卷调查的主要工具,科学地设计问卷,是问卷调查关键性的环节。问卷设计的质量,直接影响到问卷调查的回收率、有效率以及被试者的回答质量。问卷设计所应达到的要求是:问题清楚明了,通俗易懂,易于回答,同时能体现调查目的,而且便于答案的汇总、统计和分析。

1. 自由记述式

自由记述式指设计问题时,不设计供被调查者选择的答案,而是由被调查者自由表达意见,对其回答不作任何限制。

2. 填答式

填答式是把一个问题设计成不完整的语句,由被调查者完成该句子的方法。调查者审查这些句子,确认其中存在着的想法和观点。

3. 二元选择式

两项选择题又称是非题,它的答案只有两项(一般为两个相反的答案),要求被调查者选择其中一项来回答。

这种提问便于填表回答,而且易于统计。但两项选择题的两个答案性质不同,只能知道被调查者的一种态度或一种状况,不能弄清形成这种态度或状况的原因,因而这种提问需要有其他形式的询问作为补充,以使提问更深入。

4. 多元选择式

多项选择题与两项选择题的结构基本相同,只是答案多于两种。被调查者依据问题的要求或限制条件可以选择一种答案,也可以选择多种答案。

由于所设答案不一定能表达出填表人的所有看法,所以,在问题最后可以设有"其他"这个项目。

多项选择法提供的答案包括了各种可能的情况,使被调查者有较大的选择余地,因此可缓和二项强制性回答的缺点,同时也利于调查者说明解释。另外,资料的整理统计相对比较简单。但是,多项建议答案也可能影响被调查者的正确选择。例如,答案的排列顺序就可能影响被调查者的选择,一般来说,排在前面的答案被选中的机会较大。另外,当答案中没有列出被调查者的真正选择时,被调查者一般倾向于选择现成答案,即使设计有"其他"项,常常也容易被忽略。

5. 排序式

指调查人员为一个问题准备若干答案,让被调查者根据自己的偏好程度定出先后顺序。

6. 里克特量表

里克特量表是由伦斯·里克特根据正规量表方法发展起来的。它的设计方法为:给出一句话,让被调查者在"非常同意、同意、中立、有点不同意、很不同意"或类似的五个等级或七个等级上做出与其想法一致的选择。里克特量表既能用于邮寄调查,也能用于电话访问。

7. 语义差异量表

语义差异量表是用两极修饰词来评价某一事物,在两极修饰词之间共有七个等级,分别表示被调查者的态度程度。这种方法通常被调查人员用来评价某个商店、公司或品牌的形象。被调查者的回答越接近端点,说明他对被度量对象的反应越强烈。

8. 数值分配量表

数值分配量表,是指按调查对象的特征,由被调查者在固定数值范围内(0~100)对所测事物依次分配数值,从而作出不同评价。例如,对某种商品的三种品牌在消费者心中的信誉高低进行调查,要求消费者按喜爱程度对三种品牌一一打分。

> **微型案例**
>
> 例句1 (自由记述式)
> 你所了解的企业秘书具有的职业素养主要有:_____。
> 例句2 (填答式)
> 你所在的班级有_____名女生,_____名男生。
> 例句3 (二元选择式)
> 请问你将来是否会选择秘书或助理岗位作为你的职业?(　　)
> A. 是　　　　　　　　　B. 否
> 例句4 (多元选择式)
> 你认为秘书应该具备哪些职业技能?(　　　)
> A. 接待工作　　　　　　B. 处理日常事务
> C. 沟通与协调工作　　　D. 会议工作
> E. 文书处理　　　　　　F. 其他
> 例句5 (排序式)
> 你认为秘书人员最应该具备哪些能力?请按重要性程度排序,在(　　)内标上1、2、3等序号。
> (　)敏锐的观察能力
> (　)良好的表达能力
> (　)出众的记忆能力
> (　)自如的社交能力
> (　)出色的沟通能力
> (　)深刻的思考能力
> (　)全局的综合能力
> (　)快速的分析能力
> (　)灵活的应变能力
> 例句6 (里克特量表)
> 你认为秘书课程老师的教学,在以下几个方面达到效果的程度是:

项目	很好	好	一般	差	很差
教态仪表自然得体					
讲课有热情,精神饱满					
教学内容充实					
讲述条例清晰,详略得当					
运用案例教学、情景教学等手段					
教学风格突出,感染力强					
师生互动频繁,教学效果好					

例句7 (语义差异量表)

请对你所在的学校进行评价,在对应的数字下面,画"√"。

```
                 1   2   3   4   5   6   7
师资力量:   强  __|__|__|__|__|__|__  弱
学校面积:   大  __|__|__|__|__|__|__  小
交通:       便捷 __|__|__|__|__|__|__  不便
后勤服务:   完善 __|__|__|__|__|__|__  欠缺
教师形象:   较好 __|__|__|__|__|__|__  较差
生源质量:   较好 __|__|__|__|__|__|__  较差
知名度:     出名 __|__|__|__|__|__|__  不出名
教学设施:   先进 __|__|__|__|__|__|__  落后
住宿条件:   舒适 __|__|__|__|__|__|__  简陋
就业率:     高  __|__|__|__|__|__|__  低
校企合作:   频繁 __|__|__|__|__|__|__  稀少
学生福利:   多  __|__|__|__|__|__|__  少
```

例句8 (数值分配量表)

请对你所在班级的同学所使用的三种品牌的手机进行调查,看哪个品牌的手机最受欢迎。

消费者对三种品牌手机的评价打分表

被调查者	品牌1	品牌2	品牌3	合计
1	40	40	20	100
2	30	60	10	100
3	50	30	20	100
总计	120	130	50	

从各品牌的总得分可以看出,品牌2得分最高,说明品牌2是你所调查对象最喜欢的品牌。

（三）问卷设计的注意事项

调查问卷是保证市场调查活动顺利进行和资料准确可靠的重要工具。但在市场调查中，常常存在由于问卷设计不当而造成调查结果失效或结论有异的情况。例如，同样的问题使用不同次序排列，调查结果就不一样；问题的措辞不同，获取的资料就有明显差异；问题的形式不同，答案则有区别等。因此，在问卷设计时，应做到：问题清楚明了，通俗易懂，易于回答，同时能体现调查目标，便于答案的汇总、统计和分析。

1. 问卷的结构要合理

问卷的前言和附录部分要尽可能短些，以突出正文部分。

一般来说，问卷的开头都要向受访者简要介绍问卷的背景。这段文字口吻要亲切，态度要诚恳。

问卷的正式内容开头几个问题，通常是被调查者的基本资料，如姓名、年龄、职业、通信地址等；若调查对象是企业，则基本资料应包括企业名称、注册资金、年销售额等。但开头都应简洁明快，很快进入正题。

2. 问卷语句设计

问卷语句设计需要注意三点。

（1）必须围绕调查主题设计，脱离了主题就失去了调查意义。

（2）语句中所运用的概念要明确，特别要具体，要尽量避免使用抽象的概念或一词多义的概念。

（3）必须杜绝造成调查者与被调查对象之间产生歧义的概念，以免造成同一概念不同的理解。也就是说设计者在运用某一概念时一定要明确它的内涵与外延，同时文字表达得准确。

3. 问题应能得到被调查者的关心与合作

在设计问卷时，要充分考虑被调查者的背景，避免提出与对方无关或对方不感兴趣的问题。例如，如果让一个中国小学生去谈他对美国前任总统的执政能力的看法，这是毫无意义的。一般中国的小学生还不具备谈论国际问题的能力，对国际问题也不感兴趣。相反，如果你问他喜欢什么动画片或玩具就会收到很好的效果。

4. 问题措辞要简单、通俗

简单通俗的字词易于被不同文化背景、不同阶层的消费者理解和接受，也可以避免因理解错误而产生的回答偏差。因此，在问题设计中要尽量少用专业性字词和字母缩写等。

5. 措辞要准确、单一

措辞准确是指不要使用含混不清的字词，如"一般""可能""很多""差不多"等词的含义，常常是模糊的，因此在问题中要避免出现。不应使填卷人有模糊的认识，如调查商品消费情况，使用"您通常喜欢选购什么样的鞋？"就是用词不准确，因为"通常""什么样"的含义不同的人有不同的理解，回答各异，不能取得准确的信息。如改为具体的问题："您外出旅游时，会选购什么品牌的旅游鞋？"这样表达就很准确，不会产生歧义。

6. 避免诱导性提问

问卷设计的问题应保持中立，不能暗示或有倾向性，不要诱导被调查者按调查者的意图回答问题，否则会造成调查资料的失真。

如设计问卷时,问"耐克的旅游鞋质优价廉,您是否准备选购?"这样的问题将容易使填表人由引导得出肯定性的结论或对问题反感,这样不能反映消费者对商品的真实态度和真正的购买意愿,所以产生的结论也缺乏客观性,结果可信度低。

另一种方式是暗示应答者本应参与某一行为。例如,"今年看电影《变形金刚》的人比看其他电影的人多。您看过这部电影吗?"为了不显示出"不同",应答者即使没有看过也会说是的。问题应该是"您曾看过电影《变形金刚》吗?"

7. 提问要有艺术性,避免引起反感

提问要有礼貌,注意措辞,不要引起被调查者的反感。

8. 问题设计排列要科学

问题的排列要有合理的逻辑顺序,一般先要提出概括性的问题,然后,由近及远,逐步启发,由简到繁,逐步深入,防止一下子提出复杂的问题,使被调查者感到不适应或厌烦。

9. 问卷不宜过长

一般控制在 20 分钟以内回答完毕为宜。时间过长会引起被调查者的反感。

10. 问卷要有利于数据处理

调查问卷应按计算机的处理要求来设计,最好能直接被计算机读入,以节约时间和提高统计的准确性。

总体来说,问卷设计就是从被调查者的心理感受出发,斟酌问题的提出方法,保证调查结果的准确、真实,其次注意问题的设计要便于统计。

四、调查报告的格式

调查报告一般由三部分组成。

1. 导语

导语是对调查目的、意义、性质做简要交代。为了增加调查的可信度、认知度,以及使用的时效性,有时还需要对调查范围、调查单位数量、调查时间、调查资料的时间范围等予以说明。导语必须简洁,切忌过长。

2. 调查结果及分析研究结论

这一部分是调查报告的主体,具体反映调查的结果及分析研究的结论。撰写调查报告的这一主体部分,要注意以下几点。

(1) 注意观点与数据的统一协调。

(2) 突出重点、文字简练。

(3) 观点明确、概括力强。

(4) 紧密围绕主题和所要说明的问题。

(5) 文字、数据、图表的结合使用。

(6) 逻辑关系清楚。

3. 对策建议

这一部分是根据调查结果及分析研究的结论,提出可行的决策建议。对此,要求针对性强,具有可操作性。通常来讲,调查报告篇幅不宜过长。

本章小结

参谋职能是秘书工作的重要职能之一,秘书要掌握参谋的基本方法与技巧。为了做好参谋工作,秘书要能够通过调查研究,取得充分的信息资料。本章主要介绍了参谋的作用与参谋要领、信息工作的程序以及调查研究工作的方法、形式与调查报告的格式。本章的知识结构如下。

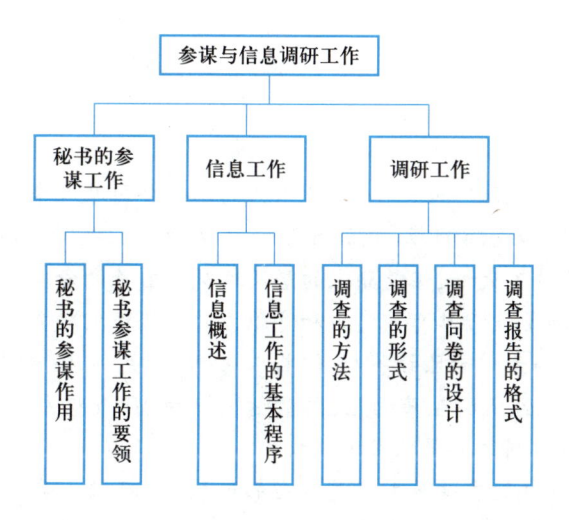

```
                    参谋与信息调研工作
        ┌──────────────┼──────────────┐
    秘书的参谋工作    信息工作        调研工作
    ┌───┴───┐      ┌───┴───┐    ┌────┬────┬────┬────┐
  秘书的   秘书参谋  信息   信息工作  调查的  调查的  调查问卷  调查报告
  参谋作用  工作的要领 概述  的基本程序 方法   形式   的设计   的格式
```

案例分析

调研与调研报告

有一个欧洲的跨国制鞋公司,为了开发一个岛国的市场,先后派出了四个考察队。

第一个被派去考察的是公司里最优秀的推销员组成的队伍。推销员在岛上转悠了半天,第二天就回来了。他们在调研报告中写道:"这里的人不穿鞋,因为他们还没有这个习惯,岛上也没有卖鞋的,由于存在巨大的市场空缺,公司可以把鞋大批量地运过去,我们有信心把鞋推销给这些岛国的居民使用。"

第二个被派去考察的是鞋厂的厂长们。厂长们在岛上转了两天,回来之后显得非常高兴,他们在调研报告中写道:"岛国是一个很有前景的市场,我们在岛上找到了可以生产鞋的原料,而且原料以及岛上的其他各方面社会资源价格都很低廉。我们建议公司立即到岛国设立分厂,只要能够大批量生产,肯定可以获取高额的利润。"

第三个被派去的是公司的财务部门。他们比较了"国际贸易""本地化生产"两种模式的优劣后,在调研报告中写道:"岛国的原料、土地、劳动力、水、电等资源的价格相对低廉,而公司距离岛国最近的鞋厂都非常远,而且岛国的关税较低。综合两种模式所需的各方面成本来说,是'本地化生产'的优势较高。所以,我们建议公司到岛国设厂,就地生产就地销售。"

第四个被派去的是公司的营销经理队。经理们在岛上待了五天,拜访了上至岛国首长,下至各行各业的普通老百姓的岛国人50多个群体。营销经理团队在调研报告上写了以下内容。

1. 需求强烈

岛国的居民一直都没有穿鞋,原来他们根本没意识到穿鞋这件事。但是他们很多人的脚都是有毛病的,他们想过很多办法去避免脚病,都不太奏效。他们非常渴望根除脚病。当他们了解到穿鞋可以帮他们的脚避免很多意外的伤害,更能防止他们的脚病后,都表示非常愿意、非常渴望有一双鞋!

2. 特别设计

许多岛国居民的脚比公司所在的欧洲同年龄段人的脚长且宽。因此,公司对卖给他们的鞋要重新加以设计。

3. 抢占先机

营销经理了解到,曾经有过一个有一定竞争力的制鞋公司派人来考察过,但当他们发现当地居民都不穿鞋以后,认为没有市场,就放弃了继续努力。但也不能排除他们日后会卷土重来。岛国的居民经济条件不太好,但是岛上的居民都听从酋长的命令。岛上盛产香蕉,这些香蕉又大又甜又香,在欧洲是非常具有销售力和竞争力的。经理们跟酋长谈过了,也去岛上的香蕉园看过了,非常高兴,因为酋长已经答应:他将以每20千克到30千克的香蕉对应一双鞋的比例,换取制鞋公司专门为岛国生产的鞋,总数量大概为10万双左右,第一批可以先要1万双,到货越快越好,给予该制鞋公司独家卖鞋权。

经理们也算过了,这样的香蕉如果经过适当的包装,可以以3美元/千克的价格卖给欧洲的某连锁超市的经营公司,按1万千克算,扣除包装、运输、关税、人员工资等,每千克香蕉的纯利润为2.3美元。1万双鞋,如果从离岛国最近的厂运到岛国,公司的总成本为16万美元。第一批1万双鞋,可以换得的香蕉总数额(按25千克香蕉相当于1双鞋算)是25万千克,而香蕉的总利润为57.5万美元。扣除鞋的成本,公司可以在第一笔交易中盈利41.5万美元。如果鞋在岛国本地生产,则每双鞋可以节省成本4美元,公司则可以得到45.5万美元的总利润。

不过,经理们也算过了,投资设厂的资金需要200万美元,而且从建厂到真正出成品交货,需要3个月的时间,满足不了酋长的迫切要求。而公司从最近的鞋厂设计、生产那1万双鞋,再运到岛国出售,只需要一个半月,这个时间酋长是可以容忍的。所以,经理们建议公司一方面用"国际贸易"做成第一笔的1万双交易,打好关系和基础;另一方面同时在岛国建厂投入生产,以便为后续更大的市场发展提供支持。

制鞋公司对营销经理们的调研报告大加赞赏,同时给予了重赏。

思考题:为什么营销经理们的调研报告得到重赏?

实践训练

1. 实训目标

通过训练让学生掌握调查的基本方法,对秘书的参谋工作有更深刻的认识。

2. 实训内容

以"秘书的参谋工作"为主题,进行社会调查。

3. 实训要求

（1）通过调查问卷方式,调查社会上的秘书工作者,了解他们在工作中的参谋方法、技巧及注意事项等。

（2）通过网络调查的方式,了解秘书参谋的方法。

（3）将上述两项调查综合起来,写一份不少于 2 000 字的调查报告。

课后练习

1. 什么是参谋?
2. 秘书的参谋作用有哪些?
3. 秘书参谋工作的要领有哪些?
4. 调查的方法有哪些?
5. 调查报告包括哪些内容?

参考文献

[1] 赵映诚.文书工作与档案管理[M].4版.北京:高等教育出版社,2022.
[2] 陆瑜芳.秘书学概论[M].上海:复旦大学出版社,2001.
[3] 向国敏.现代秘书学与秘书实务新编[M].上海:华东师范大学出版社,2001.
[4] 谭一平.外企女秘书职场日记[M].北京:华夏出版社,2005.
[5] 朱传忠,叶明.秘书理论与实务[M].杭州:浙江大学出版社,2005.
[6] 郭建庆.秘书国家职业资格培训教程[M].上海:上海交通大学出版社,2009.
[7] 张大成.组织会议和活动[M].北京:中国人民大学出版社,2002.
[8] 王育.秘书学原理与实务[M].北京:机械工业出版社,2002.
[9] 钱立静.秘书原理与实务[M].合肥:合肥工业大学出版社,2005.
[10] 吴凤祥,何坦野.文书工作与档案管理[M].北京:高等教育出版社,2001.
[11] 张虹,姬瑞环.档案管理基础[M].北京:中国人民大学出版社,2005.
[12] 胡晓娟.商务礼仪[M].北京:中国建材工业出版社,2003.
[13] 王峰,葛红岩.市场调研[M].上海:上海财经大学出版社,2013.
[14] 杨戎,黄存勋.文书处理和档案管理[M].上海:华东师范大学出版社,2013.
[15] 葛红岩,卢如华.新编秘书实训[M].3版.北京:高等教育出版社,2020.

郑重声明

高等教育出版社依法对本书享有专有出版权。任何未经许可的复制、销售行为均违反《中华人民共和国著作权法》，其行为人将承担相应的民事责任和行政责任；构成犯罪的，将被依法追究刑事责任。为了维护市场秩序，保护读者的合法权益，避免读者误用盗版书造成不良后果，我社将配合行政执法部门和司法机关对违法犯罪的单位和个人进行严厉打击。社会各界人士如发现上述侵权行为，希望及时举报，我社将奖励举报有功人员。

反盗版举报电话　　（010）58581999　58582371
反盗版举报邮箱　　dd@hep.com.cn
通信地址　　北京市西城区德外大街4号
　　　　　　高等教育出版社法律事务部
邮政编码　　100120

读者意见反馈

为收集对教材的意见建议，进一步完善教材编写并做好服务工作，读者可将对本教材的意见建议通过如下渠道反馈至我社。

咨询电话　　400-810-0598
反馈邮箱　　gjdzfwb@pub.hep.cn
通信地址　　北京市朝阳区惠新东街4号富盛大厦1座
　　　　　　高等教育出版社总编辑办公室
邮政编码　　100029

资源服务提示

授课教师如需获得本书配套教辅资源，请登录"高等教育出版社产品信息检索系统"（http://xuanshu.hep.com.cn/）搜索下载，首次使用本系统的用户，请先进行注册并完成教师资格认证。